JN222115

WIZARD

Pan Rolling

監修者まえがき

本書は、投資教育の実践者であるアンドリュー・ハラムによる『Millionaire Teacher : The Nine Rules of Wealth You Should Have Learned in School』の日本語訳である。低コストのインデックスファンドを活用した堅実な資産運用の基本原則を、明快かつ実践的に解き明かした本書は、長期的な資産形成を志すすべての人にとって、信頼に足る導きの書となるだろう。

いまや、経済的な安心を国家や企業に委ねることが難しくなり、各人が自らの手で個々の財務基盤を築かねばならない時代を迎えている。それはけっして安寧な道ではないが、たとえ現在、経済的に困難な状況にある人であっても、堅実なポートフォリオに対して少しずつ資本を投じることによって、だれしもが将来の安定に近づくことができる。本書は、その実行可能な方法を明確に提示する一書である。

もうかなり以前のことになるが、定年退職の時期が迫っていたある日、私はそれまでほとんど顧みることのなかった「ねんきん定期便」に目を通し、年金額を確認した。その数字を一瞥し、「意外に多いな」「これなら年金だけで暮らせそうだ」と最初は安堵しかけたが、よく見直して愕然とした。私が月額と思ったその金額は、実は年額だったのである。そのときの驚きと恐怖は、いまでも言葉に尽くしがたい。

当時、私は世間一般の平均的な収入を得ていたと思うが、そのほとんどを消費し、資産運用の仕事に長年携わっていながら、自らの将来設計には無頓着であった。手元に残る貯金はわずか数百万円。

このままでは、経済的な破綻は不可避であった。

その段階で残された時間的猶予は非常に限られていたが、私は運命に抗うことにした。移動手段には飛行機や新幹線ではなく長距離バスを利用し、自家用車ではなくカーシェアを使って倹約に励んだ。そしてなけなしの資金を元手に、インカムの安定性と価値の保全が見込まれる資産を選び、自分のための投資を始めた。焦燥と時間の制約のなかで幾多の失敗を重ねつつも、少しずつポートフォリオを構築していった。

そして５年後、なんとか将来の経済的破綻の懸念から解放されたとの確信を得て、私はカーシェアの会員を退会し、節税を考慮して減価償却年数の短いメルセデスを購入した。これは迂闊な１人の人間が土壇場で危機を脱した恥ずかしい体験談にすぎない。だが、自分で経験して言えるのは、資産形成はたとえ50代後半からでもけっして遅くはない、ということである。むしろ、切迫した状況にある人ほど迷いなく行動することができる。現在の困窮は未来を変えるための契機でもある。「貧しい人々は幸いである」という言葉はここでもまた確かな事実なのである。

本書の刊行に際し、翻訳を精緻かつ誠実にご担当いただいた藤原玄氏、丁寧な編集と校正を施してくださった阿部達郎氏に深く感謝申し上げる。また、本書を世に送り出してくださったパンローリング社の後藤康徳社長に、心より御礼を申し上げる。

2025年4月

長岡半太郎

CONTENTS

アダム、テイラー、マティアス、アンナ・クレア、ニクラス、
アビー、ジェレミーへ

謝辞

本書の着想を最初に与えてくれたイアン・マクギューアンに感謝したい。彼とスコット・バーンズは偉大なライティングコーチだ。ジョン・ワイリー・アンド・サンズで最初に私を担当してくれた編集者のニック・ウォールウオークは2011年に本書の初版を出版する機会を与えてくれた。ニックへの感謝は今も変わらない。

また、シンガポール・アメリカン・スクールの友人たちにも感謝したい。初版を記すときに指導してくれ、専門用語を使わずに分かりやすい文章にする手助けをしてくれた。

また、ワイリーのチームにも感謝する。トゥーラ・ワイスは素晴らしい出版人である。彼らが世界中の最もクールな場所の探検を楽しんでくれることを願っている。ジュリー・カーには丁寧な編集をしてくれたことに感謝する。あなたがアイスホッケーのファンらしいことに喜びを覚えている。

ワイリーのチームのほかのメンバーにも感謝している。そして、チャート作成を手伝ってくれたバンガードのジョン・S・ウォーエスを忘れることはできない。

最後に、本書は我が妻、ペレ・ハラム・ヤングの励ましなくしては存在しなかっただろう。

まえがき

「学校にはいるな（Don't Stay In School）」。これはYouTubeで紹介されているラップのタイトルである。視聴回数は1100万回を超えている。これを作曲したのは長い髪を赤く染めた、20代くらいの若きラッパーのデビッド・ブラウンだ。彼は森を歩きながら、教育制度に関する不平をぶちまけている。挑発的な曲のタイトルにもかかわらず、彼は学校に反対しているのではない。

初めてこの動画を見たとき、私はフェイスブック（現メタ）に投稿した。私は自分が食べた食事の写真を投稿するようなことはしない。だが、ハンバーガーの写真を投稿すれば、十数人の友人くらいは「いいね」をクリックしてくれるだろう。では、「学校にはいるな」を投稿したときどうなっただろうか。友人たちに人気投票をさせたら、ハンバーガーが圧勝だっただろう。

ご存知のとおり、私は学校の教師だ。友人のほとんども教師である。「学校にはいるな」というタイトルはワイングラスに入ったハエだった。だが、動画を見た者たちはこの英明なメッセージを理解した。

若きラッパーは現実世界に関する教育が欠けていることに不満を抱えている。例えば、高度な数学はほとんどの学校で必須科目となっている。また、だれもがシェークスピアを学ぶ。だが、法律や人権、選挙の手続き、住宅ローン、就職の仕方や投資の方法に関する教育は必須ではない。

ほとんどの学校にガッカリさせられるのではないかと思う。私が最初にお金について学んだのは裕福なメンターからだった。それ以降、35歳になるまで個人金融に関する本を400冊以上読んだ。そして、私が学んだことを、学校で教えられるべきだった財産に関する９つのルールにまとめた。それを実践することで、私は30代後半には無借金の億万長者になった。

私は財産を相続したわけでも、大きなリスクをとったわけでもない。

私は高校の個人金融の教師となった。そしてこの問題が重要であると考えている学校で働いてきた。

子供たちはお金について知りたがる。それは彼らの両親も同じである。だが、ほとんどの人々は財産を築くことについては典型的な中学生と変わらない知識しか持たずに大人になってしまう。お金はタブーなのだ。

もちろん、マチルダおばさんのお小言は知っている。「お金の話をするなんて本当に行儀悪い」。だが、このような考えが巨額の個人債務や金融の搾取、そして危険と隣り合わせの借金に頼ったライフスタイルにつながる。これらの問題は爪白癬のようなものだ。容易に片づかない。ジョーンズ夫妻はそのようなことは求めていなかった。

だが、ジョーンズ夫妻は収入のほとんどすべてを使ってしまう。彼らは投資の仕方を知らないのだ。彼らはお金を巻き上げるばかりの誤った類のファイナンシャルプランナーを雇っている。彼らは巨額の住宅ローンやクレジットカード会社や消費のトレッドミルに振り回されている。彼らがそのような大きな過ちを犯しているのは、学校でそうならない方法を教わらなかったからだ。これが、私が初版を記した理由だ。そこで示したルールは不朽である。

では、どうして第２版を書いたのだろうか。

取り上げた例を更新したかった。また、投資の世界は良いほうに変わってもいる。かつては、事実上すべてのファイナンシャルアドバイザーは顧客のポートフォリオをアクティブ運用の投資信託に投じていた。それらの商品はアドバイザーと彼らの会社の懐を温かくするばかりで、投資家にとってはひどいものだ。幸運にも、人々はもっと良いものを求めるようになっている。

多くの者たちがロボアドバイザーと呼ぶ企業に目を向けてみよう。これら企業は「さぁ、二度とだまされることはない。もっと良い商品を提供しよう」と言ってきた。彼らは、私が本書で説明するルールに従っている。これらの企業を知っておく価値はある。ほとんどの銀行や運用会社とは異なり、彼らは顧客をだますようなことはしない。

また、DIY投資家にとって優れた投資商品が市場に出回るようになっている。これらの商品は手続きを簡素化する。アメリカの素晴らしい運用会社であるバンガードも活動の幅を広げている。今日、世界中の人々が彼らの商品を利用できる。本書ではその方法を説明する。

では、同じようなテーマの本が何百冊もあるのに、私の本を読んでほしい理由は何だろうか。それを説明するためには、そもそもどうして本書の初版を書いたのかを伝える必要がある。私はかつて私立学校の教師だった。われわれはだれも確定給付型年金を利用できなかった。そのため、われわれのお金は鼻歌を歌っているしかなかった。

私が最初に学校に着任したとき、同僚の多くは私が個人金融の本を書いていることを知っていた。彼らは投資について尋ねてきたので、私は放課後にボランティアでセミナーを開いた。それが想像以上に人気を博した。

だが、数回のセミナーでは物足りなかった。そこでできるかぎり分かりやすい投資本を見つけて同僚たちに配ろうと考え、そして実行した。12種類の投資本を計80冊購入した。

翌日、「全校向け」にｅメールを送り、「私の教室に無料の投資本があります。自由にお取りください」と書いた。すると、職員室のクッキーよりも早くなくなってしまった。その後、私は英語のクラスの生徒たちに教えているかのように、少数の読者たちと会合を開き、彼らが学んだことについて議論した。

だが、問題があった。金融本の著者たちが用いる専門用語の多くは、私の同僚たちにとってはエジプトのヒエログリフと同じだった。自分たちが書いたことの多くは一般的な人々には理解不能であることを理解していない金融本の著者が多すぎた。

私はイアン・マクギューアンと話をした。当時、彼はマネーセンス誌で私を担当する編集者だった。「自分で本を書けばいい」と彼は言った。だが、１人ではできないので、助力を求めた。100人を超える友人や同僚が協力してくれた。無料の金融セミナーを続けるなかで、一般的な人々がお金についてどのような理解をしているかを知るために、私は説明よりも質問をたくさんしたと思う。それで、できるかぎりたくさんの人々を理解することができた。

まず書いた原稿を金融に疎い友人に読んでもらった。彼らはみなフィードバックをくれ、そのおかげで専門用語を除外し、分かりやすくすることができた。

その結果が本書だ。つまり、自らの生徒たちの言葉に耳を傾けた億万長者の先生が書いた本である。本書で、学校で学ぶべきだった財産に関する９つのルールを共有している。皆さんは、億万長者のようにお金を使う方法、そして、恐怖と強欲のワナや皆さんが懸命に稼いだお金に手をつけようとする者たちの計略を回避しながら、最良の投資を行う方法を学ぶことだろう。

私はそれらの不朽の原則に従うことで、30代にして無借金の億万長者になった。さぁ、その原則を皆さんに伝えよう。

ルール１
お金持ちになるようにお金を使え

RULE 1 Spend Like You Want to Grow Rich

私は30歳のときはお金持ちではなかった。でも、自分が望めば、ポルシェをリースすることも、多額の借金をして豪華で高価な家を買うことも、外国の５つ星ホテルで休暇を取ることもできた。周りからはお金持ちのように思われただろうが、銀行の借り入れとクレジットカードに頼って生活していたことだろう。物事は見かけどおりとは限らないのだ。

2004年、私はシンガポールでアメリカ人の少年の家庭教師をしていた。彼の母親は毎週土曜日に私の家まで彼を送ってきた。彼女が乗っていた最新のジャガーは、シンガポールでは25万ドルを優に超えていた（シンガポールでは車はとても高価である）。彼らは大きな家に住み、彼女は素敵なロレックスの腕時計をしていた。彼らはお金持ちなのだろうと思っていた。

家庭教師の指導を終えると、彼女は小切手をくれた。そして、ほほ笑みながら、最近家族で過ごした外国での休暇について熱く語り、息子を指導してくれることをとても喜んでいると言う。

彼女がくれた小切手は150ドルだった。彼女がいなくなると、私は自転車に飛び乗り、通りを抜けると、銀行で小切手を預金した。

だが、ここで事件が起きた。小切手が落ちなかった。彼女の口座には十分な金額が入っていなかった。もちろん、これはだれにでも起こり得ることだ。だが、この家族に関しては、カトマンズの停電と同じくらい頻繁に起こった。小切手を現金化するのは１週間待ってほしいと彼女は電話で懇願してきたが、最終的に大損害となった。最終的に、私はもう彼女の息子の個人指導はできないと伝えた。

これは起こるべくして起こったことだろうか。この女性はお金持ちに違いなかった。ジャガーに乗り、大きな家に住み、ロレックスを着けていた。彼女の夫は投資銀行に勤めていた。彼は稼いだ現金のプールで背泳ぎをしていたはずなのだ。

彼女はまったくお金持ちではなかったのかもしれないと考えるようになった。大金を稼ぎ、ペルシャの王族のように暮らしている者が必ずしもお金持ちとは限らないのだから。

財産に関するヒポクラテスのルール

財産を築くことに関心があるのなら、われわれは皆、医師によるヒポクラテスの誓いと似たような誓いを立てるべきである。つまり、ジャマしないこと。われわれは簡単に満足を得られる時代に生きている。地球の反対側にいるだれかとコミュニケーションを取りたいと思ったら、ショートメールか電話であっという間に連絡が取れる。何かを買って、自宅まで届けてほしいと思えば、スマホとクレジットカードの番号さえあれば可能である。代金を支払うお金を持っていなかったとしても、だ。

シンガポールにいたお金持ちに見えるアメリカ人の家族と同じように、手にしてさえいないお金を浪費することで、自分たちの将来を簡単に台無しにできる。分不相応な暮らしにまつわる話は世界中にあふれている。

財政の危険を冒さないためには、負債ではなく資産を構築する必要がある。人生を通じて財産を築く最も確実な方法の１つが、所得を大きく下回るお金しか使わないで、その差額を賢明に投資することだ。だが、「ウォンツ（wants）」と「ニーズ（needs）」を区別できないことで自らの財政的な健全性を傷つける人があまりに多い。

大学を出るとすぐに素晴らしい職に就き、過剰消費の道を歩み出す人々をわれわれは知っている。たいていの場合、それは何の気なしに始まる。彼らは便利なクレジットカードを使って、新しいダイニングテーブルを買ったのかもしれない。だが、その後、自分たちのお皿やカトラリーがテーブルに合わなかったので、アップグレードしたくなった。

そして、持っていたカウチはもはや素晴らしいダイニングテーブルとは調和しない。神様、ビザカードをありがとう。ソファーをアップグレードするときだ。だが、まもなく友人がカーペットと新しいカウチが合わないことを指摘する。すると、彼らはペルシャ絨毯を買うために広告を調べ出す。次に、彼らは新しいエンターテインメントシステムを夢見るようになる。次は、自宅のリノベーション、そして当然ながらハワイ旅行が続く。

彼らはアメリカンドリームを実現するのではなく、ギリシャ神話の悪夢にとらわれる。ゼウスはシーシュポスに岩を山頂まで上げるよう命じることで彼を罰した。岩は山頂近くまで来るたびに転げ落ちてしまった。消費者の多くは、自らの消費習慣のせいで同じような情け容赦ないトレッドミルに直面することになる。彼らは借り入れの返済が終わりそうになると、自らのシーシュポスの岩を重くすることで自らを報いる。そうすることで、自らを険しい山の麓まで突き落としてしまう。

何かをクレジットカードで買うのではなく、代金を蓄えてから買う方法は少なくとも1950年代のやり方で、多くの消費者がそう考えている。結果として、21世紀になると個人債務の山が積み上がった。だが、これが公に取り上げられることは少ない。

投資をして財産を築くことを学ぶ前に、われわれは貯金をする方法を学ばなければならない。ミドルクラスの給与でお金持ちになりたいのなら、平均的ではならない。多くの人たちが餌食になる消費習慣を回避しなければならない。

FRB（米連邦準備制度理事会）は毎年クレジットカードの債務水準を集計している。その結果をCardhub.comが公表している。2015年、アメリカの平均的な家計が抱えるクレジットカードの借入残高は7879ドルだった[1]。2015年、マーケットウオッチの編集者であるクエンティン・フォットレルは、アメリカの住宅所有者の15.4%が住宅の実際の価値を超える住宅ローンを抱えていると伝えた[2]。アメリカは世界で４番目に安価に住宅が買える国であることを考えると、これは驚きである。

Numbeo.comは、世界の収入に対する住宅価格を比較している。同社は2016年、102カ国の比較を行った。アメリカの住宅は世界で４番目に安価だった。収入に対する価格がアメリカよりも低かったのは南アフリカ、オマーン、サウジアラビアだけである[3]。

ここで興味深いことを指摘しよう。過大な債務を抱えているのは低所得労働者がほとんどだと思うかもしれない。だが、それは間違いだ。

今は亡きアメリカの作家で、財産に関する調査を行ったトーマス・

スタンリーは1973年以降、アメリカの富裕層の調査を行っていた。彼によると、2009年時点でアメリカの100万ドル超の住宅のほとんどは億万長者が所有しているのではない。むしろ、100万ドルの住宅の大半は多額の住宅ローンを抱えた高級好みの億万長者ではない人々が保有している[4]。好対照にも、億万長者の90％は100万ドルを下回る住宅で暮らしていた[5]。

金融版のヒポクラテスの誓いのようなものがあるとしたら、自らが招いた医療過誤があちこちで発生したことだろう。本当にお金持ちならば豪勢にお金を使っても構わない。だが、給料が多くても、もっと働かなければ満足に暮らせないのならば、それは本当のお金持ちではない。

財産の定義とは

世界のお金持ちのふりをしている者たちが示すライフスタイルにとらわれないようにするためには、本当の財産と偽りの豊かさとを区別することが重要である。財産それ自体は相対的なものである。だが、お金持ちだと考えられるには、次の２つの要件を満たしていなければならない。

1. 働く必要がないくらいの十分なお金をすでに持っていなければならない。
2. 生涯を通じて、自国の家計所得の中央値の２倍の現金を生み出す投資資金や年金や信託基金を有していなければならない。

米国勢調査局によると、2014年のアメリカの家計所得の中央値は

５万3657ドルだった[6]。私のお金持ちの定義に基づけば、アメリカでは年にこの額の２倍（10万7314ドル超）を生み出す投資資金を有している者がお金持ちなのだ。

働かなくても自国の家計所得の中央値の２倍を稼げるとしたら、それは成し遂げる価値のある夢である。

どのようにして投資で十分な現金を生み出すのか

本書では株式市場と債券市場を用いた投資に焦点を当てることになるので、それに対応した例を用いることにしよう。ジョンは250万ドルの投資ポートフォリオを持っているとしたら、毎年ポートフォリオの４％、つまり年10万ドル程度を適宜売却しても、けっして資金不足に陥ることはない（「４％ルールを使って早期引退する」参照）。投資資金を年に６～７％ずつ増大させ続けることができれば、彼は上昇する生活費を賄うために、長期にわたって毎年ポートフォリオの４％を少しばかり上回る金額を売却することもできる。

４％ルールを使って早期引退する

ビリーとアカイシャのカデルリー夫妻は38歳で引退した。彼らは25年以上にわたり引退生活を送っている。彼らは投資で生計を立てている。実際に、彼らは引退当初のポートフォリオの価額を超える金額を、投資ポートフォリオから引き出している。

彼らはお金に事欠いているということだろうか。まったくそうではない。複利の魔法が働いた。1991年に引退したとき、彼らは50万ドルを持っていた。今日、彼らははるかに多くのお金を持っている。どのようにして手に入れたのだろうか。彼らはお金の掛からない地域で質素に暮らしているのだ。また、４％ルールにも従っている。

2010年、フィリップ・Ｌ・クーリー、カール・Ｍ・ハバード、ダニエル・Ｔ・ウォルツはジャーナル・オブ・ファイナンシャル・プラニング誌で研究論文を発表した[7]。彼らはさまざまなポートフォリオを1926年１月～2009年12月までの期間でバックテストした。彼らは、投資家がポートフォリオからインフレ調整後で年４％を引き出すと、資金は30年以上にわたり存続する可能性がとても高いことを発見した。

私はこれがビリーとアカイシャにどのように作用するか知りたかった。彼らはS&P500のインデックスファンドを保有している。つまり、私が本書で説明するとおりに投資しているわけである。彼らが１年に投資資金から引き出す金額は４％を下回る。では、毎年４％を引き出していたらどうなっていたか考えてみよう。

過去25年で、彼らの資金は増え続けた。つまり、毎年ポートフォリオの４％を引き出していたら、当初の50万ドルのポートフォリオから132万5394ドルを引き出したことになる。正しく読めているだろうか。さらに、多額のお金も残っている。毎年お金を引き出しているにもかかわらず、2016年４月30日までに、彼らのポートフォリオは185万5686ドルになっていた。

質素な暮らし、複利、そして４％ルールは強力な組み合わせなのである[8]。

ジョンがこのような状況にあれば、私は彼をお金持ちだと考えるだろう。また、彼がフェラーリや100万ドルの住宅を所有していたら、かなりのお金持ちだと考える。

だが、ジョンが40万ドルの投資ポートフォリオを保有し、多額の住宅ローンを組んだ100万ドルの住宅を持ち、フェラーリをリースしていたとしたら、たとえ彼の年間の給与が手取りで60万ドルを超えていても、彼はお金持ちではない。

私は守銭奴のように生活し、稼いだお金をすべて貯金することを提案しているのではない。あとで説明するが、私は過去にそのようなことをしてみたことがある。まったく楽しくない。重要な第一歩は、自分たちのお金を投資できるように何にお金を使っているかに気をつけることだ。財産を構築することが必須科目であり、高校を卒業後も毎年成績が付けられるとしたら、だれが落第するか知っているだろうか。プロのバスケットボール選手たちだ。

NBA（全米バスケットボール協会）の選手のほとんどが年に数百万ドルを稼ぎ出す。では、彼らはお金持ちだろうか。ほとんどの者たちがそう見える。だが、重要なのはいくら稼いでいるかではない。稼いだお金で何をしているかが重要だ。2008年のトロント・スター誌の記事によると、トロント・ラプターズを訪問したNBA選手会会長は選手たちに支出を抑えるよう警告した。彼は、引退したNBA選手の60％が、NBAの多額の年俸を受け取らなくなった５年後には金欠になると指摘した[9]。どうしてそうなるのだろうか。残念ながら、平均的なNBAのバスケットボール選手は金融に関する常識がほとんどない。どうしてだろうか。高校はわれわれが金融の世界に出る準備をさせていないからだ。

本書の財産に関するコンセプトに従うことで、財政的に独立するための道を進むことができる。ルールをしっかりと守れば、本当のお金持ちにもなれる。まずは、財産に関する９つのルールの１番目に従うことから始める。つまり、お金持ちになるように支出すること。本当は必要のない買い物を最小限に抑えれば、投資資金を最大化できる。

もちろん、自分が欲しいと思ったものを他人が買っているのを見れば、これは言うほど簡単なことではない。隣の芝生は青いと思う代わりに、自分の庭を愛で、必要とあれば父親の古い車と比べればよい。そうすることで、財産の基礎を築くことができる。これが私にどのように作用したか説明させてほしい。

運転しているときに道路が見えているか

15歳のときだ。父親の1975年製ダットサンに同乗していたとき、少しばかりスピードを出しすぎているのではないかと思った。スピードメーターをのぞき込むと、動いていないことに気づいた。私は「パパ、スピードメーターが壊れていたら、スピードが分からないじゃあないの」と尋ねた。

父は足元のフロアマットをめくり上げろと言う。「畳んでおけ」と彼はニヤリとした。私の足の下の床には拳大の穴が開いていて、その下の道路が見えた。「道路を見ればどのくらいのスピードが出ているか分かるのに、スピードメーターなどいらないじゃないか」と彼は言った。

翌年、私は16歳になった。私はスーパーマーケットで働いて貯めたお金で自分の車を買った。６年落ちの1980年製ホンダ・シビックだった。スピードメーターは正常に作動し、何よりも足の下に風穴はなかった。わが家では一番良い車だったので、私はいつも流行の最先端を行っているように感じていた。これが財産を築くための最高の秘訣の１つにつながる。つまり、自らの認識が消費習慣を規定するのだ。

長期的にお金持ちになる最も確実な方法は、まずは支出を収入よりもはるかに少なく抑えることである。自らの視点を変え、自分の持ち物に満足することができれば、収入をムダ遣いする気にはならないだろう。長期にわたり投資できるようになり、株式市場の複利の魔法のおかげで、ミドルクラスの賃金労働者でも最終的に投資口座には多額の資金が蓄えられる。雨漏りもしていた父親の車のおかげで、雨が降っても天井や窓から漏れてこない公道を走れる車を持っていた私は、お金持ちになった気分だった。私は、自分の車をより新しく、速くてカッコイイ車と比較する代わりに、父親の車（イグニッションにドライバーを差し込むと始動する）を比較対象のベンチマークと考えていた。

仏教徒は「欲望」が苦しみにつながると考えている。私がシンガポールで指導していた少年の場合、高級品を求める家族の飽くなき欲求は苦しみにしかならないだろう。大黒柱が失職したり、引退したいと考えたりしたら、彼らの苦しみは加速する。私はかつて目にした白雪姫の小人たちの有名なセリフをもじったバンパーステッカーを思い出す。「アイ・オゥ、アイ・オゥ、イッツ・オフ・トゥ・ワーク・アイ・ゴー（借金だ、借金だ、仕事に行くぞ）」

お金持ちに憧れる人はお金持ちが乗っている車に乗るべき

お金持ちになる確率を高めたいならば、ぽんこつ車に乗る必要はない。そんなことをして楽しいだろうか。アメリカの平均的な億万長者が乗っている車種に乗るのはどうだろうか。そもそも、お金持ちになりたいのに、BMWやメルセデスベンツやフェラーリに何百万ドルも費やすのは逆効果のように思えるかもしれない。だが、ほとんどの億万長者の車の趣味を知ったら驚くかもしれない。2009年、アメリカの億万長者が1台の車に支払った金額の中央値は3万1367ドルだった。[10] 2016年、インフレの結果、その金額は少しばかり上昇した。だが、明白なことが1つある。お金持ちになりたいなら、BMWやメルセデスベンツやジャガーなどのヨーロッパの高級車など忘れてしまえ。トーマス・スタンリーがアメリカの億万長者の調査を行ったとき、最も人気のある自動車メーカーは退屈なトヨタだった。[11]

お金持ちになりたい者の多くが自動車部門でも仲間を出し抜こうとし、あっさりと高級車に4万ドル以上のお金を投じてしまう。だが、平均的な億万長者をはるかに上回る金額を車に投じておいて、どうやって財産を築き、財政的なストレスを軽減できるのだろうか。それでは、50メートル先からスタートした陸上のオリンピック選手に追いつこうとしているかのようである。

失業したら自動車ローンが支払えない、または80歳になるまで働かなければならないと想像してみればよい。

億万長者に遅れずについていきたいのなら、まずはスタートラインにつき、できるかぎりのリードを取らなければならない。大半のお金持ちよりも多額のお金を自動車に投じるなど筋が通らない。

超億万長者よりも自動車にお金をかける

2006年、世界で最も裕福な3人のうちの1人であるウォーレン・

バフェットは人生で一番高価な自動車を購入した。５万5000ドルのキャデラックである[12]。個人資産が1000万ドルを超える超億万長者が直近で自動車に支払った金額は平均で４万1997ドルだった[13]。高級ショッピングモールに行ったら、駐車場を見回してみればよい。４万1997ドルよりもはるかに高い自動車をたくさん見かける。

ウォーレン・バフェットの車よりも高価な車がたくさんあるだろう。だが、その自動車の所有者のうち、1000万ドル以上の資産を保有している者はどのくらいいるだろうか。「おそらくゼロだ」と答えたならば、物分かりがよい。多くの者たちがお金持ちになるのではなく、お金持ちと思われるために、財産や財政的な独立の追求を台無しにしている。

車にかけずに蓄えたお金（一括払いで購入できない場合の金利については言うまでもない）は財産を築くための投資に回せる。

車は投資ではない。不動産や株式や債券などの長期的な資産とは異なり、車は毎年その価値が低下していく。

私が今まで会った最も抜け目ない人物の自動車購入観

20歳のとき、大学の学費を支払うためにバスターミナルでバスを洗車するサマージョブを経験した。そこで私が洞察力に富んだメカニックから学んだことは、大学で学んだいかなることよりも価値があった。ラス・ペリーは独り身で２人の子供を育てる億万長者のメカニックだった。彼の財政的な洞察力はほかのメカニックたちに崇拝されていた。彼らは「おい、ラスがお金の話をしようとしていたら、ちゃんと聞いておけよ」と言っていた。

われわれは夜のシフトで一緒に働いていた。これは特段忙しくなく、週末ともなればなおさらだったので、話をする時間はたくさんあった。

私の仕事はかなりシンプルだった。１日の終わりにバスを洗車し、燃料を入れ、走行距離を記録する。暇な時間は、ペリーがお金や人々について説教を垂れるたびに縮こまったり、大声で笑ったりした。彼が話すことのすべてが社会的に正しかったわけではないが、彼の粗野な話には常に幾分かの真理が含まれていた。

ペリーは、乗っている車を見てその人物がどのくらい賢いかを言い当てることできると言っていた。彼には、皆が時間の経過とともに価値が下がる高級車のようなものに多額のお金をかける理由が理解できなかった。高級車をリースしたり、借金をして買っていたりした場合など、彼は困惑をあらわにした。ペリーは住宅や株式などの資産に投資することを勧めていた。それらは時間の経過とともに価値が高まる。だが、車は毎年お金を失うだけである。

「アンドリュー、車にムダ遣いせずに人生を送ることができれば、お前は圧倒的に有利だろうよ」と彼は言った。彼は駐車場を横切る男を指さした。彼は管理部で働いていた。「あのBMWに乗り込む奴を見ろ」

私はその夜、職場に着いたときにその車に見ほれていた。美しい車だった。ペリーは次のように言った。「奴はあの車を２年前に買った、新車でな。でも、価値の低下とローン金利の支払いですでに１万7000ドルを失っている。それにあと３年もすると、奴はまた別のを買うぞ」。たった２年でそれほど価値が低下しているならば、３年後にその車にどれほどの価値があるのか私には分からなかった。

ペリーは「お前が本当に金持ちなら、おかしな高級品に金を費やしても何も悪くない」と説明した。そして改まった口調で次のように言った。「だがな、もし金持ちになろうと思うなら、あんな買い物してたら絶対になれないぞ、絶対にな」

ペリーは社会通念をひっくり返した。ほとんどの人々が車で損をしようとする。だが、そう思うことが自己実現的な予言となる。彼は、人は気をつけてさえいれば、車で損をせずに済むと語った。

金融にも機械にも精通した人物が言うのだからそれが正しいのだろうと思った。当時の私の最大の疑問は、それが自分の役に立つのかどうかだった。機械に関しては、不器用で目の不自由なネアンデルタール人程度の能力しかない。

「車を買うときは、リセールバリューを考えろ」とペリーは言った。新しい車は1年目に大きく価値が下がる。ペリーはけっして新車は買わずに、だれかが多額の減価分を負担したあとでその車を買うよう勧めた。

リセールバリューが最も高いのは日本車だと彼は考えていた。入念に手入れされ、再塗装されておらず、タイヤも内装も綺麗な低走行のモデルを探すべきだと彼は言った。

車に適切な価格を支払い、多額の減価分はだれかに負担させれば、1〜2年後に買った値段と変わらない価格で売却できるかもしれないと彼は説いた。

将来の億万長者の自動車購入戦略

ペリーの理論をテストするために、私は自分の財布を空っぽにしない車を探した。

市場の感覚をつかむまでそれほど時間はかからなかった。信頼できる自動車に関する消費者のリポートをいくつか読んだ。役に立った情報源が、フィル・エドモンストンが毎年更新している手引書の『レモン・エイド・ユーズド・カーズ（Lemon-Aid Used Cars)』だった。いくつかの車種は紛れもなき欠陥車だ。それ以外の車種は信頼できる可能性がある。私は毎朝数分かけ、地元紙の広告に目を通した。価格が手ごろで、興味が持てる車があれば、実際に確認する。その後数年間で、私は走行距離の多くない信頼できる日本車を数台購入した。１台に支払った価格は1500～5000ドルの間だ。たいていの場合、少なくとも１年は追加の費用をかけずに運転した。私の車は安価だったので、利益もそれほどではなく、１台当たり800～1000ドルほどだった。

残念なことに、お金の扱いがうまくない人があまりに多すぎる。財政的に手を広げすぎている絶望的な人は簡単に見つけることができる。彼らから買えばよい。一般的に、彼らは自分の車をアップグレードするためだろうが、迫りくる借金を返済するためだろうが、すぐにお金を手にしたがる。私は両方のタイプの売り手から中古車を購入し、10万キロ程度乗り、２～３年後に購入価格と同じ値段で売却した。

あるとき、私は12年物のトヨタの走行距離のあまり多くないバンを3000ドルで購入した。その車でカナダのブリティッシュコロンビア州からメキシコのバハカリフォルニア半島、さらにグアダラハラまで6500キロ運転し、そしてカナダに戻った。１回の旅で13万キロ以上走らせ、その車を3500ドルで売却した。

時間とお金の負担を軽減できる驚くほどシンプルな中古車購入戦略がある。

中古車店を歩き回っていると想像してほしい。概して、自分１人で、または友人と自由に歩き回れることはない。すぐさま綺麗な身なりの営業マンがさまざまなメーカーや車種を薦めてくる。彼らは良かれと思ってやっているのかもしれない。だが、私のような人物なら、営業マンにあとをつけられたら財布の紐をきつくするし、口先のうまい人物につけ回されるプレッシャーに困惑するかもしれない。要は、彼らの縄張りにいるのだ。

私のような小物には、腹を空かせた経験豊富な大物に対抗する有効な戦略が必要である。私の戦略は次のとおりだ。第1に、自分が探しているものを明確にする。数年後、私は再塗装されていないマニュアルの日本車を探していた。私にはさびや事故の痕などが隠されているかどうかを見極める能力がないので、再塗装された車は求めていなかった。また、走行距離は13万キロ以内であることを確認したかった。そして3000ドル未満の車を探していた。適切な整備がなされ、所有歴が多すぎないかぎりは、その車がどれほど古くても問題ではなかった。

無名の勇敢さに身を包んだスパイのように、私はイエローページから殺害予定者リストを作成し、半径約30キロ以内のすべての中古車販売会社に電話をかけた。私は自分の意見は変えず、何を求めているかを正確に伝えた。自分の要件に満たないものを受け入れるつもりはなかった。

私は攻撃的な営業マンを相手に自分の立場を堅持しなければならなかった。だが、電話であれば、実際に対面するよりもはるかに簡単に実行できた。ほとんどのディーラーは私が気に入る車はあるが、3000ドルは安すぎると言う。別の車を買わせようとする者もいれば、私の上限価格は妄想に近いと言う者もいた。だが、私は惑わされなかった。騎士の剣と信頼できる盾である電話が私の戦略だった。また、騎士道精神を体現した。最終的にもう一度彼らに電話することになるかもしれないことを知っていたからだ。

私の１回目の電話攻勢は成功しなかったので、その月が終わりに近づいたころに再びディーラーに電話をかけた。私はそのころになれば、営業マンは月次目標を達成するために貪欲になっていると期待したのだ。幸運にも、ある店舗で、高齢の夫婦が走行距離４万8000キロのトヨタ・ターセルを下取りに出していた。その車は綺麗でもなければ、検査もされていなかったが、その店舗はすぐ手に入る3000ドルの売り上げを進んで受け入れた。

この戦略は3000ドルの買い物に限ったことではない。どのメーカーにも車種にも有効で、時間を節約できる。過去５年間で、私はかなり穏やかになった。もう支出を切り詰めることもしない。それでも、購入するのは中古車である。今では、購入価格よりも少し低い価格で売却することが多い。だが、過去５年間に車に「費やした」すべてのお金を足し合わせても、それほど大きな金額にはならない。典型的な新車を買う人々は、私が５年で費やした金額を上回るお金を５カ月で失っているだろう。

自動車にかかるお金を抑えられれば、それだけ財産を築くための資産に投資できるお金が多くなる。

中古車かリースかは100万ドルの価値判断となる

友人のネイサンは億万長者である。だが、ほとんどの億万長者と同様に、彼は車をリースしようとしない。「中古車を買うか、リースするかは100万ドルの判断となる」と彼は言う[14]。

『となりの億万長者』（早川書房）や**『その後のとなりの億万長者――全米調査からわかった日本人にもできるミリオネアへの道』**（パ

ンローリング）の著者であるトーマス・スタンリーによると、億万長者の80％が一度も車をリースしたことがないという。金融の著書があるデイブ・ラムジーもリースを好まない。彼は次のように述べている。「貧しい人々は『頭金はいくらか、月にいくらか』と考える。お金持ちは『いくらか』を考える。現金で車を買えないのなら、自転車に乗ればよい。だが、車をリースしてはならない」

車をリースするのに100万ドルもかかるのだろうか

ネイサンは１台の車に6000ドル以上支払ったことがない。私と同じように、彼も走行距離の短い車を探すのだ。平均的なアメリカ人は１年で１万9000キロ運転する。つまり、典型的な10年落ちの車の走行距離はおよそ19万キロである。そのような車は維持費が徐々に増えるので、オーナーたちを苦しめるかもしれない。

最近ネイサンが買った車は彼の好みを象徴している。2006年型のホンダ・アコードである。彼は5500ドル支払った。彼が購入した時点の走行距離は９万6000キロだった。つまり、平均的な５年落ちの車と同程度の摩耗具合である。「しっかり管理された９万6000キロの車なら、まだまだ乗れる」とネイサンは言う。

通常、彼は３～５年ほど乗ると、当初の購入価格をそれほど下回らない価格で売却する。「このホンダを３～５年後に売れば、少なくとも3500ドルは手に入るはずだ」と彼は言う。

多くの人々が新車をリースしたがる。そうすることで、貯金がなくても最新の車に乗れる。彼らはその車に数年乗り、毎月支払いをする。だが、その車を返しても、払い戻しを受けることはない。多くの場合、彼らは必要以上の金額を支払っている。走行距離を年に

２万キロに制限しているディーラーが多い。それ以上運転する者は、車を返すときに追加料金を支払わされる。

Edmunds.comによると、平均的な中型車は月に294ドル、年に3528ドルかかるという[15]。ほとんどの家計が車を２台持っている。つまり、典型的な家計が車を２台リースすれば、年に7056ドルほどかかる。

ほとんどの裕福な人々と同じように、ネイサンは自分の支出を記録している。彼と彼の妻で２台の車を所有しているが、購入価格や維持費やリセールバリューを勘案すると、年に2200ドルほどかかっている。走行距離の短い中古車を低価格で買う場合と、リースする場合の差額は車２台で年に4856ドルほどになる。

アメリカの株式市場は1990年１月～2016年７月までで平均9.2％の年複利リターンを生み出した。夫婦が年に4856ドル投資し、それだけのリターンを上げたとしたら、大きな金額になる。

表1.1で分かるとおり、この投資を15年続けると15万8162ドルになる。35年で、100万ドルを超える。これこそが、ネイサンが車をリースするのは100万ドルの価値があるという理由だ。

マイナス思考の人はこのとおりにはならないあらゆる理由を見つけ出すだろう。投資で9.2％の利益は得られない。手入れの行き届いた走行距離の短い中古車は見つからない。中古車の５年間の維持費は3000ドルの平均を超えるといった具合である。

状態の良い中古車にネイサン以上の価格を支払うかもしれない。だが、長い目で見れば、車をリースするよりも中古車を買うほうが勝つ。それも少なくとも数十万ドル単位の話だ。

表1.1　リースでなく中古車を買う効果（2台所有の場合）

デュレーション	中古車による節約*	リースによる節約*
15年	158,162ドル	0ドル
20年	277,455ドル	0ドル
25年	462,692ドル	0ドル
30年	750,326ドル	0ドル
35年	1,196,962ドル	0ドル
40年	1,890,496ドル	0ドル
1台の最大購入価格	6,000ドル	0ドル
1台の5年間の維持費	3,000ドル	17,640ドル（リース料294ドル／月×5年）
1台の総費用	9,000ドル	17,640ドル
1台のリセールバリュー（5年後）	3,500ドル	0ドル（消耗、走行距離が長い場合、費用がかかる）
リセール後の収支	5,500ドル	17,640ドル
2台の場合	11,000ドル	35,280ドル
年間の節約	4,856ドル	0ドル

*　毎年4856ドルを年9.2％で投資したと仮定

慎重に住宅を購入する

ほとんどの人々が、高級車の購入は財産を築く妨げになると気づいている。だが、2008～2009年のリーマンショックで、われわれは住宅についても重要な教訓を学んだ。

お金持ちになる大志を抱く者が学ぶべき教訓の１つは、銀行は友人ではないということだ。彼らは株主のためにお金を稼ごうと努めている。そのために、彼らは人当たりが良く、説得力のある営業マンを雇うことが多い。彼らの仕事はひどい投資商品を買うよう皆さんを説得することだ（これについてはルール３で議論する）。また、彼らはムダに多い住宅ローンを体裁良く見せるので、皆さんは何年も金利を支払い続けることになる。

2008～2009年のリーマンショックの原因は何だったのだろうか。顧客の利害を最優先に考えない銀行の強欲と、余裕もないのに住宅を購入した者たちの無知が組み合わさった結果である。

住宅ブームに夢中になった買い手たちは、実際には代金を支払えない住宅を購入し、蠱惑的な低金利がその後に上昇すると、住宅ローンを支払えなくなってしまった。当然ながら、多くの者たちが住宅の売却を迫られ、住宅市場は余剰となった。どのようなものでも余っているときには、人々はそれらに高い金額を支払おうとはしない。そして、価格が下落する。住宅も例外ではなかった。

銀行はこれらの住宅ローンを世界中の金融機関に売却していた。当初住宅ローンを組んだ者たち（住宅の購入者）がローンを支払えなくなると、金融機関は彼らの住宅を差し押さえた。だが、住宅価格はパラシュートのないスカイダイバーのように下落していたので、多額の損失を抱えることになった。

また、銀行はローンを束ねて、世界中の金融機関に売却していた。その後、住宅所有者が住宅ローンを支払えなくなると、金融機関は窮地に陥り、世界で最も信頼されている金融機関の多くが危機に陥った。資金が減少した銀行は企業への貸し付けを渋るようになり、それらの企業は日々の事業を賄う資金に事欠くようになった。雪だるま効果によって、世界経済は停滞し、大量の失業者が出た。住宅ローンを甘美に見せるような者たちを信用してはならない。その影響は壊滅的なものともなるのだ。

私はオーシャンフロントの土地の一部を担保に入れたときに母に言われた教訓を思い出す。彼女はこう尋ねた。「金利が２倍になったら、あなたは支払えるの」。住宅ローンの条件で、私には年に７％の金利が課せられていた。当時、母は、住宅ローンの金利が７％

というのは歴史的にも低く、とりわけ1970年代後半や1980年代に比べればかなり安いことを知っていた。私が２倍、つまり14％の金利を支払えないとしたら、金利が上昇すれば私は危機に陥ると母は心配した。私は潮が満ちるときに裸で泳いでいる不運な者たちの１人となるわけだ。

自分の不動産を奪い取られたくないなら、彼女のアドバイスは素晴らしい経験則となる。住宅購入を検討しているならば、金利が２倍になっても支払う余裕があるかどうか計算してみればよい。支払えるのなら、その住宅を買う金銭的余裕がある。

億万長者の贈り物

中国には財産は３代続かないことを示唆する諺がある。財産を築く世代があり、それを維持する世代が続き、その後の世代がそれを食いつぶす。

アメリカの研究によると、われわれの考えとは対照的に、億万長者のほとんどがその財産を相続したわけではなかった。調査対象の80％以上がお金持ち第一世代である。

私は、シンガポールの私立学校で教えていたが、留学生のほとんどが裕福な家庭の出だった。私は半ば冗談で彼らに、あなたたちは財政的な絶滅危惧種のリストに入っていると語った。両親が自分の子供たちの手助けをしたいと思うのは当然のことである。だが、中国人たちは何千年もの歴史を通じて、自分たちで財産を築いたわけではない若者に与えられたお金がどうなるのかを知っていた。浪費されるのだ。

通常、両親から「有益な」財政的な贈り物（株式や現金や不動産）

を受け取った成人は最終的に、財政的な支援を受けていない所得水準が同じ人々よりも財産が少なくなる[16]。

これは多くの親たちにとって理解しにくい概念である。彼らは、子供たちにお金を分け与えれば、彼らは財政的にかなり有利な立場に立てると考える。統計によれば、イージーマネーは捨て金である。トーマス・スタンリーは教育水準の高い40代と50代の専門家たちについて広範囲にわたる調査をした。スタンリーは彼らを職業別に分類した。さらに、それを２つのグループに分類した。つまり、過去に両親から財政的支援を受けた者たちと受けていない者たちである。この支援には現金の贈与、ローン返済の援助、自動車購入の援助、また住宅の頭金を支払う援助が含まれる。彼が発見したところでは、支援を受けた者たちは、両親から支援を受けたことがない者たちよりも、最も所得が高くなる時期の財産の水準が低くなる可能性が高い。財政的な支援を受けることは、その人物の財産を築く能力を妨げるのである。

例えば、両親から財政支援を受けた平均的な会計士は、支援を受けていない平均的な会計士よりも43％財産が少なかった。対照的に、調査対象となった職業のうち２つのグループだけが、財政的支援を受けたあとでさらにお金持ちになった。それは教師と大学教授である[17]。

私はどのようにして億万長者になったのか

私の父は機械工だった。彼は私を含め４人の子供たちを養っていたので、私の子供時代、われわれには浪費するようなお金はなかった。私は15歳から自分で服を買うようになった。16歳のとき、スーパーマーケットのアルバイトで稼いだお金で自分の車を買った。欲しいものを手に入れるためには働かなければならなかった。だが、働くのは楽しくなかった。ほとんどの子供たちと同じように、私はビーチで遊ぶほうが好きだった。

つまり、私にとってお金は働くことに等しかった。たった「10ドル」のものが欲しいと思っても、それを手に入れるために、スーパーマーケットの床のモップ掛けをし、20キロ超のジャガイモの袋の荷積みをしたいかどうかと自問自答することになる。答えがノーならば、手には入らない。「無料の」お金を受け取らなかったことで、私は責任ある消費習慣を身に付けることができた。

元けちん坊の告白

今日、私と妻は裕福に暮らすことができている。2014年、われわれは教師の職を退いた。私は44歳だった。今は投資について楽しみながら書いているが、ある日また教職に戻る選択をするかもしれない。だが、もはや働く必要はない。

われわれはよく旅行に出かけ、訪れた国も55カ国を超える。執筆をしながら、われわれはプールとスカッシュコートとテニスコートとトレーニングルームもある贅沢なコンドミニアムに暮らしていた。また、毎週マッサージも受けていた。つまり、年に52回だ。

「引退」した最初の年は、メキシコ、タイ、バリ、マレーシア、ベトナムで暮らした。健康でいられれば、われわれは向こう40年間、このような果実と旅行を楽しむことだろう。

だが、われわれがこのような立場を得られたのは当初借金を避けたからである。私は借金が嫌いだ。極端に思えるかもしれないが、私にとってお金を借りるのは悪魔と取引するようなものだ。いつも最悪のシナリオを考える私は、職を失い、借金の返済ができなくなったらどうなるか心配してしまう。

早期に引退したいと思っている若者に私の20代初期のような生活を送ることを勧めるつもりはない。だが、借金は生死にかかわる伝染病だと考えることが私にはとても役に立った。元気づけられると思うか、妄想だと思うか分からないが、私の物語を楽しんでくれると思う。

私は大学を卒業した数カ月後に中学１年生を教え始めた。家賃と食費を抑えることが学資ローンを返済するロードマップのようなものだと考えた。もちろん、合理的な考えのように思えるが、大都市の物乞いたちは私流のミニマリズムにドン引きするかもしれない。

ポテトとパスタとアサリが最も安い食べ物だと分かった。アサリは無料のプロテインだった。私はバケツを手に、オスカーと言う名の引退した仲間と一緒にビーチを歩き回る。そして、アサリをどっさりと手に入れる。オスカーは見事に料理し、私はスパルタ式だった。つまり、いくつかのジャガイモを電子レンジにかけ、パスタを茹で、少量のオリーブオイルと一緒にアサリを絡める。さぁ、出来上がり。１ドル以下の夕食である。最初に薄味の食事にどのくらい我慢できるかは重要ではない。来る日も来る日もそのような食事を続けることはドッグフードを食べるくらい魅力的なことである。だが、私は教師の給料の30％だけで暮らしていたので、債務負担は軽くなるばかりだった。つまり、私は給料の70％を債務の返済に充てられた。

ルームメートと住宅をシェアするのも費用の削減になる。だが、私はそもそも家賃を払いたくなかった。そこで、私は冬にサンベルトに避難するので住宅の世話をしてくれる者を必要としている人を探した。

冬の間、この無料の家がどれほど寒かろうと、私はけっして暖房はつけなかった。費用を抑えたかった私は、屋外には冬の雪が降り積もるなか、シャツとセーターを何枚も重ね着して家の周りを歩いた。暖炉があれば利用する。夜には火をおこし、その前でブランケットをかぶって寝る。冬の朝、目を覚ますと息が白かったことがよくあった。

12月のある週、私の父が仕事で街に来たので、家に招いて一緒に過ごした。いつもは賑やかな父も、私が「ダメだよパパ、暖房はつけないんだ」と言ったときは柄にもなく押し黙った。凍えるようなリビングルームの暖炉の隣で、夜に引っ付いて過ごすことは父と息子が絆を感じる素晴らしい瞬間だと思った。父はそう思わなかっただろう。次に父が街に来たときには、彼はホテルに泊まった。

やがて私は自分自身の場所が欲しくなったので、月350ドルで貸し出していた地下のスイートルームに引っ越した。だが、家賃の安さには不便さが伴った。今回の場合、私が教えていた学校から遠かった。ドア・トゥ・ドアで56キロもあった。

私が車で通勤するくらい賢かったら、それほど悪くはなかっただろう。私は1200ドルで買った（2年後に1800ドルで売却した)、さびの出た20年落ちのフォルクスワーゲンを持っていたが、112キロの通勤のためのガソリン代を支払う用意をしていなかったので、自転車で通勤した。

雨の日も霙まじりの日も通勤に1日112キロも古いマウンテンバイクをこいでいた私はお間抜け賞の最有力候補だった。当時、私は最新のスポーツカーを現金で買えるだけの金額の投資ポートフォリオを有していた。また、オーシャンフロントのアパートを借りることもできた。だが、同僚たちは私が貧乏だと思ったことだろう。

同僚の教師の１人がガソリンスタンドで帰宅途中の私を見つけた。２人とも燃料を調達していたが、私の場合は廃油から作られた燃料だった。私が自転車にまたがり、パワーバーを頬張っているときに、彼女は私のところに駆け寄ってきて真剣に「あなたのために学校でカンパを始めるべきね、アンドリュー」と言った。彼女が冗談のつもりなら、笑っていただろう。

しばらくして、私も自分のライフスタイルが少し行きすぎだと思うようになった。少し楽をするために、職場に近いところへ引っ越すべく、地元の新聞に次のような広告を打った。「月450ドル未満で賃貸住宅を探している教師です」。これは相場よりもかなり低い値段だったが、私は、自分は定職に就き、責任感がある――その他幾つかの形容詞は省略する――といった具合に信頼できる店子を探しているだれかを引きつけるような売り込み文句を広告に書いた。

数件の電話しかかかってこなかったが、そのうちの１つは完璧な物件だったので、そこを借りることにした。

私は19歳のときからお金を投資していたので、すでに貯金は膨らんでいた。だが、私は借金を返済するために投資対象を売るつもりはなかった。その代わりに、収入のうち余ったお金はすべて学資ローンの返済に充てた。フルタイムで働き、僧侶のような暮らしを始めた１年後、私は借金を完済した。そのときから、収入の多くを投資に向けた。

学資ローンを完済した６年後、私はオーシャンフロントの物件を購入し、積極的に住宅ローンを返済していく方法を考えた。住宅ローンを柔軟に返済できるように、金利が高くなることさえ受け入れた。

返済が終わると、またお金を投資につぎ込んだ。

確かに、私ほど借金を嫌う人はいないだろう。だが、借金を払い終えたときの感情は何物にも勝った。

誤解しないでほしい。私の金融史のこの部分は、若者が倣うべき「ハウツー」ではない。当時は楽しい挑戦だったが、今日の私には魅力的ではない。そして、ずっとあとになって結婚した私の妻も魅力を感じないことを認めている。つまり、お金持ちになりたいと思うなら、特に若いときに質素に暮らせば、その勝算を劇的に高められる。

将来に目を向ける

お金持ちになりたいと思っている人は責任ある消費習慣を見落としていることが多い。それこそが、定年間近の多くの人々が、世界中を旅したり、孫たちと過ごしたりするのではなく、働かなければならない理由の１つである。当然ながら、仕事についてだれもが同じ哲学を有しているわけではない。だが、どれほど多くの人々が死の床で、「あぁ、もっと働いておくんだった」「まったく、2025年に昇進させてくれたらよかったのに」と嘆くことだろう。

ほとんどの人々が職場よりも余暇を好み、iPhoneよりも自分の子供たちを好み、会社での会議よりも静かな黙祷の時間を好む。私もその１人である。だからこそ、私は支出を管理し、自分のお金を投資する術を学んだのだ。

駆け出しの若者で、だれかが最新の高価なおもちゃを持っているのを見たら、彼らがそれをどうやって手に入れたか考えてみればよい。おそらくそのような物の多くは眠れない夜が附属のアクセサリーで付いてくるクレジットで買ったものだ。そのような人々の多くが本当にお金持ちであることはない。むしろ、彼らはストレスにさいなまれることだろう。

お金持ちのように消費する方法を学ぶことで、最終的に余計な心配事をせずに財産、そして、有形の資産を築くことができる。そのために、貧者のように暮らす必要はない。私がこれから共有する投資のルールを適用することで、隣人の半分の金額を現実的に投資し、より低いリスクを取り、やがて彼らの２倍のお金を手にすることができる。その方法を知るために読み進めてほしい。

ルール2
投資の最も偉大な味方を利用する

RULE 2 Use the Greatest Investment Ally You Have

外交的な言葉で表現させてほしいが、学校の伝統的な数学のクラスで教えていることの多くが日々の暮らしに影響を及ぼす可能性は低い。もちろん、二次方程式の公式やそれに類する抽象的な公式を学ぶことは、エンジニアリングを学ぶ変わった生徒を喜ばすかもしれない。だが、率直に言わせてほしい。二次方程式にワクワクする生徒などほとんどいない。

おそらく、世界中の数学教師の目には私は異端に映るだろうが、ほとんどの人にとって二次方程式（明確に記すなら２次多項式）は足の巻き爪程度の役にしか立たず、苦痛だと感じる生徒もいる。そうは言っても、ほとんどの学校の数学の教科書の退屈なページのなかに実際に役に立つことが埋もれている。複利の魔法である。

ウォーレン・バフェットはそれを用いて億万長者になった。さらに重要なことに、皆さんもそれを用いることができる。これからその方法を示していく。

バフェットは長きにわたり「世界で最も裕福な人物」という称号をマイクロソフト会長のビル・ゲイツと競ってきた。典型的な億万長者の暮らしをし、物質的なものにそれほどお金をかけないバフェットは、早い時期にお金を投資する秘訣を習得した。彼が初めて株式を買ったのは11歳のときで、この超億万長者は始めるのが遅すぎたと冗談を言う[1]。

早く始めることは自分自身に与えられる最高の贈り物である。早く始めて、私が本書で説明する方法で効率的に投資すれば、投資資金の管理に年に60分かけるだけで、長期にわたり財産を築くことができる。

ウォーレン・バフェットが次のように述べたのは有名だ。「準備がすべてだ。ノアは雨が降り始めてから箱舟を作り始めたのではない」[2]。

ほとんどの者たちが聖書のノアの箱舟の話を知っている。神は彼に箱舟を作り、さまざまな動物を集めてくるよう命じた。そして、やがて雨になると、彼らは新たな世界に船出することになる。動物たちにはありがたいことに、ノアは神託のあと、すぐに箱舟を作り始めていた。先延ばしにすることはなかった。

だが、ノアについてちょっと想像してみてほしい。おそらく彼はわれわれと似たような性格だっただろう。だから、神が来る洪水のことを秘密にしておくよう命じたとしても、秘密にしなかったかもしれない。要するに、彼も人間だったのだ。私には、彼が地元の酒場をうろつく姿が想像できる。駆けつけでバドワイザーのビールを何杯か飲んだあと、彼が友人にこうささやくのが想像できる。「なぁ、聞けよ。神が、雨が降るから、箱舟を作れと言うんだ。そして、洪水になったらそれに乗って漕ぎ出ろとさ」。ノアが何か自然にある麻薬でも食べたと思う仲間もいたかもしれない。おそらく全員がそう思っただろう。狂気の沙汰と彼らは思っただろう。

だが、彼を信じた者もいたに違いない。ノアの洪水の話は仲間にはにわかに信じがたいと思われただろうが、少なくとも彼の友人の１人は刺激を受けて箱舟か、少なくとも十分なサイズのボートを作ったことだろう。

だが、最善を尽くしたにもかかわらず、彼らは着手しなかったことは明らかである。ある人は、材料を購入できるだけのお金が手に入ったら箱舟を作ろうと計画していたのかもしれない。ある人は、雲行きが怪しくなり、雷が鳴り出すのを確認したかったのかもしれない。イギリスの自然科学者であるチャールズ・ダーウィンはこれらの人々の「先延ばし」を「自然淘汰」と呼んだかもしれない。言うまでもないことだが、箱舟を作らなかった人たちは淘汰された。

株式市場や債券市場で財産を築く確率を高めるには、早く始めるのが最も良い。

ありがたいことに、皆さんの友人たちは、先送りしたとしてもノアの友人たちと同じ運命に遭遇することはないだろう。だが、ほかの人たちが雨のなか慌ててボートを組み立てている間に、船を用意していた人はかなり遠くまで漕ぎ出していたことだろう。

早く始めるというのはただ有利なスタートを切るだけではない。魔法を使うことにも関係する。皆さんはゆっくりと漕ぎ出すことができるが、船を作らなかった皆さんの友人たちはレーシングボードで追いかけてくる。だが、アルバート・アインシュタインが核分裂よりも強力だと説明したと言われる力のおかげで、彼らが皆さんに追いつくことはないだろう。

ウィリアム・シェイクスピアのハムレットで、主人公は友人にこう言った。「ホレイショー君、この天地の間にはかの哲学の考えも及ばないことがある」

ハムレットが言ったのは幽霊のことで、アインシュタインが言ったのは複利の魔法のことである。

複利――世界で最も強力な金融のコンセプト

複利と聞くと複雑なコンセプトだと思うかもしれない。だが、シンプルである。

100ドルを10％で１年間運用すると、10ドルの利益が得られ、100ドルが110ドルになる。

２年目は110ドルの10％だから、11ドルが得られ、110ドルが121ドルになる。

３年目は自分のポケットにある121ドルから始まり、10％増えて、利益は12.10ドルとなり、121ドルが133.10ドルになる。

雪だるま効果が発揮されるまで長い時間はかからない。年10％で投資した100ドルがどうなるか見てみればよい。

100ドルを年10％の複利で運用すると、次のようになる。

- ５年後には161.05ドル
- 10年後には259.37ドル
- 15年後には417.72ドル
- 20年後には672.74ドル
- 30年後には1744.94ドル
- 40年後には4525.92ドル
- 50年後には１万1739.08ドル
- 70年後には７万8974.69ドル
- 80年後には20万4840.02ドル
- 100年後には137万8061.23ドル

上記よりも長い期間になると、劇的すぎて実感が湧かないかもしれない。だが、この効果を得るために不死身の化け物になる必要はない。私と同じように19歳で投資を始め、私もそうありたいが、90歳まで生きた者は、71年にわたり市場でお金を複利運用する。その途中で幾ばくかのお金を消費するだろうが、100歳まで生きる場合に備えて、自分のお金の一部は複利で運用し続けたいと思うことだろう。

現実を見れば早く始めたくなる

自動車ローンだろうが、クレジットカードのローンだろうが、高金利の借金を払い終えれば、バフェットのノアの原則を作動させる準備が整う。始めるのが早ければ早いほど良い。つまり、18歳ならば、今すぐ始めるべきだ。50歳で、まだ始めていないなら、今こそ始めるべきである。今よりも若くなることはないのだから。

高級車や最新のハイテク機器やクレジットカードの支払い（クレジットカードの借金は返済したと仮定している）に充当しないお金は、皆さんが忍耐強ければ、株式市場で劇的なまでに膨らむ可能性がある。そして、株式市場に資金を投じる期間が長ければ長いほど、リスクは低くなる。

株式市場は劇的なまでに変動することをわれわれは知っている。株式市場は何年にもわたり横ばいとなることもある。だが、過去90年間でアメリカの株式市場は年９％超のリターンを生み出してきた[3]。その間、1929年、1973～1974年、1987年、そして2008～2009年には暴落があった。ペンシルベニア大学ウォートン校のファイナンスの教授であるジェレミー・シーゲルは『株式投資――長期投資で成功するための完全ガイド』（日経BP）で、アメリカのような歴史的にも優勢を誇る市場だけが素晴らしい長期的リターンを生み出しているのではないことを示した。世界におけるイギリスの重要性は低下しているが、同国の株式市場は1926年以降、アメリカと同程度のリターンを上げている。一方、ドイツにとっては壊滅的な２回にわたる世界大戦でさえ、同国の株式市場の長期的リターンを傷つけておらず、同国の株式市場もアメリカに肩を並べている[4]。

私はどこか１つの国の株式市場を選べと言っているのではない。ほかよりも優れたリターンを上げる株式市場もあるだろうが、神話に出てくる水晶玉がなければ、前もってそれを知ることはできない。成功の可能性を最大限に高めるには、世界のすべての株式市場に投資するのがよい。そして、今すぐ投資することで最大の利益が得られる。投資を始めるには若いほど良いのだ。

隣人よりも少ない資金で隣人よりも裕福になる

次の質問は、早く始める「ノアの原則」がどれほど強力かを示している。

A．３万2400ドルを投資して、105万0180ドルにするほうがよいか。
B．24万ドルを投資して、81万3128ドルにするほうがよいか。

確かに、これはバカげた質問だ。息をしている者なら、Ａを選ぶだろう。だが、ほとんどの人々がしっかりした金融の教育を受けていないので、大多数は運が良ければ、Ｂのシナリオに直面する。そして、Ａのシナリオなど気にもしない。

本当に若い人物を知っていたら、彼らは皆さんの知識から利益を得られる。彼らは現実的に３万2400ドルを100万ドル超に変えることができる。だが、彼らにお金を分け与えて、金融の知識を鈍らせてはならない。彼らに稼がせるのだ。その方法を次に示す。

ボヘミアの億万長者——歴史に基づく最高のフィクション

スターという名の５歳の少女は、ボヘミアン島でオータムという母親に育てられている。その地では、地元民たちは自分で服を作り、男も女もひげを剃るのにカミソリを使わない。そして、だれも、古き良き汗に誘淫効果があることを隠そうともしない。

残念ながら、過密気味のタウンホールミーティングではこれが魅力的に思えようとも、楽園ではない。しばしば地元民たちは空のアルミ缶を排水溝に投げ入れる。それらの缶を集めて、リサイクルすれば、環境の保護に役立ち、やがては自分自身が億万長者になれるとオータムはスターに説いた。オータムはスターを地元のリサイクルの回収所に連れていく。そこでスターは缶や瓶の還付金で、平均すると１日に1.45ドル回収する。根っからのボヘミアンだが、オータムはけっして田舎者ではない。母親は、スターを説得して缶の回収で１日に1.45ドル稼がせることができれば、毎日1.45ドルを投資してスターを億万長者にできることを分かっているのだ。

これをアメリカの株式市場に置き換えれば、スターは平均すると年９％（株式市場の過去90年の平均を少しばかり下回る）の利益を手にする。また、オータムはほとんどの親たちが理解していないことを理解している。つまり、スターに貯金をすることを教えれば、娘は財政的に突出した大人になれる。だが、母がスターにお金を稼ぐことを教えるのではなく、お金を「与えたら」、スターは財政的な弱者になってしまうかもしれない。

話を20年進めて、いまやスターは25歳になった。もはや彼女は排水溝で缶を集めてはいない。しかし、母は、スターに毎月45ドル（およそ１日に1.45ドル）の小切手を送るよう要求している。スターが地元の農産物市場でお手製のドリームキャッチャーを行商する一方で、オータムはスターのお金を投資し続けている。

スターの親友でニューヨーク市に住むルーシーは投資銀行で働いている（皆さんが、２人がどうやって知り合ったか不思議に思うことは分かっているが、気にしないでほしい。これは私の作り話だ）。「裕福な暮らし」をしているルーシーはBMWに乗り、高級レストランで食事をし、高い収入の残りを洋服や観劇や高級な靴や派手なジュエリーに使っている。

40歳になったルーシーは月に800ドルの貯金を始める。彼女は、将来のために月に45ドルしか貯金しないスターをｅメールで何回も非難する。

スターは自慢したくはないが、ルーシーを正す必要はある。

彼女は次のように書き送った。「ルーシー、財政的に困っているのはあなたであって、私ではない。確かに、あなたは私よりもはるかに多くのお金を投資しているけど、引退するときに私と同じだけのお金が欲しかったら、月に800ドルの投資では足りないと思う」

このｅメールにルーシーは困惑する。このような訳の分からないことを書くなんて、ボヘミアのマッシュルームか何かを食べたに違いないと思っている。

25年後、２人は65歳になる。彼女たちは２人でメキシコのチャパラ湖畔に引退後の家を借りることにする。そこであれば、自分たちの購買力は高まるからだ。

「ところで、私が提案したように月に800ドル以上投資したの」とスターは尋ねる。

「月に45ドルしか投資しないだれかさんの言うことかしら」とルーシーは驚いて聞き返す。

「でも、ルーシー、あなたはノアの原則を無視した。だから、私よりはるかに多くのお金を投資しても、最終的に私よりもはるかに少ないお金しか持っていない。始めるのが遅すぎたのよ」

２人の女性は株式市場で同じリターンを獲得した。利益を上げた年もあれば、損をした年もあった。だが、総じて、彼女たちは平均すると年９％の複利リターンを上げた。

図2.1には、スターは早く始めたので、総額３万2400ドルを投資し、それを100万ドル超にできた様子を示している。ルーシーは始めるのが遅く、８倍近い投資をしたが、最終的に手にしたお金はスターよりも23万7052ドルも少なかった。

私が投資を始めたのは19歳のときだったので、スターは私よりも早い。それでも、私はほとんどの人たちよりも早く始めたので、ノアの原則にその魔法を働かせている時間はほとんどの人たちよりも長い。私はアメリカと世界の株式市場に投資しており、1990～2016年までに平均すると年９％を超えるリターンを上げた。1990年に市場に投じた資金は2016年までに当初の価額の10倍まで増えた。

私が若い親たちに複利運用の力について教えると、彼らは子供たちの将来のためにお金を蓄えておこうとすることが多い。だが、子供のためにお金を「蓄える」のは、子供たちにお金を稼ぎ、蓄え、投資するよう勧めるのとはまったく異なる。

図2.1　少ない投資額で利益は多い

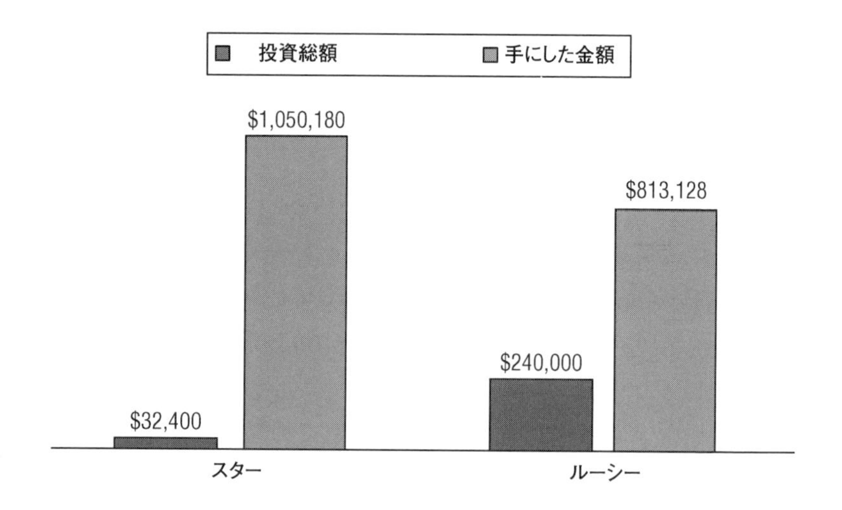

お金を与えたら、弱さと依存心を増幅させてしまうからだ。

お金に関する教訓を伝え、苦難を乗り越えるよう励ますことで、強さと自立心とプライドが養われるのだ。

自分自身にお金を与える

2005年、私は学校の教師たち数人と夕食をとっていた。やがて貯金の話題になった。彼らは引退後のためにいくら蓄えるべきか知りたがった。引退時に年金を期待できるほとんどの公立学校の教師とは異なり、この友人たちは私と同じ船に乗っている。私立学校の教師である彼らは、自分自身で引退後の資金に責任を持たなければならない。

私は、彼らが毎月蓄えるべきだと思う最低金額をさりげなく口にした。それは当時、彼らが貯金していた金額の２倍だった。

ある女性（ここではジュリーと呼ぼう）は達成可能な金額だと考えた。彼女の夫（トムと呼ぶことにしよう）はあり得ないと考えた。そこで、私は彼らに幾つかのことをしてもらった。

1. ３カ月間の支出のすべてを書き残す。それには食料や住宅ローンやガソリン代や健康保険の費用も含まれる。
2. ３カ月が経過したら、自分たちに毎月どれだけの生活費がかかっているか算出する。

次に夕食をともにしたときに、彼らは私に結果を伝えてきた。その結果に彼ら２人は衝撃を受けていた。ジュリーは自分が外食と衣服代とスターバックスのコーヒーといった細々とした買い物にどれだけ多くの支出をしているかに驚いていた。

トムは、自分が仲間とゴルフに行ったときにクラブハウスで飲むビールにどれだけ支出しているかに驚いていた。

３カ月が経過し、彼らは変わり始めた。毎晩財布からレシートを取り出し、自分たちの支出を書き出すことで、彼らは自分たちがどれほど浪費しているかに気づいたのだ。トムは次のように説明した。「１日の終わりに、これらの買い物を書き出さなければならないことは分かっていた。それが説明責任の役割を果たした。だから、支出を抑え始めたんだ」

財政的に効率の良い家計は自分たちの費用を把握している。支出を書き出すことで、２つのことが起こる。１カ月にどれだけ支出するかが分かり、それによってどれだけ投資できるかが分かる。また、自分たちの支出に説明責任を持つようになり、それによってほとんどの費用を抑えるようになる。

次のステップは、平均的な月の収入を正確に算出することである。毎月の平均的な支出を収入から引くことで、自分がどれだけ投資をする余裕があるかが分かる。そのお金を投資するために月末まで待ってはならない。むしろ、収入を受け取ったその日に、自ら選んだ投資対象に資金を投じなければならない。そうしなければ、その月の末時点（少しばかり夜遊びがすぎたあと）で、新しい財務計画に従うに十分なお金が残っていないかもしれない。私の妻は結婚する前はその過ちを犯していた。彼女は月末、または年末に口座に残っていたお金をすべて投資していた。彼女がやり方を変え、収入を得たその日に自動的に貯蓄口座から資金を移すようにしたら、最終的に彼女の投資資金は２倍になった。

友人のトムとジュリーも同じことに気づいた。１年後、彼らが投資する資金は２倍になった。その話をした２年後、彼らの投資資金は当初の３倍になったことを知った。２人とも同じことを言った。「毎月お金がどこにいっているのか知らなかった。３年前と生活が変わったとは思わない。でも、われわれの投資口座の残高はウソをつかない。貯蓄は３倍になったよ」

私と妻はスマホのアプリに使った１セントまで記録している。簡単な話である。例えば、食料品店やレストランから出てきたら、すぐに支出を入力する。私がだれかに興奮気味に「これが今までで一番安かった」と言おうものなら、妻は目を白黒させる。そして、妻はそれ以上恥ずかしい思いをする前に、私にやめさせるのだ。

自分が支出したことを記録することで、健全な支出パターンが生まれるだろう。それによって、長期的にははるかに多くのお金を投資できるようになるだろう。

もう１つ有益な話がある。年を追うごとに、皆さんの給料は増える可能性が高い。ある年に1000ドル増えるとしたら、少なくともその半分を投資口座に回し、残りの半分を何か特別な支出に備えて別の口座に移しておくとよい。そうすることで、増えた給料で二度報われることになる。

絶対に投資すべきではないとき

いくら貯蓄し、投資できるかという話をまとめる前に、考えるべきことが１つある。クレジットカードの利息を支払っているだろうか。そうであれば、お金を投資するのは合理的ではない。ほとんどのクレジットカードが年に18〜24%の金利を課す。月末に全額を返済しないということは、それなしでは外出もできない皆さんのフレンドリーなカード会社が、皆さんの大腿動脈につながれた点滴から、皆さんのお金を吸い上げていることになる。クレジットカード債務に18%の金利を支払い、８〜10%のリターンを期待して投資するのは、ワセリンのお風呂に服を着たまま浸かり、その後バスの屋根に乗って帰宅するのと同じであることは天才でなくても分かるだろう。

18%の金利を課しているクレジットカード債務を返済することは、自分のお金で18%の非課税の利益を得ることと同じである。さらに、税引き後でそれほどの利益が保証できる投資などあり得ない。年に18%ものリターンを約束するファイナンシャルアドバイザーや広告や投資会社があるとしたら、悪名高きアメリカの金融マンのバーニー・マドフを思い出し、逃げるべきだ。そのようなリターンを保証できる者などいない。

そうだ、クレジットカード会社以外に存在しない。彼らは年に18

～24％のリターンを皆さん（債務が残っているなら）から稼ぎ出す。皆さんのためではない。

株式の価値はなぜ、どのように増えるのか

私がどのようにして25年間に株式市場で平均9.5％ほどのリターンを上げたのか不思議に思うかもしれない。もちろん、投資資金の価値が縮小した年はある。だが、9.5％をはるかに上回る利益を得た年もある。

そのお金はどこから来るのだろうか。どのように生み出されるのだろうか。

ロアルド・ダールの古典とも言える小説『チョコレート工場の秘密』（評論社）のウィリー・ウォンカを思い出してほしい。ウィリーは小さなチョコレートショップから始めた。大きな夢があった彼は溶けないアイスクリーム、味のなくならないチューインガム、悪魔でも魂を売ってしまうチョコレートを作りたいと思っていた。

だが、ウィリーは事業を成長させるための無限のお金を持っているわけではなかった。彼はより大きな建物を買い、小人の従業員をたくさん雇い、今までよりも早くチョコレートが作れる機械を購入する必要があった。

そこで、ウィリーはニューヨーク証券取引所に接触するためにある人物を雇った。ウィリーは知らないうちに、投資家を抱えていた。彼らは「株式」と呼ばれる、ウィリーの事業の一部を取得した。ウィリーはもはや単独の所有者ではなかった。だが、事業の一部を新しい株主に売却することで、彼は株主の資金でより大きく、効率の良い工場を建設できた。彼はより早く、たくさんのお菓子を作れた

ので、チョコレート工場の利益は増えた。

いまやウィリーの会社は「上場企業」だった。つまり、株主たちは自分たちが望めば、ほかの買い手にウィリーの会社の持ち分を売却できた。公開企業の持ち分が株式市場で取引されても、その取引は事業にはほとんど影響がない。そのため、ウィリーは自分がすることに集中できる。つまり、チョコレートを作ることである。概して、少数株主は企業の日々の運営には影響を及ぼさないので、株主たちがウィリーをジャマすることはなかった。

ウィリーのチョコレートは素晴らしかった。株主を喜ばせようと、彼はますますたくさんのチョコレートを売るようになった。だが、株主たちは、自分たちがチョコレート工場の部分所有者であることを証明するために、ニューヨーク証券取引所や地元の証券会社の証書以上のものを求めるようになった。彼らは工場が生み出す事業の利益の分け前を求めた。企業の株主は技術的には所有者なので、これは筋の通ったことだった。

そこで、取締役会（彼らは株主に選出されてその立場にある）は毎年利益の一部を所有者たちに与えることを決め、皆が喜んだ。その仕組みは次のとおりだ。ウィリーの工場はチョコレートやお菓子で毎年10万ドルほどを売り上げた。税金や従業員の給料や維持管理費を支払ったあとで、ウィリー・ウォンカのチョコレートケーキ工場には年１万ドルの利益があった。そこで、同社の取締役会はその年１万ドルの利益のうち5000ドルを株主に支払い、彼らの間で分けてもらうことにした。これが配当と呼ばれるものである。

残りの5000ドルの利益は事業に再投資される。つまり、ウィリーはより大きく、性能の良い機械を買ったり、チョコレートを手広く宣伝したり、さらに早くチョコレートを作り、より大きな利益を生み出せるようになる。

このような利益の再投資でウィリーの事業はさらに利益を上げた。結果として、チョコレート工場は翌年２万ドルの利益を上げ、株主への配当も増やした。

もちろん、これによってその他の潜在的な投資家が引きつけられた。彼らも工場の株式を買いたがった。今や、株式を売りたい人よりも買いたい人のほうが多かった。これによって株式に対する需要が生まれ、株価は上昇した（買い手が売り手よりも多ければ、株価は上昇する。売り手が買い手よりも多ければ、株価は下落する）。

長期的には、ウィリーの会社の株価は変動した。つまり、投資家のセンチメントに応じて上昇することもあれば、下落することもあった。企業に関するニュースが良いものであれば、株式に対する大衆の需要は増大し、株価は上昇した。別の日には、投資家が悲観的になり、株価は下落した。

ウィリーの工場は長きにわたり利益を増やし続けた。そして、長期的には、企業が利益を増大させれば、概して株価はそれに沿って上昇する。

ウィリーの株主たちは２つの方法でお金を稼ぐことができた。彼らは配当（通常は年に４回株主に支払われる現金）で利益を実現させるか、株式市場で株価が大幅に上昇するのを待ち、やがて持ち株の一部や全部を売却することができた。

ある投資家がウィリー・ウォンカの会社の株式を所有することで、例えば年10％の利益を得る方法を示す。

モンゴメリー・バーンズはウィリー・ウォンカのチョコレート工場の株式に目をつけ、チョコレート会社の株式を10ドルで100株、つまり1000ドル分買うことにした。１年後、株価が10.50ドルに上昇していたら、株価の上昇は５％ということになる（10.50ドルはバーンズが支払った10ドルよりも５％高い）。

そして、バーンズが50ドルの配当を受け取るとしたら、50ドルの配当は彼の当初の投資額である1000ドルの５％なので、彼は追加で５％を稼いだと言える。

そのため、彼の持ち分の価値は、株価の上昇で５％増大し、配当でさらに５％獲得し、潜在的にはバーンズは１年後に株式で10％の利益を獲得する。もちろん、「実現」利益として彼のポケットに入るのは配当の５％だけだろう。株価の上昇から得られる５％の「利益」はバーンズがウィリー・ウォンカの株式を売却して初めて実現するからだ。

しかし、モンゴメリー・バーンズは、価格が変動するウィリー・ウォンカの株式を売買することで、スプリングフィールドで一番のお金持ちになったのではない。研究によると、株式を短期間に売ったり買ったりする投資家が上げる利益は、平均すると長期にわたり株式を保有し続ける投資家よりも少ない傾向にある。

バーンズは何年間も株式を保有し続けた。株価が上昇するときもあれば、下落するときもあった。だが、同社の利益は増大を続けていたので、株価は長期的には上昇した。年間配当のおかげでモンゴメリー・バーンズの欲深そうな薄い唇には微笑みが絶えなかった。彼は配当に加え、株価の上昇で平均すると年10％の潜在的リターンを獲得していたからだ。

しかし、バーンズは皆さんが想像するように、うれしそうに骨ばった手をこすり合わせてはいなかった。なぜなら、彼はウィリー・ウォンカの株式と同時に、ホーマーズ・ドーナッツとモエズ・タベルンの株式も買っていたからだ。どちらの事業もうまくいかず、バーンズは損をした。

だが、本当に彼を乱心させたのは、ジョークショップを運営するバーツ・バーフ・ギャグスを見落としていたことだった。バーンズがこの会社の株式を買っていれば、彼は銀行までの道のりをずっと笑っていただろう。株価はたった４年で４倍になったのだ。

次のルール３で、私は、株式市場に投資する最良の方法の１つは、バーンズの戦略に従い、どの銘柄が上昇するかを推測しようとするのではなく、市場のすべての銘柄を保有することであることを示すつもりである。特定の市場で事実上すべての銘柄を買うのは不可能に思うかもしれないが、すべての銘柄を保有する１つの金融商品を購入すれば、簡単にそれができる。

その話題に移る前に、十分に早く始めれば、生涯を通じて隣人の半分の投資額で、最終的に彼らの２倍のお金を手にできることを思い出してほしい。忍耐強い投資家にとっては、世界の株式市場全体のリターンが素晴らしい利益になる。

アメリカの株式市場は1920～2016年までに平均で年10.16％のリターンをもたらした。この間、平均を上回る上昇を示した時期もあれば、下回った時期もあった。だが、平均10.16％のリターンは、長期的には素晴らしい利益をもたらす。

もちろん、株式市場は毎年毎年、上昇はしない。1920～2016年までの期間に、アメリカ株が10.16％を上回る上昇を示した年もあった。株価が下落した年もある。だが、忍耐強い投資家は報われる。

１つの例を示そう。1978年の初めにアメリカの株式市場に1600ドル投資したとしよう。何が起ころうとも、月に100ドルずつ追加投資したとすると、いわゆるドルコスト平均法を実践したことになる。投資するに「良いとき」か「悪いとき」かを思案するのではなく、

表2.1　1600ドルから始めて、ドルコスト平均法で毎月100ドルをアメリカ株に投資

年度	累積投資額	増大後の価値
1978	$1,600	$1,699
1979	$2,800	$3,273
1980	$4,000	$5,755
1981	$5,200	$6,630
1982	$6,400	$9,487
1983	$7,600	$12,783
1984	$8,800	$14,863
1985	$10,000	$20,905
1986	$11,200	$25,934
1987	$12,400	$28,221
1988	$13,600	$34,079
1989	$14,800	$46,126
1990	$16,000	$45,803
1991	$17,200	$61,009
1992	$18,400	$66,816
1993	$19,600	$74,687
1994	$20,800	$76,779
1995	$22,000	$106,944
1996	$23,200	$132,767
1997	$24,400	$178,217
1998	$25,600	$230,619
1999	$26,800	$280,564
2000	$28,000	$256,271
2001	$29,200	$226,622
2002	$30,400	$177,503
2003	$31,600	$229,523
2004	$32,800	$255,479
2005	$34,000	$268,932
2006	$35,200	$312,317
2007	$36,400	$330,350
2008	$37,600	$208,940
2009	$38,800	$265,756
2010	$40,000	$301,098
2011	$41,200	$302,298
2012	$42,400	$344,459
2013	$43,600	$403,514
2014	$44,800	$458,028
2015	$46,000	$463,754
2016/08	$46,800	$498,904

出所＝『ウォール街のランダム・ウォーカー』、モーニングスター、S&P500のリターンを利用

自らの資金を自動運転で投資するわけである。1978年から本書執筆時点の2016年８月まで、当初投資した1600ドルに毎月100ドルずつ追加投資したとしたら、非課税口座の資金はどうなっただろうか。

1978年から2016年８月23日までに投資家が追加投資した金額はたった４万6800ドルである。しかし、この資金は49万8904ドルまで増えた。これほどの多額の財産を築くためには、早く始めるのが最も良い。その方法を説明していこう。

ルール3
少額の手数料の積み重ねが大きな打撃となる

RULE 3 Small Fees Pack Big Punches

おのぼりさんの一行が、ニューヨークの金融街を見学させてもらっていた。

一行がウォール街に程近いバッテリーパークへやって来ると、ガイドの1人が停泊中の素晴らしいヨットの数々を指さして言った。

「ごらんください。あそこに並ぶヨットは、みな銀行家やブローカーのものですよ」

気のきかない田舎者がこう聞いた。

「お客のヨットはどこにあるのかね?」[1]

――フレッド・シュエッド『投資家のヨットはどこにある?』(パンローリング)

1971年、偉大なボクサーのモハメド・アリがまだ無敗だったとき、バスケットボールのスター選手のウィルト・チェンバレンは、自分にはボクシングリングでアリを打ち負かすチャンスがあると公言した。プロモーターたちは試合を組もうと躍起になったが、アリは冗談だと考えていた。アリが自信たっぷりに部屋に入り、目の前の長身のチェンバレンを見て、両手を口に添えて大声で「ティンバァァー（ウドの大木）」と叫んだと言われている。

チェンバレンはラッキーパンチ１発でアリをノックアウトできると思っていた。彼はチャンスがあると考えていた。しかし、スポーツ界の人々はよく分かっていた。チェンバレンが勝つ確率はバカバカしいほど低く、彼の虚勢は偉大なバスケットボール選手に激しい痛みをもたらすだけだった。

言い伝えによれば、最終的にアリの「ティンバー」という嘲りにチェンバレンの神経は混乱し、延期されていた試合は取り止めとなった。[2]

ほとんどの人々が負けることを好まない。そのため、だれもやりたがらないことがある。チェンバレンには申し訳ないが、賢明であれば、自分たちがリングでプロのボクサーを打ち負かせることに賭けたりしない。法廷で検察官を相手に自己弁護し、勝訴することに賭けたりしない。チェスでチェスマスターを打ち負かせることに自分のお金を賭けたりしない。

では、われわれには長期的な投資コンテストでプロのファイナンシャルアドバイザーに挑戦する勇気があるだろうか。常識的に考えれば、その勇気はないはずだ。しかし、これは特定の職業でプロに挑戦するというルールの唯一の例外かもしれない。彼らを簡単に打ち負かせる。

訓練すれば、小学５年生でもウォール街と戦える

小学５年生がウォール街を相手に戦うのは簡単である。その生徒が優秀である必要もない。プロのアドバイザーのアドバイスに従っているときは、最良の対象に投資していないということを学ぶ必要

があるだけだ。ほとんどのアドバイザーは顧客の費用で自分たちのためにお金を稼いでいるので、このゲームは平均的な投資家にとっては不利になる。

金融サービス業界の身勝手な現実

多くのファイナンシャルアドバイザーは、自分たちの財政的利害を優先する営業マンにすぎない。彼らは自分たちや雇用主に利益をもたらす投資商品を販売し、皆さんの利益はずっと後回しだ。多くの人々がファイナンシャルプランナーとして働いている人を知っている。彼らとパーティーやゴルフコースで話をするのは楽しい。だが、彼らが顧客の資金でアクティブ運用の投資信託を買っているとしたら、彼らは顧客を痛めつけている。

多くのアドバイザーがするようにアクティブ運用の投資信託を薦めるのではなく、彼らは顧客たちをインデックスファンドに導くべきだ。

インデックスファンドとは専門家が愛し、アドバイザーが嫌うもの

ノンフィクションの本には索引が付いている。本の索引は、その内容のすべてを表している。

ここで、株式市場を１冊の本だと考えてみよう。後ろの索引を見れば、その「本」の中身が分かる。例えば、アメリカの株式市場の後ろのページを見ると、ウォルマート、ギャップ、エクソンモービル、プロクター・アンド・ギャンブル、コルゲート・パーモリーブ

といった企業名が見つかる。名簿は続き、数千社の名前が記載されている。

投資の世界では、アメリカの全株式インデックスファンドを買うと、この何千もの銘柄を含んだ１つの金融商品を買っていることになる。これはアメリカの株式市場全体に相当する。

インデックスファンドを３つ用いれば、自らの資金を世界のほとんどすべての銘柄に分散することができる。

1．自国の株式インデックスファンド（アメリカ人であれば、アメリカの株式インデックスファンド、カナダ人であれば、カナダの株式インデックスファンド）
2．海外株式インデックスファンド（世界中の銘柄を最も広範に保有している）
3．国債のインデックスファンド（金利が保証されている国債から構成される）

債券のインデックスファンドについてはルール５で説明する。ルール６では、海外に住む４人の実在の人物を紹介する。彼らはインデックス運用の投資ポートフォリオを構築した。あとで分かるだろうが、これは彼らにとっても、皆さんにとっても簡単なことである。

それだけだ。たった３つのインデックスファンドを用いれば、ほとんどの金融のプロたちを完全に打ち負かせる。

反論できないことを金融の専門家が裏付けている

「例えば、歯医者などほかの分野の専門家は大いに素人の役に立つだろう。だが、総じて、プロのファンドマネジャーが人々のお金の役に立つことはない……普通株を保有する最良の方法はインデックスファンドを買うことだ[3]」――ウォーレン・バフェット（バークシャー・ハサウェイ会長）

ウォーレン・バフェットに何に投資すべきかと尋ねたとしたら、彼はインデックスファンドを買うように言うだろう。彼はまた、自分が死んだときには相続人の資金をインデックスファンドに投じるように財産の管理者に指示してもいる。彼はバークシャー・ハサウェイの2014年の年次報告書でこの情報を公開した。「管財人に対する私のアドバイスはこのうえなくシンプルだ。現金の10％を短期国債に、90％をコストが極めて低いS&P500インデックス・ファンド（おそらくバンガードのファンド）に投資せよ[4]」

世界で最も偉大な投資家であるウォーレン・バフェットなら、彼の妻のお金を投資すべき優秀なストックピッカーや投資信託のファンドマネジャーを見つけられると思うかもしれない。しかし、彼は賢い人物である。彼が手数料差し引き後に市場指数を打ち負かせるだれかを見つけられる可能性は低い。そのため、彼の妻の資金はインデックスファンドに投じられる。

私は、典型的なファイナンシャルアドバイザーに隠れた手数料を無意識のうちに支払っていたら、教師の給料で30代のうちに100万ドルも蓄えられなかった。私が寛大ではないと思わないでいただきたい。私はただ、自分の投資人生を通じて、営業マンの身なりをした口のうまい連中に何十万ドルものお金を分け与えたくないだけだ。皆さんもそうだろうと思う。

ノーベル賞を受賞した経済学者は何と言うだろうか

「コストのインデックスファンドが株式ポートフォリオを最も効果的に分散させる方法だ[5]」——ポール・サミュエルソン（1970年ノーベル経済学賞受賞）

現代で最も有名な経済学者と言われる、故ポール・サミュエルソンはノーベル経済学賞を受賞した最初のアメリカ人である。彼は近隣のメリル・リンチやエドワード・ジョーンズやレイモンド・ジェームズのオフィスにいる利益相反に苦しむブローカーたちよりも、お金についてははるかによく知っていると言っても差し支えない。

典型的なファイナンシャルプランナーはこの事実を知られたくない。だが、ノーベル経済学賞の受賞者からなるドリームチームの面々は真実を知ってほしいと思っている。投資家が株式市場の指数を打ち負かせるプロのファンドマネジャーを見つけられる可能性は低い。

「彼らには打ち負かせない。そのようなことにはならない[6]」——ダニエル・カーネマン（2002年ノーベル経済学賞受賞。広く分散したインデックスファンドを投資家が長期的に打ち負かせる可能性について問われたときの言葉）

カーネマンは、人間生得の行動がどのように投資判断に悪影響を及ぼすかについての研究でノーベル賞を受賞した。長期的に市場指数を打ち負かせるファンドマネジャーを見つけられると考えている者があまりに多い。だが、彼にしてみれば、そのような考えは間違いである。

「大半の資金（ポートフォリオの70〜80％）をパッシブ運用（インデックスファンド）に投じていない年金基金のファンドマネジャーは不正、不作為、何らかの誤った行為の罪を犯している。彼らのほとんどがパッシブ（インデックス運用）の投資方針を採っていないなどまったく筋が通らない[7]」――マートン・ミラー（1990年ノーベル経済学賞受賞）

年金基金のファンドマネジャーは政府や企業から何十億ドルもの投資資金を預かっている。アメリカでは、半数を超えるファンドマネジャーがインデックス運用を用いている。ミラーに言わせれば、インデックス運用を用いないファンドマネジャーは無責任な投資方針を採っていることになる。

「私はすべてを含めた費用が８ベーシスポイントのグローバルインデックスファンドを保有している[8]」――ロバート・マートン（1997年ノーベル経済学賞受賞）

1994年、ハーバード・ビジネス・スクールの名誉教授であるロバート・マートンは、自分は市場を打ち負かせると考えていただろう。要するに、彼は1994〜1998年まで年40％のリターンを上げたと言われるアメリカのヘッジファンド（一種の投資信託だが、あとで説明する）であるLTCM（ロング・ターム・キャピタル・マネジメント）の役員だった。当時はまだLTCMは崩壊していなかった。2000年、同社は株主の資金のほとんどを失い、倒産した[9]。

もちろん、マートンのようなノーベル賞受賞者は優秀な人物である。彼は立派にも自らの過ちから学んだ。2009年にPBSニュース・

アワーのインタビューで保有銘柄について問われた彼が最初に口にしたのはグローバルインデックスファンドだった。そのファンドの費用は８ベーシスポイントである。これは、彼のインデックスファンドの隠れた手数料が年0.08％であることをお洒落に表現したものだ。

ファイナンシャルアドバイザーを利用している平均的な個人投資家はこの12～30倍の手数料を支払っている。このような手数料は、生涯を通じた投資期間で数十万ドルもの費用となりかねない。皆さんが投資の手数料をロバート・マートンが支払っている金額に近づける方法をお伝えするつもりである。そうすることで、彼の過ちから学ぶこともできるだろう。

「残念ながら、アクティブ運用を支持する結論が正当化されるのは、ほとんどの場合、アクティブのファンドマネジャーとしてのキャリアを追及することを選択した者たちには好都合なことに、算数の法則が一時停止される場合だけだ[10]」――ウィリアム・Ｆ・シャープ（1990年ノーベル経済学賞受賞）

幸運にもウィリアム・シャープが通りの反対側に住んでいたら、彼はインデックスファンドを大いに支持していることを教えてくれただろう。そして、それ以外の形で株式市場に投資する方法を追及するファイナンシャルアドバイザーや投資信託のファンドマネジャーは思い違いをしていると言ったに違いない[11]。

ファイナンシャルアドバイザーがインデックスファンドに投資しないよう指示しようとしているとしたら、本質的に彼らは自分たちがウォーレン・バフェットよりも賢く、ノーベル経済学賞の受賞者よりも優秀だと言っているわけだ[12]。皆さんはどう思うだろうか。

専門家たちが首を横に振る原因は何だろうか

アドバイザーは皆さんがアクティブ運用の投資信託（北米以外ではユニット・トラストと呼ばれる）を買えば儲かるので、彼らは顧客の口座でそのような投資信託を買いたがる。皆さんが株式インデックスファンドを買う場合、アドバイザーが利益を得られることはまったくないとは言わないが、ほぼない。そのため、彼らは必死に顧客たちをもう１つの、もっと儲かる方向に仕向けたがる。

アクティブ運用の投資信託は次のように機能する。

1. アドバイザーは皆さんの資金を預かったら、それを運用会社に送る。
2. 運用会社は皆さんの資金を他の投資家の資金と併せてアクティブ運用の投資信託に投じる。
3. 運用会社のファンドマネジャーは、自らの取引が投資家の利益につながることを期待して、その資金で株式を売買する。

アメリカの全株式インデックスファンドは常にアメリカ市場のほとんどすべての銘柄を保有しているが、アクティブの投資信託のファンドマネジャーは選択した銘柄を繰り返し売買する。

例えば、アクティブの投資信託のファンドマネジャーは今日コカ・コーラの株式を買い、明日はマイクロソフトの株式を売り、翌週には買い戻し、さらに向こう12カ月でゼネラル・エレクトリックの株式を２～３回売買するかもしれない。

戦略的なように聞こえる。だが、学術研究によれば、統計的にも、アクティブ運用の投資信託を買うことはインデックスファンドを買うことと比べて敗者のゲームであることが証明されている。ファンドマネジャーは戦略的に株式を売買しているにもかかわらず、アクティブ運用の投資信託の大多数が長期的にはインデックスファンドに負ける。

ノーベル経済学賞を受賞したウィリアム・F・シャープがスタンフォード大学で発表した論文『ジ・アリスマティック・オブ・アクティブ・マネジメント（The Arithmetic of Active Management）』でこれを説明している。彼の説明を簡潔にまとめてみよう。

ある年にアメリカの株式市場が例えば８％上昇するとしたら、株式市場に投じられた平均的な１ドルはその年８％増えることになる。ある年にアメリカの株式市場が８％下落するとしたら、株式市場に投じられた平均的な１ドルはその年８％減る。

だが、これは株式市場が仮に前年に８％上昇したら、アメリカ株に投資しているすべての投資家がその年に８％のリターンを上げたということだろうか。もちろん、そうではない。もっと利益を上げた者もいれば、８％を下回った者もいた。株式市場が８％上昇した年には、その年市場に投じられた資金の半分は８％を上回るリターンを上げ、市場に投じられた資金の半分はリターンが８％を下回る。すべての「成功」と「失敗」（個別銘柄のその年の変動という点で）を平均すれば、リターンが８％となったということだ。

株式市場に投じられている資金の多くは、投資信託とインデックスファンド、年金基金、ヘッジファンド、寄付基金の資金である。

つまり、この年に株式市場が８％上昇したら、平均的な投資信託や年金基金やヘッジファンドや大学の寄付基金はその年の株式投資でどれだけのリターンを獲得したと思うだろうか。

もちろん、答えは８％に近似するが、これは手数料を引く前の話である。

広範に分散したインデックスファンドは市場のすべての銘柄を保有するので、この仮の年におよそ８％のリターンを上げる。つまり市場の「平均」リターンだ。全株式インデックスファンドが株式市場のリターンを打ち負かすことは計算上不可能である。ある年に株式市場が25％上昇すると、全株式インデックスファンドは指数に連動させるための少額の費用（0.2％ほど）の考慮後、およそ24.8％のリターンを上げる。翌年株式市場が13％上昇したら、全株式インデックスファンドのリターンはおよそ12.8％となる。

投資信託を売るファイナンシャルアドバイザーは、一見したところではすぐに皆さんの財布に手を付けられるように思える。アドバイザーは、リターンが株式市場と同じ、またはせいぜい同程度ということは「平均」リターンを得ているだけであり、自分たちは優れたアクティブ運用の投資信託を買うことで平均リターンを打ち負かすことができると言うかもしれない。

アクティブ運用の投資信託に費用がかからず、アドバイザーがタダで働いてくれるなら、投資家が広範に分散したインデックスファンドを打ち負かす確率は五分五分に近くなる。ジャーナル・オブ・ポートフォリオ・マネジメント誌に掲載された15年に及ぶアメリカの研究では、アクティブ運用の投資信託をS&P500指数と比較した。その研究は、手数料と税金と生存者バイアスを差し引き後ではアクティブ運用の投資信託の96％がアメリカの市場指数をアンダーパフォームしていると結論した。[13]

生存者バイアスとは何か

投資信託のパフォーマンスがひどい場合、通常は新しい投資家を引きつけられず、現在の顧客の多くはより健全な投資先を求めて資金を引き上げてしまう。パフォーマンスの振るわないファンドは別のファンドに統合されるか、閉鎖される。

2009年11月、私は骨腫瘍の手術を受けた。３本の肋骨の大部分と脊椎の一部を切除した。だが、お教えしよう。私の５年という生存確率は、平均的な投資信託の生存確率よりも高い。アクティブ運用の投資信託の20年間のデータを検証した研究者のロバート・アーノット、アンドリュー・バーキン、ジア・イエは、195本のアクティブ運用の投資信託を追跡調査したところ、17%の投資信託が消滅したと発表した。2000年に彼らがジャーナル・オブ・ポートフォリオ・マネジメント誌に発表した論文『ハウ・ウェル・ハブ・タクサブル・インベスターズ・ビン・サーブド・イン・ザ・1980s・アンド・1990s（How Well Have Taxable Investors Been Served in the 1980s and 1990s?)』によると、1979～1999年までに、彼らが追跡調査した投資信託195本のうち33本が消滅した[14]。どの投資信託が生き残り、どれが生き残らないかはだれにも予測できない。生き残るアクティブ運用の投資信託を選び出せる確率は、骨腫瘍の患者のだれが最も長く生きるかを予想するのと変わらない。

最良の投資信託が最悪に変わるとき

長期にわたりしっかりしたトラックレコードを持つ最良のファンドは規模も大きく、運用能力も高いので、長く存続できると思うかもしれない。そのようなファンドが突然に悪化し、消滅するはずがない、と。

これこそが、44ウォール・ストリート・ファンドの投資家が考えていたことである。同社は1970年代に上位にランクされたファンドで、業界内のあらゆる分散型ファンドをアウトパフォームし、11年連続でS&P500指数を打ち負かした。だが、同社の成功は一時的なものにすぎず、10年間は最高のパフォーマンスを上げたファンドだったが、次の10年には最悪のパフォーマンスのファンドとなり、1980年代にはその価値の73％を失った。結果として、同社のブランド名は地に堕ち、1993年にカンバーランド・グロース・ファンドに合併され、その後、1996年にはマッターホルン・グロース・ファンドに統合された。今日、同社の存在はとうに忘れられている[15]。

それから、リンドナー・ラージキャップ・ファンドがあった。これは1974～1984年までの11年間にS&P500指数を打ち負かし、多くの投資家を引きつけた一流のファンドである。だが、今日このファンドは見つからない。その後の18年間（1984～2002年）、S&P500指数が投資家に年12.6％のリターンをもたらしたのに比べ、同社が投資家にもたらしたリターンはたった年4.1％だった。最終的に、悲惨なトラックレコードをたたき出したリンドナー・ラージキャップ・ファンドはヘネシー・トータル・リターン・ファンドに統合された[16]。

インデックスファンドのトラックレコードとアクティブ運用の投資信託を比較した本は無数に存在する。そのほとんどで、インデックスファンドは10年以上の期間にわたってアクティブ運用の投資信託の80％を凌駕していると記されている。だが、彼らは通常、比較を行うときに生存者バイアス（または本章の後半で議論する税金）を考慮していない。これを考慮に入れると、インデックスファンドの優位性はさらに大きくなる。

手数料や生存者バイアス、税金を考慮に入れると、アクティブ運用の投資信託のほとんどは劇的なまでにインデックスファンドをアンダーパフォームする。

マーク・クリッツマンはボストンのウィンダム・キャピタル・マネジメントの会長兼CEO（最高経営責任者）である。また、彼はMIT（マサチューセッツ工科大学）のスローン・スクール・オブ・ビジネスで大学院生にファイナンシャル・エンジニアリングを教えている。2009年、彼が算出したところでは、課税口座で保有する典型的なアクティブ運用の投資信託がインデックスファンドと同じ成果をもたらすためには、手数料と税金の差し引き前で、平均するとインデックスファンドを年4.3％上回るリターンを上げなければならない。彼の研究は2000年にニューヨーク・タイムズに報じられた[17]。

アクティブ運用の投資信託の船体の穴

アメリカのアクティブ運用の投資信託のリターンの足かせとなる要素が５つある。経費率、12B1手数料、取引コスト、販売手数料、税金である。私は多くの人々から、なぜ彼らは投資信託の報告書に記載されているこれら費用科目を理解しないのかと尋ねられる。非常に小さな文字で記載される経費率や販売手数料は例外かもしれないが、それ以外の費用は目につかないところに隠されている。生涯にわたる投資期間を通じてこのような商品を買うのは、大きなカーペットを引っ張りながら水泳のレースに出るようなものとなりかねない。

1．経費率

経費率は投資信託の運用に付随するコストである。これに気づかないかもしれないが、アクティブ運用の投資信託を買っている場合、どの銘柄を売買するかを選択するアナリストやトレーダーたちの給料という隠れた手数料を支払っている。彼らは世界でも最高水準の高給取りである。つまり、彼らを雇うには多額のお金がかかる。また、彼らが利用するコンピューターを管理し、オフィスの家賃を支払い、彼らがメモをとる紙を注文し、電力を使用し、自分たちのファンドを推奨してくれたアドバイザーや営業マンへの報酬を支払う費用もある。

そして、運用会社には株主が存在する。彼らは投資信託の経費率からかすめ取った費用に基づいて利益を受け取る。私は、投資信託の受益権を買うアベレージ・ジョーの話をしているのではない。運用会社の株主の話をしている。

全体で3000億ドルを保有するアメリカのファンドは経費として毎年4億5000万ドル（または運用残高の1.5％）を投資家に負担させる。この資金は投資信託の純資産価額から差し引かれる。だが、投資家が理解できるよう箇条書きにされることはない[18]。そして、投資信託が利益を出そうが、損を出そうが、経費は引かれる。

2．12B1手数料

アクティブ運用の投資信託のすべてが12B1手数料を課すわけではないが、アメリカではおよそ60％の投資信託がこの手数料を徴収している。これらは最大で0.25％、言い換えれば3000億ドルのファンドに対して年7500万ドルの費用を課す。これは、雑誌や新聞やテレビやオンライン広告など新しい投資家を引きつけるためのマーケティング費用に充てられる。つまり、既存の投資家は新しい投資家がパーティーに参加する費用を支払っているわけだ[19]。これはまるで、投資信託の投資家の財布から毎晩お金を引き出すマスクをかぶった幽霊である。これらの費用もファイナンシャルアドバイザーの報告書に箇条書きされない。

3．取引コスト

3つ目の費用はファンドの取引コストである。これはファンドマネジャーがどれだけの売買を行うかによって、毎年変動する。思い出してほしい。アクティブ運用の投資信託には、優位に立つためにファンドの資金で株式を売買する指揮をとるトレーダーが存在する。だが、世界的な調査会社であるリッパーによると、平均的なアクティブ運用の投資信託では年0.2％の取引コストが発生する。言い換えれば、3000億ドルのファンドで年6000万ドルである[20]。だが、投資信託の投資家の首に巻き付く目に見えないアルバトロスは取引コスト、12B1手数料、経費率だけではない。

4．販売手数料

前述の3つの隠れた手数料が、小学校時代にドッグパイルの下敷きになった悪夢のような思い出を呼び起こすとしたら、さらに悪いニュースがある。運用会社の多くが販売手数料を課す。ファンドを購入する時点で数％取られる場合もあれば（これは直接営業マンの取り分となる）、ファンドを売却するときにかかる場合もある（これも営業マンの取り分になる）。これらの手数料は6％にもなることがある。多くのファイナンシャルアドバイザーは「ロードファンド」を売りたがる。これは彼ら自身の口座にかなり良い効果をもたらすが、投資家にとってはそれほど良い取引ではない。例えば、5.75％の販売手数料を課すファンドは、預かった資金の収支を合わせるためだけに翌年6.1％のリターンを上げなければならない。そもそも、おかしな計算だと思うかもしれないが、手数料に一定の割合を割かれるとしたら、損をしないためにはそれより高いリターンを上げなければならない。例えば、１年目に50％の損を出したら（100ドルが50ドルになる）、当初の100ドルを取り戻すためには翌年資金を２倍にしなければならない。顧客にロードファンドを薦めるアドバイザーは「貯金箱」にまったく新しい解釈を加えていると思わないだろうか。

５．税金

アメリカの投資信託に投じられた資金の60％以上が課税口座で管理されている[21]。つまり、ある年にアクティブ運用の投資信託が利益を出し、投資家がそのファンドを課税口座で保有していたら、彼らはその利益に対して税金を支払わなければならない。それには理由がある。アクティブ運用の株式投資信託には、その資金で株式を売買するファンドマネジャーが存在する。彼らが売った銘柄がそのファンドのすべての利益を生み出すとしたら、そのファンドの投資家は（そのファンドを課税口座で保有していれば）、その年の末に実現したキャピタルゲインに対する課税を受ける。ファンドマネジャーが取引をすればするほど、ファンドの税務効率は低くなる。全株式インデックスファンドでは、事実上取引は行われない。保有する銘柄で利益が出ても、そのファンドの投資家が取得価格よりも高い価額でファンドを売却しなければ、彼らには課税されない。インデックスファンドの投資家は毎年高いキャピタルゲイン課税を支払うのではなく、利益を繰り延べることができ、最終的にファンドを売却したときに税金を支払うことになる。そうすることで、獲得できる複利の利益はかなり大きくなる。

投資信託のファンドマネジャーは、自分たちの「税引き後」の結果をほかの投資信託と比較する人はほとんどいないことを知っている。例えば、年11％の利益を上げたファンドは、最終的に年12％の利益を上げたファンドを税引き後で打ち負かすかもしれない[22]。何がファンドの税務効率に違いを生むのだろうか。売買の頻度である。平均的なアクティブ運用の投資信託は、平均的な年にすべての保有銘柄を入れ替える程度の売買を行う。これは「回転率が100％」と表現される[23]。ほとんどの投資信託のファンドマネジャーの取引慣行はそれらファンドの投資家に短期のキャピタルゲインをもたらす（ファンドが利益を上げた場合）。アメリカでは、短期のキャピタルゲインに対する課税は重たい罰金となる。だが、ほとんどのアクティブ運用の投資信託のファンドマネジャーはそれを気にしている様子がない。

対照的に、インデックスファンドは「バイ・アンド・ホールド」戦略に従うので、インデックスファンドの投資家は課税口座で保有していても支払う税金はかなり少なくなる。投資信託が行う取引が多くなればなるほど、投資家が負担する税金が多くなる。

ボーグル・ファイナンシャル・マーケッツ・リサーチ・センターが行った15年分（1994～2009年）の投資信託の税引き後のパフォーマンスに関する調査では、アクティブ運用の株式投資信託は株式のインデックスファンドよりも税効率が劇的なまでに低いことが判明した。例えば、1994～2009年まで株式市場の指数と等しいパフォーマンスを上げたファンドに課税口座で投資していたら、逆説的ながらインデックスファンドに投資していた場合よりも利益は少なくなった。だが、どうして投資したファンドは株式指数と等しいパフォーマンスを上げていたのに、利益が少なくなったのだろうか。

税引き前であれば、投資したファンドがアメリカの指数と同じパフォーマンスを上げたら、平均で年6.7％のリターンを得たことになる。だが、税引き後では、アクティブ運用の投資信託がアメリカのインデックスファンドと同じパフォーマンスを上げるためには、15年間で指数を計16.2％打ち負かさなければならない。これは、投資信託のファンドマネジャーが、平均的なアクティブ運用の投資信託の「回転率」と等しい頻度で定期的に株式を売買したと仮定している。[24]

では、堅調なパフォーマンスと低いポートフォリオ回転率のトラックレコードを持つアクティブ運用の投資信託に目を向けてみよう（このようなパフォーマンスはほぼ維持できないことを肝に銘じていてほしい）。この要件を満たすのがフィデリティのコントラファンド（FCNTX）だ。2016年半ばにモーニングスターを見たところ、このファンドレーティング会社はフィデリティ・コントラファンドの回転率をちょうど35％としていた。素晴らしい。これは業界平均をはるかに下回る。つまり、このファンドは前年に保有銘柄の35％しか売買していないという意味である。

2016年４月30日までの３年間で、フィデリティのコントラファンドは税引き前で平均11.57％の年複利リターンを上げていた。これはバンガードのS&P500・インデックス・ファンドの税引き前リターンを上回る。バンガードのリターンは同じ期間に年平均11.09％だった。だが、インデックスファンドの課税対象となる回転率はたった３％だった。これが税引き後のアドバンテージとなった。

図3.1　5つ星ファンドと全株式インデックスファンドの比較（1994～2004年）

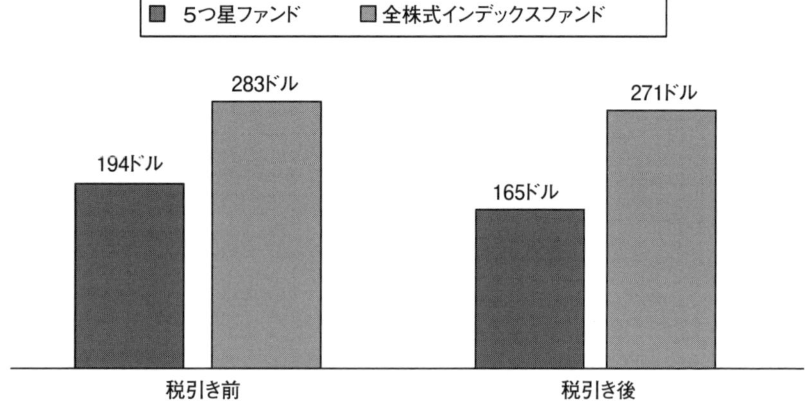

出所＝ジョン・C・ボーグル『インデックス投資は勝者のゲーム』（パンローリング）

モーニングスターは、フィデリティ・コントラファンドの３年間の税引き後のパフォーマンスは年9.82％と推定していた。バンガードのS&P500・インデックス・ファンドのほうが良かった。税引き後の年複利リターンは平均で10.38％と推定されていた。[25]

通常の投資信託の報告書では、税引き後での投資信託のパフォーマンスと株式市場の指数のパフォーマンスの比較を目にすることはないだろう。だが、重視すべき唯一の数値は税引き後の利益である。これは、カナダ人や課税口座で投資している海外の投資家にも当てはまる。

高い経費率と12B1手数料、取引コスト、販売手数料、そして税金を負担して投資するのは、ボクサーが目隠しをしてリングに立ち、対戦相手にオープニングベルが鳴るまでに顎を５発殴ってくれと頼んでいるようなものだ。試合が始める前にすでに血を流していたら、公平な戦いをするのは難しい。

図3.1には、学校でこのことを学んでいたら、大人になったときにアクティブ運用の投資信託に投資することなど考えもしないだろう様子を図解している。

トップの投資信託を選ぶのは無意味

皆さんがファイナンシャルアドバイザーにインデックスファンドに投資したいと伝えたら、彼女は絶望する。皆さんがインデックスファンドに投資したら、彼女はたくさんのお金を稼げなくなる。アドバイザーはアクティブ運用の投資信託を売るほうがはるかに儲かる。彼女は多額の報酬が得られる商品を買ってもらう必要がある。そこで、彼女は次のようなカードを切ってくる。

「私はプロです。そして、私の会社にはインデックスファンドを打ち負かすアクティブ運用の投資信託を選択する手助けをしてくれる研究員がいます。これらトップにランクされたファンドをご覧ください。過去10年にわたり株式市場の指数を打ち負かした何十ものファンドをお伝えできます。もちろん、皆さんのために購入するのはトップにランクされたファンドです」

過去5年、10年、15年にわたり株式市場の指数を打ち負かしたファンドが何十もあるのだろうか。確かに存在するが、そのトラックレコードがあってもそれらのファンドが連勝を続ける可能性は低い。投資信託への投資は、逆説的ながら過去の栄光が何の意味も成さない希少な例である。

リアリティーチェック

アメリカの投資調査会社であるモーニングスターは５つの星の数でファンドを評価している。つまり、５つ星は非凡なトラックレコードを持つファンドに付けられ、トラックレコードが振るわないファンドは１つ星となる。５つ星のファンドは、過去５年または10年にわたり指数を打ち負かしたファンドである傾向にある。

問題はファンドのランキングが随時変わることで、ファンドのパフォーマンスも同様である。今日、あるファンドに５つ星が付いているからといって、それが翌年、向こう５年、または向こう10年にわたり指数をアウトパフォームするということではない。過去を振り返って優れたパフォーマンスを上げたファンドを見つけるのは簡単だが、過去のパフォーマンスに基づいてファンドを選ぼうとするのは高くつくゲームである。

学者たちは「平均回帰」という言葉で表現することがある。実際的な言い方をするなら、指数をアウトパフォームするアクティブ運用の投資信託は通常、平均またはそれ以下に戻る。言い換えれば、過去にトップのパフォーマンスを上げたファンドを買うと、やがて命取りになる。

1994年にアドバイザーがモーニングスターの５つ星ファンドを皆さんのために買い、ランキングが下がったらそのファンドを売った（新たに５つ星が付いたファンドと入れ替える）としたら、1994～2004年までのその投資家のパフォーマンスは、広範に分散したアメリカの株式インデックスファンドと比べてどのようになったと思うだろうか。

さまざまなニュースレターのパフォーマンス予想をランク付けし

ているハルバーツ・ファイナンシャル・ダイジェストのおかげで、われわれはその答えが分かる。その答えは**図3.1**が力強く語っている。

1994～2004年まで、モーニングスターで最高の格付けを得たファンドに100ドルを投資し、格付けを維持すべく継続的に調整したとすると、その資金はおよそ194ドルになる。これは課税繰り延べが得られるポートフォリオであれば、平均で年6.9％のパフォーマンスとなる。

1994～2004年まで、広範に分散したアメリカの株式インデックスファンドに投じた100ドルはおよそ283ドルになる。課税繰り延べが得られるポートフォリオであれば、平均で年11％のパフォーマンスだ。[26]

毎年、課税繰り延べ口座の制限を超える金額を投資している投資家が多い。そのため、彼らは課税口座で投資をしなければならない。そのような口座では、アクティブ運用の投資信託とインデックスファンドの税引き後のパフォーマンスの差異はさらに大きくなる。サルを背負って走っているようなものだ。

1994～2004年まで、モーニングスターで最高の格付けを得たファンドに100ドルを投資し、格付けを維持すべく継続的に調整したとすると、その資金は課税口座ではおよそ165ドルになる。税引き後の平均パフォーマンスは年5.15％である。

1994～2004年まで、広範に分散したアメリカの株式インデックスファンドに投じた100ドルは課税口座ではおよそ271ドルになる。税引き後の平均パフォーマンスは年10.5％である。

興味深いことに、投資信託に投じられた資金の98％以上が、モーニングスターがトップにランクしたファンドに投じられている。[27]

だが、バートン・マルキールの言葉を借りれば、将来優れたパフォーマンスを上げるアクティブ運用の投資信託を選択するのは、「……地獄の台所の障害物コースのようなものだ[28]」。プリンストン大学の経済学教授であり、ベストセラーとなった『お金を働かせる10の法則』（日本経済新聞出版）の著者でもあるマルキールは次のように言葉を継いだ。

前もって最高のアクティブ運用の投資信託のファンドマネジャーを選び出すことはできない。昨年度、直近２年間、５年間、10年間のパフォーマンスが最も高いファンドを買う戦略の結果を算出したところ、これらの戦略で平均リターンを上回ったものはなかった。フォーブス誌が選んだ最良のファンドを買った場合のリターンを計算した……その後、それらのファンドのリターンは平均を下回ることが分かった[29]。

前月、前年、または過去10年間のパフォーマンスに基づいて勝てる投資信託を選択することはできないことを研究が繰り返し示している。ある時期に勝つファンドは次の時期にはたいていやられる。

SPIVAパーシステンス・スコアカードは年２回公表される。そこでは、パフォーマンスが上位25％に属するアクティブ運用の投資信託に目を向けている。そして、それらのファンドのうち、上位25％のパフォーマンスを維持できる割合は何パーセントかを割り出している。2013年３月時点で、アメリカの株式投資信託のうちパフォーマンスが上位25％に入るのは682本あった。そのうち、2015年３月まで上位25％に留まったのはたった5.28％だった。このようなリポートに６カ月ごとに目を通してみればよい。目を見張る似たような話がいつでも見つかるだろう[30]。

多くの金融ライターが求めることが１つある。彼らは読者が古典的な昼のメロドラマの健忘症にかかることを期待している。スティーブ・フォーブスは承知しているはずだ。フォーブス誌の編集主幹は次のように述べている。「アドバイスに従うよりも、アドバイスを売るほうが儲かる。これが、読者の記憶力不足と併せて、われわれが雑誌事業で当てにしていることの１つだ[31]」

ニック・リーバイスが書いた2011年７月20日のビジネス・インサイダーズ誌の記事を読んでみればよい[32]。彼は大胆にも「７トップ・ミューチュアルファンズ・ウィズ・ロング・ターム・ソリッド・トラック・レコード（7 Top Mutual Funds with Long Term Solid Track Records）」とぶち上げた。株式のインデックスファンドは１つもなかった。それではつまらなかったのだろう。彼はブロッコリーよりも綿菓子を推奨したのだ。

彼は、しっかりしたトラックレコードがある７つアクティブ運用の投資信託を取り上げた。私は、モーニングスターの投資信託調査担当ディレクターのラッセル・キネルに、将来優れたパフォーマンスを上げることを期待して投資信託を選ぶときに注意すべきことを尋ねた。彼は「安い手数料が最良の判断材料だ……だから、どんなときも低コストのファンドに投資すべきだ[33]」と答えた。これこそが、ウォーレン・バフェットが遺産の管財人に、彼が死んだら相続人の資金をインデックスファンドに投じろと指示した理由である。

だが、ニック・リーバイスのアドバイスに従った投資家たちは財布を抱えて泣いているだろう。記事が出版されて以降、S&P500は彼が推奨した７つのファンドすべてを圧倒している。モーニングスターによると、過去の人気ファンドに１万ドルを分散投資した投資家は2015年11月13日までに資金を１万2219ドルまで増やした。それとは対照的に、バンガードのS&P500・インデックス・ファンドに投じた1万ドルはこれを36％上回り、1万6625ドルになった[34]。

学者たちはこれを「平均回帰」と呼ぶ。勝ったファンドが勝ち続けることはほぼない。そして、期待外れに終わると、投資家が代償を支払う。2015年末までに、リーバイス氏が取り上げた過去の人気ファンドのいずれよりもS&P500のほうが5年間のトラックレコードが良かった。10年間のトラックレコードでも指数のほうが上回った。

私はリーバイス氏を非難したいのではない。金融ライターはちょっとした刺激を与える必要がある。それが彼らの飯の種なのだ。フォーブス誌の記者はかつて次のように言った。「昼間には『今買うべき6つのファンド』について書く……夜には合理的なインデックスファンドに投資する。残念ながら、インデックスファンドを支持する記事では雑誌は売れないのだ[35]」

最高の投資信託のリストに丸裸にされるとき

2010年5月の例を挙げよう。USニューズ・アンド・ワールド・リポートは「ザ・100・ベスト・ミューチュアルファンズ・フォア・ザ・ロング・ターム（The 100 Best Mutual Funds for the Long Term）」と題した記事を発表した。毎年、金融雑誌のほとんどが同じような記事を出す。これらの記事には成人向けの警告を付けるべきだ。

記者は最初の一文でこう書いた。「投資信託の選択には、しっかりしたトラックレコードが一番である」。これには、投資信託の研究をしている学者のほとんどが衝撃を受けただろう。

これは「ガラスの上を歩くなら、裸足が一番だ」と言っているようなものだ。「ザ・100・ベスト・ミューチュアルファンズ・フォア・ザ・ロング・ターム」では、アメリカの50本の株式投資信託を取り上げていた（残りの50本は債券ファンド、バランス型ファンド、インターナショナル・ファンド）。USニューズはこれを５つのカテゴリーに分けていた。つまり、バリュー、グロース、スモールキャップ、ミッドキャップ、ラージキャップである。

これらのファンドのカテゴリーは何を意味するのか

バリューファンド、グロースファンド、スモールキャップ、ミッドキャップ、ラージキャップファンドが何なのかを知っている必要はないが、簡単に説明をしておく。バリューファンドは割安銘柄から構成される。グロースファンドは予想利益が大きな銘柄から構成される。スモールキャップ、ミッドキャップ、ラージキャップファンドは構成銘柄によって定義される。例えば、ラージキャップファンドは大型株（コカ・コーラやウォルマートやアップルなど）から構成される。スモールキャップファンドはより小規模な企業の株式から構成される。ミッドキャップファンドは中規模の銘柄からなる。

理論上、投資家はアクティブ運用のスモールキャップファンドを買うことも、スモールキャップ・インデックスファンドを買うこともできる。だが、惑わされるべきではないと思う。私が推奨し、自身で保有してもいるファンドからなるポートフォリオはシンプルだ。ほとんどすべてを保有する、広範に分散したインデックスファンドから構成されている。

記者は次のように書いている。

10年間の実績リターンがプラスのファンドを選んだ。そして、株式ファンドについては、その期間にS&P500を打ち負かしたファンドを取り上げている……投資信託業界の有名アナリストたちの評価に基づいて、スコアを付けている。[36]

彼は次のように書くべきだった。

われわれは金融の学術研究を無視している。その代わり、昨日の勝ったファンドと占い師たちの選んだファンドを取り上げた。これらのファンドを買った者たちはそれぞれのベンチマークとなる指数を、平均で年2.31%アンダーパフォームする可能性が高い。30年間で、引退後の蓄えは３分の１に減る可能性がある。

この2.31%という数字はどこから来たのだろうか。私は予想屋たちの上着を引き破った。私はportfoliovisualizer.comを使って、これら推奨されたファンドの記事が発表された2010年５月以降のパフォーマンスを調べた。

ファンドのなかには名称を変更したものもあった（お粗末なパフォーマンス、企業の合併買収などの結果）。だが、マジソン・モザイク・ディシプリンド・エクイティ・ファンドを除くすべてのファンドを追跡調査した。それらはUSニューズが取り上げたときには指数を打ち負かしていたファンドであることを銘記されたい。

しかし、記事の公表後、インデックスファンドは５つすべてのカテゴリーでそれらのファンドを打ち負かした。**図3.2**にある推奨さ

図3.2　USニューズが推奨するUSバリューファンド

ティッカー	名称
YACKK	AMG・ヤックトマン・ファンド
ACGIX	インベスコ・グロース・アンド・インカム・ファンド・クラスA
EQTIX	シェルトン・コア・バリュー・ファンド・クラスS
AMANX	アマナ・ミューチュアル・ファンズ・トラスト、インカム・ファンド
VAFGX	バレー・フォージ・ファンド
FVALX	フォレスター・バリュー・ファンド
FDSAX	フォーカスト・ディビデント・ストラテジー・ポートフォリオ・クラスA
AGOCX	プルデンシャル・ジェニソン・エクイティ・インカム・ファンド・クラスC
AUXFX	オクシエ・フォーカス・ファンド・インベスター・シェアーズ
HOVLX	ホームステッド・ファンズ、バリュー・ファンド

出所＝USニューズ・アンド・ワールド・リポート、portfoliovisualizer.com

れたバリューファンドは、2010年５月～2016年５月までに平均で年複利8.77％のリターンを上げた。同じ期間にバンガードのバリュー・インデックス・ファンド（VIVAX）は年複利11.13％の平均リターンとなった。

図3.3の記者が推奨するアメリカのグロースファンドの年複利リターンは平均で10.73％だった。バンガードのグロース・インデックス・ファンド（VIGRX）はそれらを踏みつけた。年複利リターンの平均は12.35％だった。

図3.4の推奨されたアメリカの小型株ファンドは強烈に打ち負かされた。これらのファンドの年複利リターンの平均は8.39％だった。バンガードのスモールキャプ・インデックス・ファンド（NAESX）の年複利リターンは平均で10.79％だった。

推奨された中型株ファンドも市場に遅れをとった。**図3.5**のファンドの年複利リターンの平均は9.71％だった。バンガードのUSミ

図3.3　USニューズが推奨するUSグロースファンド

ティッカー	名称
JENSX	ジェンセン・クオリティ・グロース・ファンド・クラスJ
FKGRX	フランクリン・グロース・ファンド・クラスA
LHGFX	アメリカン・ビーコン・ホランド・ラージ・キャップ・グロース・ファンド・インベスター・クラス
VHCOX	バンガード・キャピタル・オポチュニティ・ファンド
PTWAX	プルデンシャル・ジェニソン・20/20・フォーカス・ファンド・クラスA
FCNTX	フィデリティ・コントラ・ファンド
PROVX	プロビデント・トラスト・ストラテジー・ファンド
MINVX	マディソン・インベスターズ・ファンド・クラスY
BUFEX	バッファロー・ラージ・キャップ・ファンド
AMCPX	AMCAPファンド、クラスAシェアーズA

出所＝USニューズ・アンド・ワールド・リポート、portfoliovisualizer.com

図3.4　USニューズが推奨するUSスモールキャップファンド

ティッカー	名称
RYOTX	ロイス・マイクロキャップ・ファンド・インベストメント・クラス
FSLCX	フィデリティ・コモンウェルス・トラスト・フィデリティ・スモール・キャップ・ストック・ファンド
OTCFX	T・ロー・プライス・スモールキャップ・ストック・ファンド
RGFAX	ロイス・ヘリテージ・ファンド・サービス・クラス
FOSCX	トリビュータリー・スモール・カンパニー・ファンド・インスティテューショナル
LZSCX	ラザード・US・スモール・ミッド・キャップ・エイクティ・ポートフォリオ・インスティテューショナル・シェアーズ
LRSCX	ロード・アベット・リサーチ・ファンド、スモールキャップ・シリーズ、Aシェアーズ
PENNX	ロイス・ペンシルベニア・ミューチュアル・ファンド、インベストメント・クラス
BVAOX	ブロードビュー・オポチュニティ・ファンド
NBGNX	ニューバーガー・バーマン・ジェネシス・ファンド

出所＝USニューズ・アンド・ワールド・リポート、portfoliovisualizer.com

ッドキャップ・インデックス・ファンド（VIMSX）は平均で11.69％の年複利リターンを上げた。

彼らは**図3.6**のアメリカの10本の大型株ファンドも推奨していた。

図3.5　USニューズが推奨するUSミッドキャップファンド

ティッカー	名称
WPFRX	ウエストポート・ファンド・クラスR
FLPSX	フィデリティ・ロープライスト・ストック・ファンド
CHTTX	アントン・フェアポイント・ミッド・キャップ・ファンド・クラスN
FMIMX	FMIコモン・ストック・ファンド
WPSRX	ザ・ウェストポート・セレクト・キャップ・ファンド・クラスR
CAAPX	アリエル・アプリシエーション・ファンド・インベスター・クラス
GTAGX	インベスコ・ミッド・キャプ・コア・エクイティ・ファンド・クラスA
DMCVX	ドレフュス・オポチュニスティック・ミッドキャップ・バリュー・ファンド・クラスA
SPMIX	S&Pミッドキャップ・インデックス・ファンド・クラスS
PESPX	ドレフュス・ミッドキャップ・インデックス・ファンド

出所＝USニューズ・アンド・ワールド・リポート、portfoliovisualizer.com

図3.6　USニューズが推奨するUSラージキャップファンド

ティッカー	名称
FAIRX	フェアホルム・ファンド
PRBLX	パルナッソス・コア・エクイティ・ファンド・インベスター・シェアーズ
OAKMX	オークマーク・ファンド・クラスI
PBFDX	ペイソン・トータル・リターン
ACEHX	インベスコ・エクスチェンジ・ファンド・シェアーズ
MPGFX	メアーズ・アンド・パワー・グロース・ファンド
EXTAX	マニング・アンド・ネーピア・ファンド、タックス・マネージド・シェアーズ・クラスA
CLVFX	クロフト・バリュー・ファンド・クラスR
HEQFX	ヘンスラー・エクイティ・ファンド

出所＝USニューズ・アンド・ワールド・リポート、portfoliovisualizer.com

１本は行方不明になり、生き残った９本のファンドのリターンを平均した。全体として見ると、パフォーマンスは振るわなかった。2010年５月～2016年５月までの年複利リターンの平均は8.77％だった。バンガードのラージキャップ・インデックス・ファンド（VLISX）

図3.7　USニューズが推奨するアメリカの株式投資信託とベンチマークとなるインデックスファンドとの比較――2010年５月～2016年５月までの６年間で投資した１万ドルが生み出した利益

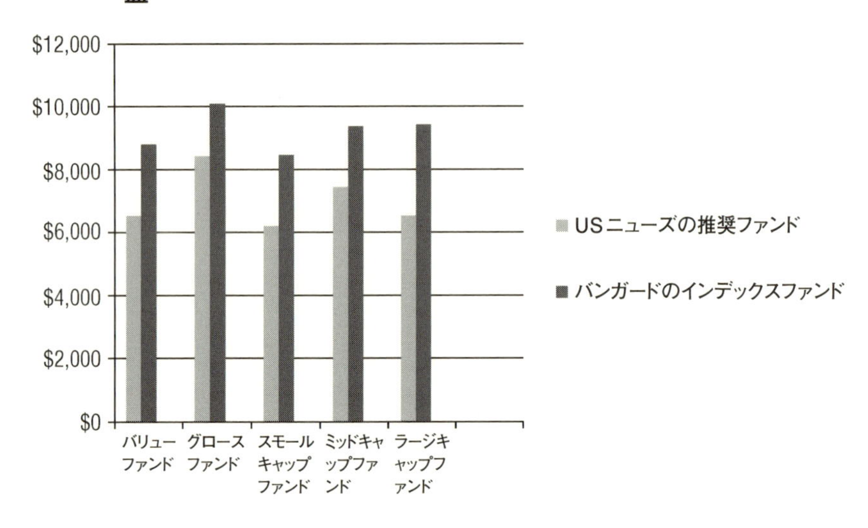

出所＝USニューズ・アンド・ワールド・リポート、portfoliovisualizer.com

の年複利リターンの平均は11.73％だった。バンバードのS&P500・インデックス・ファンド（VFINX）の平均は11.86％だった。

図3.7で分かるとおり、推奨されたアメリカの株式ファンドの５つのカテゴリーは、2016年５月までの６年間で、ベンチマークとなる指数に年2.31％アンダーパフォームした。これは、同じ期間の典型的なアクティブ運用のファンドのパフォーマンスよりもはるかに悪い。予測についてはこれくらいにしよう。

これらファンドのほとんどは将来の「買うべき投資信託」という物語には登場しないだろう。ファイナンシャルアドバイザーの多くも、これらのファンドを素通りするだろう。

その代わりに、記者やアドバイザーの多くは直近年度または直近10年で指数を打ち負かしたファンドを探し出すだろう。その代償を支払うのは、そのような提案を受け入れる投資家たちである。

だが、ジェイソン・ツバイクが最もうまく表現している。ウォール・ストリート・ジャーナルの記者は『あなたのお金と投資脳の秘密――神経経済学入門』（日本経済新聞出版社）という良書を出版した。このなかで彼は次のように書いた。「古代スキタイ人は、予言が外れた占い師を焼き殺すことで、軽薄な予言者たちの意欲を挫いた[37]」。投資家たちは現代の占いを聖書時代の基準に当てはめたほうがうまくいくかもしれない、と彼は付け加えた。

彼の主張はウォーレン・バフェットがかつて言ったこととも共鳴する。人々は教育を受けることよりも、楽しむことにより多くのお金を使いたがるのだ。

それでもほとんどのファイナンシャルアドバイザーはあきらめないだろう。彼らの生活は、彼らが市場指数に打ち勝つ投資信託を見つけられると皆さんが信じるかどうかにかかっている。

結婚する前、妻ペレはアメリカの金融サービス企業であるレイモンド・ジェームズの「助言」を受けていた。彼らは妻にアクティブ運用の投資信託を売りつけていた。投資信託の一般的な手数料と隠れた手数料に加えて、彼女は毎年口座残高の1.75％の費用を取られていた。このような継続的な年間手数料――ラップ手数料、アドバイザー手数料、口座手数料などと呼ばれる――は地元の健康食品の店舗で売られているヒ素混入クッキーのようなものである。彼女のアドバイザーはなぜこの追加の手数料を課したのだろうか。アドバイザーは、有名なジェシー・ジェイムズが列車の乗客にしたように、妻にサービスを提供していたと言っておこうか。つまり、お金を奪い取って逃げたのである。

アメリカのインベストメント・ニューズに掲載された2007年の記

事によると、レイモンド・ジェームズの担当者たちは手数料を獲得すればするほど報酬が増えるという。

401kの場合、今年導入された新しい繰り延べ報酬制度では、45万ドルの手数料を生み出すレイモンド・ジェームズの担当者には１％のボーナス、75万ドルでは２％のボーナス、100万ドルを生み出した担当者やアドバイザーには３％のボーナスが与えられる[38]。

その記事には、レイモンド・ジェームズはアドバイザーが同社に50万ドルの収益をもたらすごとに、歩合のボーナスを支払っているとも記されている。最も高い比率は、手数料で350万ドルを生み出すアドバイザーに与えられる10％のボーナスである。このような盗みのインセンティブによって、営業マンやアドバイザーはスルタンのような暮らしをしている。

2004年の妻の投資ポートフォリオに注目し、彼女の口座のパフォーマンスを追跡すると、彼女がそれまでの５年間にアドバイザーが勧めたアクティブ運用の投資信託ではなく、インデックスファンドに投資していたら、彼女の20万ドルの口座は２万ドル改善することが分かった。私の計算には、彼女のアドバイザーが投資信託の通常の費用に加えて課した年1.75％の「法外な」手数料を含めている。

妻ペレが自分の口座のパフォーマンスが比較的振るわないことをアドバイザーに尋ねると、彼は新しい投資信託をいくつか提案した。ペレがインデックスファンドについて尋ねると、彼はそのアイデアを退けた。おそらく彼は大きな賞品に目を付けていたのだろう。ポルシェかアウディのコンバーチブルあたりだろうか。顧客のためにインデックスファンドを買ったら、そのどちらも買えなかった。そのため、彼は彼女を過去５年にわたり指数を打ち負かした別のアクティブ運用の投資信託に仕向けたのだ。そのすべてがモーニングスターで５つ星が付いていた。

では、これら新しいファンドの2004～2007年のパフォーマンスはどうだっただろうか。ひどいものだった。しっかりしたトラックレコードがあったにもかかわらず、彼がペレの口座のために選択したあと、これらのファンドのパフォーマンスは市場指数と比較すると振るわなかった。そこで、ペレはこの男を解雇し、私がペレと結婚した。

生涯にわたる投資期間を通じて、すべての費用の差し引き後では、インデックスファンドからなるポートフォリオがアクティブ運用の投資信託からなるポートフォリオを打ち負かすことは確実である。だが、１年、３年、または５年間で見ると、アクティブ運用の投資信託が指数をアウトパフォームする可能性は常に存在する。

私が2010年に行ったセミナー後に、チャーリーという名の人物がインデックスファンドからなるポートフォリオのリターンを見たあとで次のように言った。「私の投資アドバイザーは過去５年間これらのリターンを打ち負かしている」

それはあり得る。だが、統計的に見た現実は明らかだ。彼の生涯にわたる投資期間を通じて、チャーリーの口座はインデックスファンドからなるポートフォリオに大幅に後れを取る可能性が高い。

1993年７月、ニューヨーク・タイムズは有名なファイナンシャルアドバイザーと彼らが選んだ投資信託と、S&P500・インデックス・ファンドのリターンを20年にわたって比べた。

同誌は、非課税口座で資金を運用しているとして、３カ月ごとに結果を公表する。アドバイザーは望むときに、費用をかけずにファ

図3.8　ニューヨーク・タイムズの投資コンテスト

投資信託のアドバイザーとS&P500・インデックス・ファンドの比較（1993/07～2000/06）

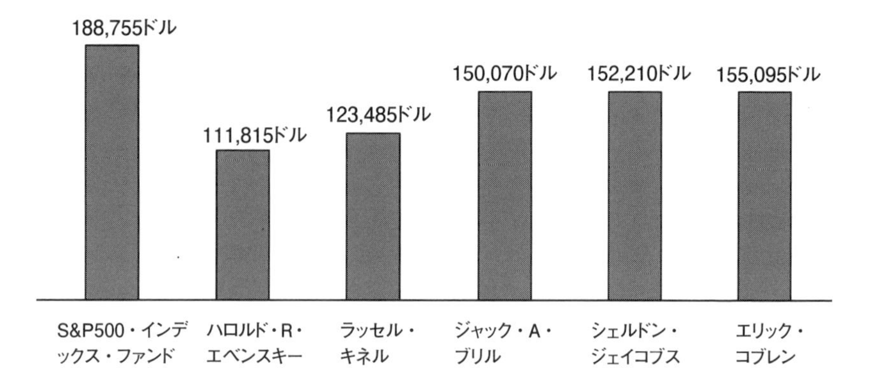

ンドを入れ替えることが許された。

これら有名な金融マンたちにとっては素晴らしい広告キャンペーンとして始まった試みは、あっという間にまるで四半期ごとのタール羽の刑のようになってしまう。**図3.8**で明らかなとおり、ほんの７年後には、S&P500・インデックス・ファンドがフェラーリで、アドバイザーたちはヒュンダイのソナタのようになってしまった。

1993年にインデックスファンドに投じられた５万ドルを個々のアドバイザーが選んだ投資信託と比較すると、2000年までに**図3.8**の金額になった[39]。

不思議なことに、７年が経過するとニューヨーク・タイムズはコンテストを中止してしまう。おそらく、調査対象となったアドバイザーたちが屈辱に耐えられなくなったのだろう。

表3.1　アクティブ運用の投資信託とインデックスファンドの違い

アクティブ運用の投資信託	全株式インデックスファンド
1. ファンドマネジャーは何百もの銘柄を頻繁に売買（トレード）する。平均的なファンドではある年の初めに保有していた銘柄のうち、その年の末にも保有しているのはほんの少数。	1. ファンドマネジャーは大量の銘柄を取得し、それは1000銘柄を超えることが多い。1年を通じて96%以上の銘柄が継続して保有される。トレードは行われない。上場廃止となった企業の株式は売却され、新たな銘柄が追加取得される。
2. ファンドマネジャーと付属のチームが広範な調査を行う。これらのサービスによって彼らは高給を受け取り、それがファンドのコストに反映される。このコストは投資家が負担。	2. 個別銘柄の調査は行われない。全株式インデックスファンドは文字どおりコンピューターで運用され、調査費用はかからない。株式市場の事実上すべての銘柄を保有することが目的なので、トレードの判断は行われない。
3. ファンドが行う株式の売買によって取引手数料が発生し、その費用は投資信託の価額から差し引かれる。この費用を負担するのは投資家。	3. トレードはないので、売買手数料は極めて少額で、この節約効果は投資家に伝わる。
4. 売買は課税の問題を引き起こし、ファンドが課税口座で保有されていると、その影響は投資家に転嫁される。徴税人が請求書を送ってくる。	4. トレードがないということは、課税口座で保有していても、最小限の課税でキャピタルゲインを得ることができる。徴税人を寄せつけずに済む。
5. ファンドマネジャーは特定の規模やセクターの銘柄に集中する。例えば、小型株ファンドでは小規模企業だけを保有する。大型株ファンドでは大企業だけを保有する。バリューファンドは割安な企業だけを保有し、グロースファンドはグロース企業だけを保有する。	5. 全株式インデックスファンドは「株式市場全体」を保有するので、すべてのカテゴリーの銘柄を保有し、1つのファンドに包み込む。
6. 投資信託を販売している企業にはファンドの手数料から利益を得る株主が存在する。投資家からかき集める手数料が多いほど、運用会社の株主の利益は大きくなる。	6. バンガードのような運用会社は「非営利」企業。バンガードは世界最大のインデックスファンドの運用会社であり、アメリカ人やオーストラリア人やイギリス人の役に立っている。低コストのインデックスファンドはアジアやカナダやヨーロッパでも提供されている。
7. 投資信託会社には企業の利益を求める「株主」が存在するので、積極的な販売キャンペーンを行い、自分たちのファンドを顧客に推奨するよう営業マンにインセンティブを支払っている。	7. インデックスファンドを販売しても金融サービス企業はそれほど儲からないので、営業マンがインデックスファンドを勧めるのはまれである。
8. アクティブ運用の運用会社はアドバイザーに毎年「トレーラーフィー」を支払う。これは、投資家に自分たちのファンドを販売したアドバイザーへの報酬で、最終的にこの費用を負担するのは投資家。	8. インデックスファンドがアドバイザーにトレーラーフィーを支払うことはほぼない。

9. アメリカのほとんどの運用会社は販売時や解約時に手数料を課す。これはファンドを販売したブローカーやアドバイザーに直接渡る。この費用を負担するのは投資家。	9. ほとんどのインデックスファンドが販売時や解約時に手数料を課していない。
10. アクティブ運用の運用会社はアドバイザーやブローカーと密接なつながりを持っている。	10. インデックスファンドはほとんどのアドバイザーやブローカーとつながりがない。

インデックスファンドの中身はどうなっているのか

アクティブ運用の投資信託とインデックスファンドの違いを理解する最も良い方法は、それらを並べて比較することだ。

表3.1で要点ごとの比較を行っている。

キャプテンアメリカは政府の行動を求める

デビッド・スウェンセンはアメリカで最も有名な投資家の１人である。彼はイェール大学の寄付基金を運営している。マーベル・コミックのヒーローであるキャプテンアメリカと同じように、彼も正義のために戦っている。この場合、彼は投資信託の高い手数料に反対しているのだ。彼は『**イェール大学流資産形成術――顧客本位の**

投資信託とは何か』（パンローリング）で次のように書いている。「ファンド業界は個人投資家を体系的に搾取しているので、政府による行動が必要である[40]」

アメリカのアクティブ運用の株式投資信託には高い費用がかかるが、アメリカ以外の平均的なファンドはそれ以上に費用がかかる。2008年にオックスフォード・ユニバーシティ・プレスが発表した研究で、アジャイ・コラナ、ヘンリー・セルベース、ピーター・トゥファーノは推定される販売手数料を含めたファンドの手数料の国際比較を行った。研究によると、株式投資信託の手数料が最も高かったのはカナダである[41]。

海外の投資コストが高いということは、アメリカ以外の国民にとっては、アクティブ運用の投資信託に付随する高い費用を支払うのではなく、投資口座でインデックスファンドを購入することの意義が大きいということだ。

2015年６月、モーニングスターは独自のグローバル・ファンド・インベスター・イクスペリエンス・スタディを発表した。費用の国別ランキングは2008年の研究「ミューチュアルファンド・フィーズ・アラウンド・ザ・ワールド（Mutual Fund Fees Around the World)」以降、それほど変わっていなかった。

カナダやインドでアクティブ運用の投資信託を買う投資家は最終的に最大の敗者となる。販売手数料という損害を含めなくても（**表3.2**のオクスフォード・ユニバーシティ・プレスの研究では含められている)、カナダとインドの投資家はいまだに投資信託の手数料として年２％以上を支払っている[42]。

残念ながら、ベルギー、中国、デンマーク、フィンランド、フランス、ドイツ、香港、イタリア、韓国、ノルウェー、シンガポール、

表3.2　世界のアクティブ運用の投資信託の手数料の安い順番

国	販売手数料を含めた費用の総額（推定）
オランダ	0.82%
オーストラリア	1.41%
スウェーデン	1.51%
アメリカ	1.53%
ベルギー	1.76%
デンマーク	1.85%
フランス	1.88%
フィンランド	1.91%
ドイツ	1.97%
スイス	2.03%
オーストリア	2.26%
イギリス	2.28%
アイルランド	2.40%
ノルウェー	2.43%
イタリア	2.44%
ルクセンブルク	2.63%
スペイン	2.70%
カナダ	3.00%

出所＝「ミューチュアル・ファンド・フィーズ・アラウンド・ザ・ワールド（Mutual Fund Fees Around the World）」（オックスフォード・ユニバーシティ・プレス、2008年）

南アフリカ、スペイン、スウェーデン、台湾、タイ、イギリスで、アクティブ運用の投資信託に投資する者たちもそれほど変わらない。モーニングスターの研究では、販売手数料を含めないアクティブ運用の投資信託の費用は年1.75～2.00％としている[43]。販売手数料を考慮すると、費用はさらに大きくなる。

どうしてドナルド・トランプはインデックスファンドを買うべきだったのか

1982年、フォーブス誌は初めてアメリカの長者番付を発表した。同誌の計算によると、ドナルド・トランプの純資産は２億ドルだった。彼はその財産のほとんどを父親から相続した。2014年までに、彼の財産は41億ドルに跳ね上がったとフォーブス誌は伝えている。これは、年複利で9.9％のリターンである。だが、トランプは不当だと叫んでいる。

フォーブス誌は自分の資産を少なく見積もっていると彼は不満を漏らした。ビジネス・インサイダーによると、彼は最近、自分の純資産は87億ドルだと言ったという。1999年、フォーブス誌は次のように書いている。「われわれはドナルドが大好きだ。彼はわれわれの電話に出てくれる。たいていの場合、昼食もご馳走してくれる。彼は自身の純資産を算定している。だが、どれほど懸命に取り組んでも、われわれはその金額を証明することができない」

フォーブス誌が間違っていて、トランプは彼が言う財産を保有していると仮定してみよう。ティモシー・L・オブライエンの『トランプネイション（TrumpNation : The Art of Being The Donald）』によると、トランプ氏は、1982年の財産はフォーブス誌が伝えた２億ドルではなく、５億ドルだと述べた。フォーブス誌のデータを無視し、トランプ自身が語る金額（87億ドル）に基づくと、彼の純資産は平均で、年複利9.05％で増えていることになる。

トランプが５億ドルをバンガードのS&P500・インデックス・ファンドに投資していたら、彼の資金は33年間に年複利11.3％で増大したことになる。彼の５億ドルは171億1000万ドルになった。これは、トランプが語る金額よりも84億1000万ドルも多い。

1982～2014年まで、彼は無為に過ごし、毎年数百万ドルを費消しても、最終的に現在よりもはるかに裕福になれたわけだ。

インデックスファンドに反対しているのはだれだ

アクティブ運用の投資信託からなるポートフォリオが長期にわたり税引き後で、インデックスファンドからなるポートフォリオに遅れをとらずについていく可能性は高いと主張する人々には3つのタイプがある。

最初に紹介するのは、ありそうもない舞台で踊り回っている、皆さんのフレンドリーな隣人のファイナンシャルアドバイザーである。彼はあらゆる策を講じて、地球は平らであること、太陽が地球の周りを回っていること、そして、自分がカーニバルのロマ人よりも将来を正確に予想できることを納得させる必要がある。彼にインデックスファンドのことを伝えるのは、彼の誕生日ケーキのうえでくしゃみをするようなものである。彼はそのケーキを食べたがり、そして皆さんのケーキのかなりの部分も食べたがる。

彼がステージを降りると、もっと大物ぶった人物がとらわれの聴衆の前に現れる。プロらしくプレスの効いたスーツを着た彼女はファイナンシャルアドバイザリー会社の広報部で働いている。投資信託の報告書に添付されることが多い、ややこしい市場コメントを綴るのが彼女の仕事の一部だ。それは、次のような具合である。

今月、小売り売上高が2.5％減少したことで株式は下落した。これによってデニムを着た金（ゴールド）の買い手に余裕が生まれ、それが連邦赤字の増大を背景に中国株先物を上昇させる可能性が高い。そのため、債券のイールドカーブが狭まるのでウォール街の２人のバンカーがセントラルパークを駆け抜けた。

これら担当者たちが書き記しているややこしい経済的戯言は、11月までに相応しいパートナーを見つけられたホッキョクグマが増えたので、今年株式市場は上昇したと言っているのと大して変わらない。

彼女に意見を求めれば、進むべき道はアクティブ運用の投資信託だと答えるだろう。しかし、彼女が1700万ドルで買ったハワイのビーチサイドのサマーホームの住宅ローンの支払いが厳しいことには言及しないだろう。皆さんには彼女の支払いを手助けする必要があるのだ。

残念ながら、アクティブ運用の投資信託が統計的にも長期にわたってインデックスファンドを上回る利益を上げる可能性が高いと伝える第３のタイプの人物は、自分のアドバイザーが彼らの財政的利害を顧客よりも優先していることを認めたがらないほどプライドが高く、だまされやすい連中である。

ピーター・リンチについて考えてみよう。彼は史上最高の投資信託のファンドマネジャーの１人と言われる人物だ。彼は46歳で引退するまで、1977～1990年まで平均で年29％のリターンを上げて大衆の関心を集めたフィデリティ・マゼラン・ファンドを運用していた。[44] だが、それ以降、マゼランファンドは投資家を落胆させている。1990年１月に１万ドルをファンドに投じていたら、2016年５月16日までに８万3640ドルになった。[45] バンガードのS&P500・インデックス・ファンドに投じた１万ドルは９万9760ドルになった。リンチは業界の過ちを非難して、次のように述べている。

ひどくなっている。専門家たちの劣化はひどくなっている。大衆はインデックスファンドに投資したほうがうまくいくだろう[46]。

リンチは1980年代の業界のアイドルなので、過去の遺物だと言うかもしれない。おそらくそうだろう。では、ビル・ミラーに目を向けてみよう。彼はレッグ・メイソン・バリュー・トラストのファンドマネジャーだった。2006年、フォーチュン誌の記者アンディ・セルワーはミラーを「当代最高のファンドマネジャー」と呼んだ。ミラーのファンドはそれまで15年連続でS&P500指数に勝っていた[47]。しかし、マネー・マガジンのジェイソン・ツバイクが2007年７月にミラーのインタビューをしたとき、ミラーはインデックスファンドを勧めた。

株式で保有する資産の大部分はインデックスファンドで保有するべきだ……運が良いか、ファンドマネジャーを選ぶ能力が極端に高くないかぎり、インデックスファンドを保有したほうがはるかに良い経験ができるだろう[48]。

ミラーの言葉は時機を得ていた。2007年以降、彼のファンドのパフォーマンスはひどいものだ。2007年１月～2016年７月17日（本書執筆時）までで、2.6％の上昇である。同じ期間、バンガードのS&P500・インデックス・ファンドは78.2％上昇した[49]。

パフォーマンスの振るわないファンドは名称を変更することが多い。ビル・ミラーのレッグ・メイソン・バリュー・トラストもその例である。かつてミラーは「当代最高のファンドマネジャー」だと考えられていた。だが、今日、ファンドの名称は苦痛しかもたらさない。2011年、ミラーは引退した[50]。現在このファンドはクリアブリッジ・バリュー・トラストと呼ばれている[51]。

もちろん、雇用主から自らが運用しているファンドの受益権を買うことを求められている投資信託のファンドマネジャーもいる（彼らこそが実際にファンドを運用している人物である）。しかし、課税口座でファンドマネジャーが自分自身のお金を投じる必要がないとしたら、概して彼らは投資しないだろう。テッド・アロンソンは年金基金や寄付基金や企業の年金基金口座の70億ドルを超える資金をアクティブ運用している。彼は業界でも最高の人物の１人である。しかし、彼は自分の課税対象となる資金をどうしているだろうか。これはジェイソン・ツバイクが1999年にCNNマネーに書いていることで、彼は自身の課税対象となる資金のすべてをバンガードのインデックスファンドに投じているとツバイクに語った。

> 税金を考慮するなら、アクティブ運用の投資信託の支持に釘を刺すことになる……インデックスファンドが楽々と勝つ。税引き後ではアクティブ運用は勝てない[52]。

本物の重要人物であるSEC（米証券取引委員会）の元委員長アーサー・レビットの言葉を引こう。

> 最悪の罪は投資信託を保有することに伴う高い費用である。１％の10分の１と言われれば手数料は低く思えるが、生涯を通じると投資家に何十万ドルもの負担を強いかねない[53]。

> 投資結果に落胆する必要はない。規律をもって貯蓄をし、コスト

が低く、税務効率が良いインデックスファンドに定期的に投資すれば、隣人の半分の金額を易々と投資し、生涯を通じて見れば、最終的に彼らを上回る金額を手にできる。

次の教訓は学校では教えられなかったかもしれない。しかし、今学べる。

1．インデックスファンドへの投資は、アクティブ運用の投資信託への投資に比べて、成功する統計的確率が最も高い。
2．まだだれも一貫して株式市場の指数を打ち負かすアクティブ運用の投資信託を見つけるシステムを生み出していない。見つけられると主張する人々の言うことは無視すべきである。
3．アクティブ運用の投資信託の過去のリターンに感銘を受けてはならない。過去のパフォーマンスに基づいて投資するファンドを選ぶのは投資家ができる最もバカげたことである。
4．課税口座で資金を投資する場合、アクティブ運用の投資信託に対するインデックスファンドの優位性は高まる。
5．ほとんどのアドバイザーが直面する利益相反を肝に銘じるべきである。彼らは、アクティブ運用の投資信託を買うよう説得できれば、手数料やトレーラーフィーではるかに多くのお金を稼げるので、インデックスファンドを買ってもらいたくないのだ。

ルール4
鏡のなかの敵（あなた自身）を制圧せよ

RULE 4 Conquer the Enemy in the Mirror

私の兄弟のイアンは1999年の映画『ファイト・クラブ』の大ファンで、特にエドワード・ノートン演じるリーダー役のテイラーが腫れ上がった自分の顔にノックアウトパンチを食らわせるシーンがお気に入りだ。ノートンのキャラクターは自らの物質主義的な衝動と戦う姿を暗に示している。ほとんどの投資家は似たような戦いを自分自身と演じている。

この内なる戦いの多くは株式市場に対する誤解から生じている。私は皆さんのなかにいるドッペルゲンガーを捕らえる約束はできない。しかし、株式市場がどのように動くか、そして人間の感情がよく練られた計画をどのように台無しにするかを理解すれば、より良い投資家になれるだろう。

10％の利益が10％の利益にならないとき

過去20年にわたり、手数料と費用を差し引き後で平均すると、年10％のリターンを生み出している投資信託を想像してほしい。損をする年もあるかもしれないし、期待を上回る年もあるかもしれない。

ジェットコースターに乗っているかのようである。だが、想像してほしい。跳ねたり、急上昇したり、ねじれたり、旋回したあとでさえ、平均すると年10％の利益を上げた。このファンドに1996～2016年まで投資した投資家が1000人いたとしたら、彼らは皆、年10％のリターンを獲得したと思うだろう。

だが、平均すると彼らはそのような利益は手にしていない。ファンドが振るわない年が数年あると、ほとんどの投資家はそれに反応して、ファンドに投じる資金を減らすか、完全に投資するのをやめてしまう。多くの投資アドバイザーが次のように言う。「このファンドは最近うまくいっていません。われわれは皆さんの利益を最優先に考えておりますので、現在好調な別のファンドに資金を移そうと思います」。そして、ファンドがある年に素晴らしい成果を上げると、ほとんどの個人投資家やファイナンシャルアドバイザーは慌ててそのファンドにたくさんの資金を投じようとする。まるで、太ったサケに群がる野猫のようだ。

この行動は自己破壊的である。彼らはファンドが割安になったあとで売却したり、投資するのをやめたりする。そして、ファンドが割高になると狂ったように買う。このような行動を取る者がそれほど多くなければ、われわれはそれを「精神障害」だとして、亡くなったチュートン族の心理学者にちなんだ名称を付けるだろう。このような投資行動を取ると、長期的には投資家は間違いなく平均を上回る価格をファンドに支払うことになる。インデックスファンドであろうが、アクティブ運用の投資信託であろうが、ほとんどの投資家のパフォーマンスは保有するファンドのパフォーマンスよりも悪くなる。なぜなら、高く買いたがり、安く買うことを嫌うからである。残念なことである。

モーニングスターによれば、ほとんどの投資家がこのような行動を取っている。2014年の研究で、彼らは平均的な投資信託の2013年12月31日までの10年間のリターンに目を向けた。典型的なファンドは平均すると手数料を差し引き後で年7.3％のリターンを上げた。典型的なファンドの投資家のリターンは平均すると年4.8％だった。[1]

ファンドが安くなると、低い価格を恐れることでそのファンドを買うことができず、ファンドの価格が高いと、高い価格がもたらす高揚感から進んでファンドを取得する。このような奇妙な行動が壊滅的な結果をもたらす。

財政的な差異は、30年間では巨額になる。

毎月500ドルを年7.3％で30年間投資する＝64万1971ドル
毎月500ドルを年4.8％で30年間投資する＝40万3699ドル
不合理な行動のコスト＝23万8272ドル

株式市場の動きを気にしなかったらどうなるか

投資家である皆さんは、株式市場が上昇しているか下落しているかを観察する必要はまったくない。実際に、インデックスファンドに25年にわたって毎月一定の金額を投資し（「ドルコスト平均法」）、そのファンドが平均で年10％のリターンを上げたら、皆さんは平均で10％以上のリターンを手にする。なぜ、以上なのだろうか。

株式市場が暴落すると、実際にドルコスト平均法はリターンを増幅させる。次に例を示そう。

ある者が2008年１月にバンガードのトータル・US・ストック・マーケット・インデックスに100ドルを投資したと想定してほしい。

図4.1　バンガードのトータル・US・ストック・マーケット・インデックス・ファンド（2008/01～2011/01）

出所＝バンガード・グループの許可を得て掲載

次に何が来るのかは分かっている。2008～2009年の暴落だ。**図4.1**で、2008年に株式が激しく下落した様子が分かる。2009年の途中から株式は回復し始めた。だが、2011年１月まで、株式市場は2008年１月の水準を下回り続けた。その様子は**図4.1**で分かる。

2008年１月に投資を始めた投資家は運の悪さを恨んだかもしれない。しかし、彼らが計画に従い、ドルコスト平均法を続けていたら、問題はなかっただろう。

彼らが2008年１月～2011年１月まで月に100ドルずつ投資したら、投資額は総額で3600ドルになる。しかし、彼らの投資額は4886ドルまで増える[2]。

投資家が2016年８月（本書執筆時）まで月100ドルの投資を続けていたら、2008年１月以降、投資総額はさらに9200ドル増加する。そして、彼らの投資資金の価値は１万9228ドルまで増えた。

毎月インデックスファンドに一定額を投じることで、投資家は市場が下がっているときにより多くの受益権を買い、市場が上昇しているときには手にする受益権が少なくなる。これによって、長期的には彼らが支払う価格は平均を下回る。

株式市場のボラティリティに依存するところが大きい。株価が大きく変動すれば、ドルコスト平均法を採る投資家はその規律が報われる。つまり、実際に彼らは指数のリターンに打ち勝つことができる。株式市場のリターンが安定していたら、ドルコスト平均法でうまくいく投資家もいる。だが、市場のリターンを打ち負かすことはないだろう。

一括投資するべきか、ドルコスト平均法か

棚ぼたで遺産を継いだ。では、それを一度に投資するべきだろうか。それとも、ドルコスト平均法を用いて毎月資金を市場に投じるべきだろうか。確かなことはだれにも分からない。だが、できるかぎり早い時期に一括で投資するほうがたいていの場合はうまくいく。言い換えれば、資金を手にしたらすぐに投資したほうが良いことが多い。

バンガードが行ったケーススタディによると、資金を手にしたらすぐに一括で投資すると、たいていの場合ドルコスト平均法を上回る。バンガードは過去のデータを用いていくつかのシナリオを比較した。彼らは、ある者が100万ドルを一括で投資したと仮定した。彼らは、６カ月、12カ月、18カ月、24カ月、30カ月、36カ月にわたり一部を預金に回した場合よりも、10年後に投資資金が早く増えるかどうかを突き止めたかったのだ。

> バンガードは、1926～2011年までのアメリカ市場を10年間ごとに比較した。彼らは同じシナリオでイギリス市場（1976～2011年）とオーストラリア市場（1984～2011年）の分析も行った。期間全体の67％で一括投資が勝った。つまり、たいていの場合、資金を手にしたらすぐに投資するのが最も良いのだ。

だが、規律ある計画を貫ける投資家はほとんどいない。ほとんどの者たちが投資したファンドそれ自体をアンダーパフォームする。

ほとんどの投資家がおかしな振る舞いをする

平均的な投資家のおかしな行動と、アクティブ運用の投資信託に付随する手数料を組み合わせてみればよい。毎月一定額をインデックスファンドに投じる規律ある投資家に比べると、平均的な投資家のポートフォリオは最終的に比較的貧弱なものになる。**表4.1**は、少なくとも向こう５年にわたり働きながら、投資を続ける投資家を分類したものである。

インデックスファンドに投資するすべての投資家が、恐怖と強欲が引き起こす自己破壊行動を回避しながら、市場の恐ろしい浮き沈みを無視できるだけ成長進歩していると言っているのではない。だが、インデックスファンドに定期的に投資し、市場が急騰しようが急落しようが落ち着いていられるようになれば、確実にお金持ちになれる。**表4.2**で、1980～2005年までのアメリカの実際のリターンに基づいた例を示した。

左側の数値（８万4909.01ドル）は少々寛大かもしれない。平均的なアクティブ運用の投資信託の年間リターンを10％としたが、販

表4.1　平均的な投資家と進化した投資家との比較

平均的な投資家	進化した投資家
アクティブ運用の投資信託を買う	インデックスファンドを買う
価格が上昇すると自分が買ったファンドに満足し、さらに買い増す	一定金額をインデックスファンドに投じ、株式市場が上昇すると幸いにも買い数量が少なくなることを理解している
価格が下落すると自分が買ったファンドに不満を感じ、買い控えるか売る	株価指数が下落することを喜んで眺め、資金があれば、買い増しする

表4.2　平均的な投資家と進化した投資家の長期的な差異

平均的な投資家	進化した投資家
1980～2005年までアメリカの平均的な投資信託に毎月100ドルを投資。年平均リターンは10%	1980～2005年まで米国株式インデックスファンドに毎月100ドルを投資する。年平均リターンは12.3%
平均的な投資家の自己破壊的な行動で年2.7%マイナス	バカげた行動による損失はない
25年間の年平均リターンは7.3%	25年間の年平均リターンは12.3%
25年後のポートフォリオの価額は8万4909.01ドル	25年後のポートフォリオの価額は19万8181.90ドル

注＝アメリカの株式市場は過去100年にわたり年平均10%のリターンを上げているが、パフォーマンスが良好な時期もあれば、悪い時期もある。1980～2005年までで、アメリカの株式市場の平均リターンは12.3%を少しばかり上回った[3]

売手数料やアドバイザーのラップ手数料や課税口座で発生する納税義務を考慮していないので、これは歴史的に見て過大評価である。

自らの口座を破壊しない規律あるインデックスファンドの投資家のポートフォリオは、25年間で平均的な投資家のポートフォリオの２倍を優に超えるまで増える。

インデックスファンドの投資家のほうが賢いのか

多くのファイナンシャルアドバイザーが同じ弱点の餌食になる。多くの者たちが「人気」ファンドを推奨したがる。また、彼らは市場のタイミングを計れると考えている。アメリカン・ファンズというアメリカのアクティブ運用の運用会社がある。投資家は同社のファンドを直接買うことはできない。これらのファンドはファイナンシャルアドバイザーかブローカーを通じて買わなければならない。これらのプロたちは投資家に投資を続け、ファンドを次々に乗り換えないようアドバイスできると思うかもしれない。しかし、そうではない。

モーニングスターのデータを用いて、同社のすべてのファンドの10年間のトラックレコードを比較した。同社のファンドのパフォーマンスとファンドの投資家が手にしたパフォーマンスを比較したかったのだ。

私は、2004年10月31日～2014年10月31日の期間で、４つのカテゴリーのファンドを検証した。USラージ・キャップ、エマージングマーケッツ、ブロード・インターナショナル、スモール・キャップ・ファンドの４つだ。４つのカテゴリーそれぞれの投資家のリターンを平均すると、アメリカン・ファンドの投資家はファンドそれ自体を平均で年1.75％アンダーパフォームしていることが分かった。ファンドの投資家が合理的ならば、彼らは投資したファンドと同じリターンを獲得しただろう。

例えば、ある特定の期間にファンドが年平均10％のリターンを上げたら、ファンドの投資家は同期間に同じリターンを上げたはずである。しかし、勝ち馬を追う、高く買い安く売るといったお粗末な行動で、アメリカン・ファンドの投資家は2004年10月31日～2014年10月31日まで年1.75％の犠牲を払った。繰り返しになるが、投資家はアドバイザーがいなければこれらのファンドを買うことができない。アドバイザーの賢いガイダンスはこれくらいにしておこう。

運用会社のフィデリティでも同じカテゴリーの比較を行った。投資家はファイナンシャルアドバイザーがいなくてもフィデリティのファンドを買える。だが、多くの場合、ファイナンシャルアドバイザーは顧客の口座にフィデリティのアクティブ運用の投資信託を詰め込む。同じ期間で同じ４つのカテゴリーの比較を行うと、フィデリティの投資家はファンドそれ自体に平均で年2.53％アンダーパフォームした。アメリカン・ファンドの投資家と同じように、投資家は自ら災いを招いていた。

インデックスファンドの投資家のほとんどが、ファイナンシャルアドバイザーを利用しないで単独飛行を行う。同じ期間、同じカテゴリーでバンガードのインデックスファンドの投資家のリターンを比較すると、彼らはファンドそれ自体に年0.71％しかアンダーパフォームしなかった。インデックスファンドの投資家の行動は完璧ではなかった。しかし、彼らのほうがはるかに賢かった。

私は検証結果の詳細を2012年12月のアセットビルダーの記事『アー・インデックス・ファンド・インベスターズ・シンプリー・スマーター（Are Index Fund Investors Simply Smarter?）』にまとめた[4]。

３カ月半後、ウォール・ストリート・ジャーナルのジョナサン・クレメンツが同様の記事「インデックスファンドの投資家のほうが賢いのだろうか（Are Index Fund Investors Smarter?）」を発表した。彼はモーニングスターにより広範な研究を行うよう求めた。判明した結果は同じだった。インデックスファンドの投資家のほうが規律があるようだ。彼はまた次のように説明している。

> 私は、知性が高いかどうかではなく、信念がしっかりしているかどうかなのではないかと思っている。インデックスファンドを買う場合、唯一の心配事は市場のパフォーマンスである。だが、アクティブ運用の投資信託を買うと、市場の方向性だけでなく、市場と比較したファンドのパフォーマンスも心配しなければならない。[5]

投資家もアドバイザーも投機を行うべきではない。投資を続けることに専念するべきである。そのような規律と低コストのインデックスファンドが組み合わさることで、中所得層の人々が、高所得を得ている隣人よりも効率的に財産を築くことができる。中所得者たちが身の丈を超える支出についてよく考えていればなおさらである。

隣人が毎月自分たちの2倍の資金を投資し、平均的な存在だとすれば、彼らはアクティブ運用の投資信託を買うだろう。彼らはまた、パフォーマンスの高い人気のファンドを追いかけるか、市場が下落したときに定期的な投資を続けることができないだろう。彼らは市場が割高なときに喜んで買いに入る。彼らは株式がお買い得になっているときに買いに入るほど鋭敏ではないのだ。

隣人のようになってはならない。このような自己破壊的な行動を避ければ、投資家として財産を築ける確率は高くなる。

重要なのは市場のタイミングを計ることではなく、市場にいる時間

適切なタイミングで株式市場に出入りできると誤解している賢い人々とそれほど賢くない人々がいる。一見するとシンプルである。市場が上昇する前に買いに入り、市場が下落するまでに降りればよい。これは「マーケットタイミング」と呼ばれる。だが、ほとんどのファイナンシャルアドバイザーが皆さんの口座で効果的に市場のタイミングを計れる可能性は、彼らがテニスの試合でロジャー・フェデラーに勝つ可能性よりも低い。

フォーチュン誌が20世紀の投資業界の４人の巨人の１人としたバンガードのボーグルは、マーケットタイミングについて次のように語っている。

> この業界に50年ほどいるが、私はマーケットタイミングで一貫して成功している人物を知らない。一貫して成功している人物を知っている人物も知らない[6]。

市場が完全に正気を失っているときに、劇的に買いに入ったり売ったりすることは魅力的ではある。だが、株式市場はかなり非合理で、短期的なスイングを特徴とする。高揚感に包まれた時期には株式市場はほとんどの人々の予想を超えて上昇し、経済が低迷すると予想をはるかに超えて下落する。過剰な暴落から自らの資金を守るために取れる１年ごとのシンプルで機械的な戦略がある。これはルール５で説明する。株式市場が下落すると、自らの投資資金の価値も縮小するが、隣人ほどではない。そして、その戦略があれば、株

価がおかしくなってもゆっくり眠れるだろう。

私が説明する戦略では、株式市場の方向性を推測しようとはしない。短期的にどこに向かうかを予想するのは、夜ごと現れる蚊のうち、どれが一番初めに電球に焼き印を押されるかを推測しようとするようなものだ。

好況期に全株式インデックスファンドを買うこと以外に何もしないのは退屈に思えるかもしれない。また、金融危機のときには恐ろしく思えるかもしれない。だが、株式市場に乗ったり降りたりするプロを含めた大多数の人々は、やがて報いを受ける。最終的に彼らは高く買い、安く売ることが多いからだ。

見当が外れることで何を失うのか

研究によると、市場の動きとは、昨年かかったインフルエンザやジーンズのポケットで見つかった得体の知れない10ドル紙幣のようなものである。どちらの場合も、どこから来たのか分からない。ペンシルベニア大学ウォートン校の教授であるジェレミー・シーゲルは、株式市場の過去の最大のリターンを振り返り、市場の行動にはリズムも理由もないと述べた。彼は、1885年以降の株式市場の最も大きな変動、具体的には1日の取引時間に市場が５％以上変動したケースを振り返った。彼はそれを世界的な出来事と関連付けようとした。[7]

ほとんどのケースで、そのような株式市場の大きな変動を説明する合理的な理由は見つからなかった。そして、彼は贅沢にも、過去を振り返り、世界の歴史的なニュースと市場の変動を結び付けようとした。シーゲルのような賢い人物でさえ、後知恵に頼っても世界

表4.3　投機のコスト（1994～2013年）

	年平均リターン	1万ドルがいくらになるか
株式市場のリターン	9.22%	5万8352ドル
最良の5日を見逃す	7.00%	3万8710ドル
最良の20日を見逃す	3.02%	1万8131ドル
最良の40日を見逃す	−1.02%	8149ドル

出所＝IFA Advisors[8]

的な出来事と株式市場の変動を関連付けられないとしたら、だれが経済的な出来事に基づいて将来の変動を予想したり、将来の経済的な出来事を予想したりできるだろうか。

だれかの短期的な市場予測に基づいて行動するとしたら、最終的に後悔する。株式市場の大きな上昇はたいていの場合、それぞれの年の数日の取引日に集中する。

1994～2013年（5037取引日）までの20年間で、アメリカ株は平均で年複利9.22％のリターンを上げた。しかし、最も上昇した５取引日を逃した投資家のリターンは平均でたった７％だった。最良の20取引日を見逃していたら、平均リターンは年3.02％だった。最良の40取引日を見逃していたら、その投資家は損を出した。**表4.3**で、これが自らの資金に与える影響が分かる。

市場の動きは速く、予想できない。ある日、ある週、ある月、またはある年に株式市場から資金を引き揚げていたら、10年で最良の取引日を見逃すことになりかねない。最良の取引日がいつになるのかはけっして分からない。ただ、発生するのだ。さらに重要なことに、前に書いたとおり、皆さんも皆さんのブローカーもそれを予想できない。

伝説的な投資家で、自力で億万長者になったケネス・フィッシャーはマーケットタイミングについて次のように語っている。

> 市場がどれほど速く動くかを肝に銘じろ。年間のリターンはほんの数日の大きな値動きからもたらされる。いつそれが起こるか分かるだろうか。私にはまったく分からないので、30年にわたり資金を運用し続けているのだ[9]

信頼できる分散された投資口座を構築する最も簡単な方法は株式と債券のインデックスファンドを用いることである。債券のインデックスファンドについてはルール５で書くが、ここでは、概してポートフォリオに安定をもたらす道具だと認識しておけばよい。債券インデックスファンドは、株式と同じような長期的リターンを生み出さないので、退屈だと考える人も多い。だが、株式のように下落することもない。投資ポートフォリオのなかでより安定し、緩やかで、より頼りになる存在である。信頼できるポートフォリオでは、一定の割合を株式市場に投じ、一定の割合を債券市場に投じる。そして、投資家の年齢に合わせて債券の比重を高める。

だが、株式市場が上昇し始め、だれもが株式が生み出す利益に目がくらむようになると、ほとんどの人々が債券を無視し（債券をまったく持っていない場合）、株式を買い増す。最近好調なパフォーマンスを示したファンドを追いかける者も多い。

どうすれば確実に犠牲者にならずに済むだろうか。これは考えているよりもはるかに簡単である。株式がどのようなものか、そして株式に何が期待できるかを正確に理解していれば、成功の確率を確たるものにできるだろう。

株式について……学校で教えられるべきこと

株式市場は企業の集合体である。チャート上のくねくねした線でも、新聞に掲載される価格表でもない。株式インデックスファンドの受益権を保有している場合、自らが立っている土地と同じくらいリアルな何かを保有している。インデックスファンドで保有している企業を通じて、間接的ながらあらゆる業界や企業の所有者になっている。つまり、いくつか例を挙げれば、土地、建物、ブランド名、機械、輸送システム、製品といった具合である。この主たる概念を理解するだけでも、投資家として大きな優位性が得られる。

事業の利益と株価の上昇は別物だ。だが、長期的には、それらは同じ結果を反映する傾向にある。例えば、ある企業が30年間で利益を1000％増大させたら、その企業の株価は同じ期間に同程度上昇すると期待できる。

これは株式市場の指数でも同じである。指数を構成する平均的な企業が30年間で1000％（つまり、年8.32％）成長したら、株式市場の指数も同じようなパフォーマンスを示すと期待できる。長期的には、株式市場は上場企業の命運を予想どおりに反映する。しかし、より短い期間では、株価はリードにつながれた狂犬のように不合理なものともなる。そして、この狂犬のような動きこそが、気をつけないと、われわれを財産ではなく貧困へと誘いこむのだ。

株式市場の真の専門家はリードにつながれた犬を理解している

私はかつてスーという名の犬を飼っていた。彼女はドッグフードではなく、ロケット燃料を餌にしたかのように振る舞った。庭で彼女に背を向けると、彼女はテレビドラマのプリズン・ブレイクの一場面を再現し、庭にある1.5メートルのフェンスを飛び越え、わが家と、彼女がめちゃくちゃにした隣人との友好関係を歪めてしまう。

彼女がのびのびと走れるように、広々とした野原に連れて行ったときには、彼女はオクタンに火をつけたようだった。私が一方向に走ると、彼女は縦横無尽に飛び回る。しかし、とても長いリードを付けられているので、彼女は逃げられなかった。

私がリードを付けたスーと一緒に湖から犬小屋まで走り、到着するまで10分かかったとしたら、犬も到着するまで10分かかることはだれが見ても分かる。そのとおりである。犬は先に駆け出すことも、別の犬が残していった贈り物の臭いを嗅ぎまわって後れをとることもある。しかし、最終的には、リードでつながれているので、私とおおよそ同じ速度で走ることになる。

ここで、リードにつながれた犬にお金を賭けている感情的なギャンブラーの一団を想像してみてほしい。ある犬が飼い主よりも先に走り出すと、ギャンブラーたちはその力走する犬にお金を投じ、はるか遠くまで疾走することに賭けるのだ。リードの付いた犬が先行しても、やがてスピードを緩めるか、立ち止まらなければならない。そして、飼い主は追いつける。

だが、ギャンブラーたちはそのようなことは考えない。彼らは犬がリードを気にせずに駆け出すのを見ると、犬がその猛烈なペースを維持することに自信満々で賭ける。彼らの強欲が彼らの脳に巻き付き、締め上げてしまう。そのような頭蓋骨の圧迫がなければ、彼らもリードの付いた犬が飼い主よりも早く走り切ることはできないことが分かる。

当たり前と思うかもしれない。では、本題。株式市場はまさにリードの付いた犬のようなものである。株式市場が数年にわたり事業の利益の２倍のペースで上昇しているとしたら、事業の利益が追いつくのを待たなければならない。さもなければ、焦ってリードが首に巻き付くだろう。しかし、株式市場が急騰すると、人々はこの現実を忘れてしまう。個別銘柄を用いて、これが正しいことを証明しよう。

コカ・コーラは飼い主を置き去りにする

1988～1998年までに、コカ・コーラは企業としての利益を294％増大させた。この短期間（そう、10年など株式市場では一瞬）にコカ・コーラの株価は966％上昇した。急激に上昇したので、投資信託のファンドマネジャーを含めた投資家たちは躍起になってコカ・コーラ株を買った。それが株価をさらに押し上げた。強欲は知られているかぎり最も強力な幻覚剤かもしれない。

犬（コカ・コーラの株価）は飼い主（コカ・コーラの事業の利益）の前方を疾走していた。株価上昇が合理的であるには利益と歩調を合わせなければならない。1988～1998年までにコカ・コーラの事業の利益が294％増大したのなら、株価は少なくとも同程度の割合で上昇すると仮定するだろうし、それよりも少しばかり高くなるか低くなることもあるだろう。しかし、コカ・コーラの966％という株価上昇は、同社の事業利益の増大が294％であることと比較すれば、明らかに不合理だった[10]。

コカ・コーラの株価が同社の事業の利益を大きく先行したとき、この燃え上がる株価に何が起きたか分かるだろうか。

犬はやがて飼い主に会うために戻ってきた。1988～1998年までの

図4.2　コカ・コーラの株価と利益の比較

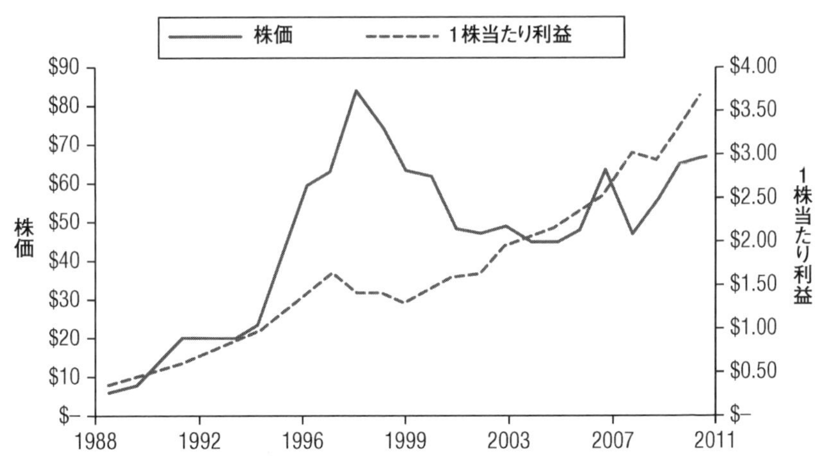

出所＝Value Line Investment Survey

10年間に年29％の先行後、コカ・コーラの株価は最終的に「飼い主に従った」のだ。それがあるべき姿だった。**図4.2**で、2011年の株価は1998年の株価より低いことが分かる。

コカ・コーラの利益成長と株価は再度歩調を合わせた。それはまるで、飼い主とリードでつながれた犬のように。

どのような銘柄を選んでも、利益成長を示すことはある。長期的に、株価はその周りを跳ね回るかもしれないが、事業の利益から完全に断絶することはない。ほかの例を知りたければ、ザ・バリュー・ライン・インベストメント・サーベイを開いてみればよい。このアメリカの調査会社はダウ平均を構成する30銘柄のヒストリカルデータをオンラインで、無料で提供している。

人々の狂気

コカ・コーラは、株価が事業利益と歩調を乱した唯一の企業ではない。1990年代後半、世界中の株式投資家は上昇する株価に駆り立てられて、株式に群がった。株価が新高値を付けた1990年代後半、株式投資はますます熱狂的になった。例えば、アメリカは1990年代に強力な経済成長を遂げた。株価は事業利益の水準の２倍ほどの速さで上昇した。しかし、これは永続しなかった。その後の10年、リードにつながれた犬はやがてはるかに遅いペースで進む飼い主と歩調を合わせることになる。

世界の株式市場も2000～2010年まで一休みした。先進国の株式市場を代表するMSCIの指数を基準にすると、1989～1999年までに250％上昇したが、その後の10年間はたった21％の上昇だった。[11]

１世代ごとに株式は発狂する

長い目で見ると、コカ・コーラについてだろうが、株式市場の指数についてだろうが、真実が１つある。株価の上昇は事業の成長に一致する。短期的に株価を動かすのは需要と供給である。買い手が売り手よりも多ければ、株価または株式市場の指数は上昇する。売り手が買い手よりも多ければ、株価は下落する。そして、株価が上昇すると、人々は株式投資に自信を深める。彼らが買い増すことで、株価はさらに上昇する。人々は自らの強欲に酔い、株価水準が事業の利益成長を劇的なまでに上回ればバブルが形成されることに気づかない。

「歴史は繰り返さないが、韻を踏む」――マーク・トウェイン[12]

記録をさかのぼると、１世代に少なくとも１回は株式市場が正気

表4.4　株価が長期にわたって事業の利益より速く進むことはできない

株価が事業利益を上回った年	事業の利益成長（飼い主のペース）	株価の上昇（犬のペース）	その後の10年の株価の騰落（犬の最終的な進捗状況）
1920～1929年	118%	271.2%	−40.90%
1955～1965年	150%	198.5%	29.30%
1990～2000年	152%	290.0%	20.17%

注＝配当は含まず
出所＝The Value Line Investment Survey[13]

を失う。**表4.4**は過去90年のうち３つの期間に目を向け、それぞれの時期のダウ平均で見たアメリカの市場の様子をまとめている。いずれの期間でも、「犬」が「飼い主」に追いつかれるように、株価水準が利益水準を大幅に上回り、その後リターンが減少することが分かる。

1920～1929年に注目してほしい。ダウ平均採用銘柄の事業の成長は平均すると、10年間で118%となった。しかし、ダウ平均採用銘柄の株価はその10年で271.2%上昇した。そのため、1920年にダウ平均の30銘柄すべてに投資し、1929年まで保有を続けたら、配当を除けば271%を上回るリターンを上げ、配当を含めれば300%近くなったことになる。株価が長期にわたり事業を上回ることができないので、その後の10年（1930～1940年）で、株式市場は全体で40.9%下落した。ここでもまた、リードにつながれた犬は飼い主から逃れられなかった。

過去90年のうち、投資家が事業利益と株価上昇の関係を見失った期間がほかに２つある。1955～1965年と1990～2000年だ。その結果は**表4.4**で見ることができる。

1990～2000年までの10年という短期間に広く分散した米国株式インデックスファンドに投資していた者は配当を含め300％以上のリターンを上げた。事業の利益は300％も増えただろうか。程遠い。それこそが、2000～2010年まで市場が停滞した主たる理由である。

これが自分たちとどのように関係するのか

これは世代ごとに繰り返し発生する。株価がおかしくなる。すると、多くの人々が信頼できる投資戦略を放棄する。株価上昇が速ければ速いほど、ほとんどの投資家が無鉄砲になる。彼らはますます株式投資を増やし、債券を無視する。そして、最終的に市場が下落するか、停滞すると、彼らは自分たちの運の悪さを呪う。だが、運はほとんど関係ない。

インターネット騒ぎとそれが引き起こしたダメージ

妄想が最も大きくなったのが1990年代後半のハイテクバブルの時期である。事業利益と株価の断絶が最も大きくなった企業の株式が最もリスクが高かった。

インターネット企業の多くが利益を生み出してさえいなかった。だが、メディアやシリコンバレーのスーパーリッチたちのキラキラしたストーリーに押し上げられ、株価は急騰していた。ハイテク株の投資家のほとんどが、株価と事業利益には長期的につながりがあることを知らなかったのだろう。おそらく彼らは、どのような事業でも事業の利益が毎年、年150％も増えるのは現実的でないとは思わなかったのだろう。そして、事業の利益が年に150％増えなければ、株価も上昇するはずがない。

当時名を馳せたプロモーターが、モルガン・スタンレーのメアリー・ミーカー、メリル・リンチのヘンリー・ブロジェット、ソロモン・スミス・バーニーのジャック・グラブマンといった有名な金融アナリストたちだった。だが、今日彼らは人前に顔を出せないかもしれない。おそらく、1990年代のハイテク株のトップアナリストたちは今、アフリカのジャングルに身を隠し、怒った投資家に見つからないようにしているのかもしれない。彼らは、利益のないハイテク企業の株価が成層圏にあるときに、狂気の炎にバケツ一杯のガソリンを注いだ。ミーカー、ブロジェット、グラブマンは一般人をけしかけた。買え、買え、買え、と。

この時期と、過去のバブルとの違いの１つがバブルの膨らむ速度で、それはインターネットという高速通信チャネルのおかげだった。だが、世代を通じた類似点が１つある。「今回は違う」という投資家たちの態度である。株価が利益水準から断絶する時期には、歴史は書き換えられている、株価はもはや利益を反映する必要がない、そして、リードにつながれた犬が突然変異し、羽を生やし、カナダガンの群れをフロリダまで先導すると考える人々が現れる。長期的には、株価は事業の利益を反映する。反映していない場合は、トラブルを暗示している。

世界最大のハイテク企業の株価も事業利益の水準に抗い、異常な高値を付けた。そして、**表4.5**に示すとおり、やがて冷徹な事業利益が株価を現実に引き戻し、事業の成長と株価の上昇は正比例するという昔ながらの前提を無視していた人々はやがて無一文になった。2000年に新ミレニアムの最も人気の銘柄のいくつかに投じた１万ド

表4.5　投資家はどのように罰せられたのか

以前の人気銘柄	2000年の高値で投じた1万ドル	2001～2002年の底値での価値
アマゾン	10,000ドル	700ドル
シスコ・システムズ	10,000ドル	990ドル
コーニング	10,000ドル	100ドル
JDSユニフェーズ	10,000ドル	50ドル
ルーセント・テクノロジーズ	10,000ドル	70ドル
ノーテルネットワークス	10,000ドル	30ドル
プライスライン	10,000ドル	60ドル
ヤフー	10,000ドル	360ドル

出所＝モーニングスター、『ウォール街のランダム・ウォーカー』[14]

ルは、結果的に投資家に壊滅的な損失をもたらした。

最終的にドットコムバブルが崩壊するまでに、個人投資家や運用会社をそそのかしていたのが富をめぐる物語だ。

投資信託会社は急いでハイテク株ファンドを立ち上げて販売した。もちろん、運用会社の仕事はわれわれのためにお金を稼ぐことではない。彼らの主たる役割は、自分たちの企業の所有者や株主のためにお金を稼ぐことだ。

「ウォール街は売れるものを売る」という諺がある。今回の場合、新たに立ち上げられたハイテク株の投資信託が、燃料タンクが空の飛行機のファーストクラスのチケットだった。乗客たちは喜びに満ちた笑顔で空に舞い上がった、燃料が尽きるまでは。

残念ながら、このすぐに墜落する乗り物に乗り込む普通の中間層の人々がたくさんいる。飛行機が地上に激突すると、ハイテクファンドやインターネット株の投資家の多くは投資資金のほとんどを失った。

インターネット株の崩壊を無傷で逃れた投資家はほとんどいなかった。多くの人々が高値付近で売り抜けたと想像するかもしれない。だが、ほんの数カ月で簡単に資金を4倍にできるヒステリックな時代は、アマチュア投資家にもプロ投資家にも浸透していた。どこが「頂上」なのかを理解している者はいなかったので、多くの人々がハイテク株を登り続けた。

私はハイテクセクターのサイレンを回避したと主張したらウソになる。1999年、私は誘惑に負け、当時の人気ハイテク株の1つだったノーテルネットワークスの株式を買った。

買った私がバカだったのだが、私が傍観している間にインターネット株で多額のイージーマネーを稼ぐ友人を見ているのは我慢できなかった。正気を失っていた私には、その企業が何をしているかを理解していないことなど問題とはならなかった。

やがて時間の余裕ができたのでノーテルの年次報告書を読んでみると、同社が1996年以降損失を拡大させていることに気づいた。だが、私は気にしなかった。もちろん、不安にはなったが、株価は上昇を続けていたので、私は降りたくなかった。

さらに悪いことに、1996年以降、事業の損失が拡大していた一方で、株価は反対方向に動いていた。つまり、上昇していたのだ。私は83ドルで買った。その株価が118ドルまで上昇したので、私は42%の利益を得ていた。ノーテルという電車に乗るのが遅かったので、これほどの短期間にこれほどの利益が得られるとは信じられなかった。浮利であることを認識した私は売るべきだと考え、実際に118ドルで売却した。そこで話が終わっていたらよかったのに。売却するとすぐに、株価は124ドルまで上昇した。

その後、年末までに株価は150ドルまで上昇するとするアナリストのリポートを読んだ。118ドルで売るなんて、私は何をしていたんだ。

株価が120ドルまで下落した直後、まるで愚か者である私は以前に売却した株式を買い直した。私は飼い主が死後硬直を始めているのを無視して犬を眺めていたのだ。

そのとき、重力で株価は100ドルまで下落した。そして、80ドル、50ドルとなった。突然、人々は臭いに気づいた。

私は48ドルで売却し、投資した資金の半分ほどを失った。私はそもそも買うべきではなかった株式を買って痛い目に遭った。それは、株価が華々しく上昇していたにもかかわらず、事業それ自体は数年間で10セントの利益も生み出していなかったからだ。

だが、私は幸運だった。今日、それらの株式に価値はない。

友人の多くが売らなかった。強欲と無知が組み合わさると何が起こるかを思い出させてくれる、恥ずかしい例である。

恐怖と強欲を利用する

全株式インデックスファンドを買うことは必ずしも退屈ではない。他者が恐怖におびえているときには強欲になり、他者が強欲となっているときに恐怖を感じることができれば、自らのポートフォリオに肥料を加えられる。投資ニュースに従う必要も、市場に従う必要もない。ただ、投資ポートフォリオで最も安全な構成要素を利用する必要がある。債券である。

テロリストが２機の飛行機をハイジャックしてニューヨークのワールドトレードセンターに突っ込んだ2001年９月11日の悲惨な出来

事はアメリカの人々に大きな恐怖を呼び起こした。ツインタワーの崩壊後、株式市場は一時的に閉鎖された。残念ながら、3000人近い人々がテロ攻撃で亡くなった。

だが、長期的には、この攻撃がアメリカの事業の利益にどのような影響を与えただろうか。出来事は壊滅的なものだったが、世界中で販売されるコカ・コーラの缶やマクドナルドのハンバーガーやセイフウェイの食料品の売り上げには永続的な影響はないように思われた。

しかし、テロ攻撃後に株式市場が再開すると、アメリカの株価は暴落した。

短期的には多くの投資家の不合理が証明される

多くの投資家が、株式市場は実際の事業の利益のような実体のある何かを代表するものだとは考えない。株式市場の短期的な不合理を規定するのは恐怖と強欲である。市場をチャート上のくねくねした線や新聞の価格表ではなく、企業の集合体と考えることで、自らの財産を増やすことができる。事業の利益と株価が断絶している場合、容易にその状況を利用できる。9.11後に株式市場に起きたことは、1990年代後半の好景気時と対照をなす。株価はサッカーボール大の雹のように下落した。しかし、事業利益はほとんど影響を受けていなかった。

9.11後にニューヨーク証券取引所が再開したとき、巨大なネオンサインを掲げても良いくらいだった。「本日、株式大安売り」と。アメリカの株式市場は前月初めの水準よりも20%も安い価格で寄り付いた。私はできるかぎりのお金をかき集めて、「閉店」セールの熱狂した買い物客のごとく株式市場に資金を突っ込んだ。投機家たちは引き続き市場が下落することを懸念していたので、このような行動を嫌う。本物の投資家はけっしてそのようには考えない。本物の投資家とは、来週の市場ではなく、20年後に市場がどうなっているかを気にするのだ。

目先のことを心配すると株式市場に振り回されることになる。

ほとんどの人々が市場をさかさまに見ている

オマハの賢人ウォーレン・バフェットはバークシャー・ハサウェイの株主に宛てた1997年の手紙でクイズを出した。このクイズに答えられれば、株式市場で成功するだろう。だが、ほとんどの投資家やファイナンシャルアドバイザーはこのちょっとしたクイズに答えられない。それがほとんどの投資家が投資家として成功しない理由の１つである。

バフェットは読者に、将来ハンバーガーや自動車などの商品により高い価格を支払いたいか、それとも安い価格を支払いたいかと尋ねた。もちろん、安い価格を望むほうが合理的である。次に彼はもう１つ質問する。向こう５年間に株式市場である銘柄を買おうと思っているとしたら、株価は上昇するほうがよいか、下落するほうがよいか。ほとんどの投資家はこの質問の答えを間違える。人々は株式の価格についてハンバーガーや自動車の値段と同じように考えるべきだと彼は言う。

株価が上昇して喜ぶのは、近い将来に株式を売ろうとしている者たちだけである。株式を買おうと思っている者たちは株価の下落を望むべきだ。[15]

若者たちは株価が暴落したら喜ぶべきである

元神経科医でファイナンシャルアドバイザーに転じたウィリアム・バーンスタインは、20代や30代前半の投資家は「長く、凄まじい弱気相場になることを祈るべきだ」と述べている。彼はミレニアル世代に向けて『イフ・ユー・キャン（If You Can）』という電子書籍を出版した。

多くの若者は投資先がすぐに上昇することを求める。彼らは自分たちが正しいことをしているとすぐに確認したいのだ。しかし、彼らが望むべきは株価の下落である。

株式を保存食品の缶詰だと考えてほしい。労働者たちはその缶詰を買い、地下室に積み上げておく。引退したら、その缶詰を食べる。引退後に缶詰の値段が急騰したら、引退者たちはお祝いできる。結局のところ、彼らはすでにそれらの缶詰を購入しているのだ。

これは若い投資家には当てはまらない。彼らは買い集める段階にいる。価格が急騰したら、彼らの資金で手に入るものが少なくなる。

われわれには株式市場の価格水準はコントロールできない。しかし、市場の価格をどう感じるかはコントロールできる。若い投資家は、株価が上昇しない場合、笑って投資を続けるべきだ。

リサという名前の若き投資家を想像してほしい。彼女は22歳で働き始める。彼女は毎年投資する。向こう30年のうち、リサは最初の15年で株式が年複利15％のリターンで上昇し、その後の15年間で株式が平均で年複利２％のリターンを生み出すことを望むべきだろうか。それとも、最初の15年間に株式が年複利２％のリターンを生み

表4.6　毎年１万ドル投資する

	シナリオ1　15年間株価が年15%上昇し、その後の15年は年2%で上昇する		シナリオ2　15年間株価が年2%上昇し、その後の15年は年11%で上昇する	
年	口座残高（ドル）	年複利成長率（%）	口座残高（ドル）	年複利成長率（%）
	10,000.00		10,000.00	
1	21,500.00	15	20,200.00	2
2	34,725.00	15	30,604.00	2
3	49,933.75	15	41,216.08	2
4	67,423.81	15	52,040.40	2
5	87,537.38	15	63,081.21	2
6	110,667.99	15	74,342.83	2
7	137,268.19	15	85,829.69	2
8	167,858.42	15	97,546.28	2
9	203,037.18	15	109,497.21	2
10	243,492.76	15	121,687.15	2
11	290,016.67	15	134,120.90	2
12	343,519.17	15	146,803.32	2
13	405,047.05	15	159,739.38	2
14	475,804.11	15	172,934.17	2
15	557,174.72	15	186,392.85	2
16	578,318.22	2	216,896.07	11
17	599,884.58	2	250,754.63	11
18	621,882.28	2	288,337.64	11
19	644,319.92	2	330,054.78	11
20	667,206.32	2	376,360.81	11
21	690,550.45	2	427,760.50	11
22	714,361.45	2	484,814.15	11
23	738,648.68	2	548,143.71	11
24	763,421.66	2	618,439.52	11
25	788,690.09	2	696,467.87	11
26	814,463.89	2	783,079.33	11
27	840,753.17	2	879,218.06	11
28	867,568.23	2	985,932.05	11
29	894,919.60	2	1,104,384.57	11
30	922,817.99	2	1,235,866.87	11

図4.3　異なるシナリオの複利成長

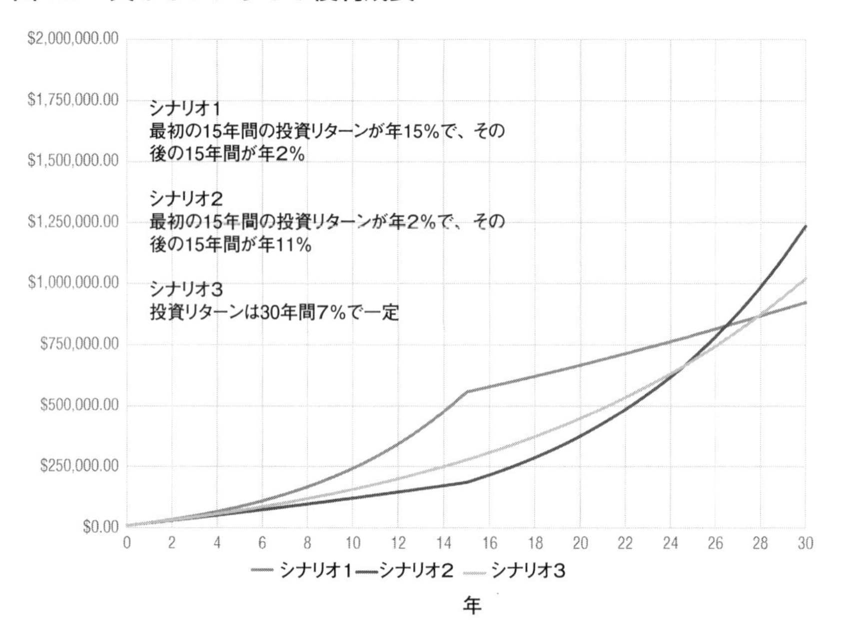

出し、その後の15年で年11%のリターンを上げることを望むべきだろうか。

ほとんどの人々が無意識のうちに1つ目の選択肢を選ぶだろう。彼らは投資先がすぐに利益をもたらすことを期待する。30年後、この投資でリサは92万2817.99ドルを手にする。しかし、ウォーレン・バフェットやウィリアム・バーンスタインが正しい。若い投資家が利益を得るのは市場が弱いときである。2つ目の選択肢のほうが良い。**表4.6**で分かるとおり、リサの資金は123万5866.87ドルまで増える。

では、30年にわたり年複利リターンが7%で一定だったらどうなるだろうか。このほうが精神的には楽だろう。これも、本能的には最初の15年間に低い株式のリターンに直面するよりも良いと思える。しかし、市場は本能をあざ笑う。**図4.3**で分かるとおり、この３つ目のシナリオでは資金は102万0730.41ドルまで増える。

最初の15年にひどいリターンに直面し、その後、年11％のリターンを獲得したほうが、21万5136.46ドル多くなる。

株価をコントロールできる者はいない。しかし、人々は自らの行動や考え方はコントロールできる。とりわけ若い人々は市場が下落しているときに恐れずに投資すべきである。

毎月投資をし、そして市場が下落したら微笑むべきである。

混沌後のチャンス

9.11後に株式市場が再開したとき、株価は割安だった。結果として、私はさらに多くの資金を投じた。しかし、その資金をどこで手に入れたのだろうか。

私は手持ちの債券の一部を売却した。私にとっては何も特別な判断を下したわけではなかった。私はただ、機械的な戦略に従っただけだった。これについてはルール５で詳しく説明する。

不運なことに、2001年９月に米国株式インデックスファンドに投資したお金はほんの数カ月で15％のリターンをもたらした。2016年１月まで（2008～2009年のリーマンショックを経てさえも）に、私が2001年秋に取得した株式の価値は配当を含め158％超増大していた。だが、私はそれに不満だった。正しく読めているだろうか。私は株式市場が上昇したことが不満だった。

9.11後、私は市場に下がり続けてほしかった。私は株式市場に何年間も割引価格で投資を続けたかった。それは、長いリードの付いた寝ている犬がやがて目を覚まし、先を走る飼い主に追い付こうすることに賭けるようなものである。リードが長ければ長いほど、そして犬が寝ている時間が長ければ長いほど、私は犬に多くのお金を賭けることができる。そして、やがて犬は飼い主を追って丘を駆け上がり、手押し車に積んだ私のお金もその後を追うことになる。私にとっては残念なことに、株式市場は割安な状態で長いこと眠ってはいなかった。

もちろん、だれもが株式市場の下落や低迷を喜ぶわけではない。引退者たちにお詫び申し上げる。もし皆さんが引退していたら、株価の下落を見たいわけがない。給料を稼いでいなければ、もはや安い株式を買うことはできない。そして、生活費を賄うために毎年投資先の一部を定期的に売却することになる。

少なくとも５年以上にわたりポートフォリオに資金を追加していくつもりの若い人々は市場が下落したら、お祝いする必要がある。私は、2001年９月のあと、不合理な恐怖から利益を得る機会をもう一度得られるとは思わなかった。株式市場の急落は賃金労働者には特別なご馳走であり、毎日ありつけるものではない。だが、**図4.4**で示すように2002～2003年にかけて再度チャンスが舞い込んだ。アメリカがイラクとの戦争を始めるとの発表後、株式市場は最終的に2001年の高値から40％ほど下落した。

平均的なアメリカの企業の利益は40％も減少したのだろうか。ペプシコやウォルマートやエクソンモービルやマイクロソフトなどの企業の利益は40％も減少したのだろうか。当時でさえ、そう考える者は容易に見つからなかっただろう。だが、アメリカの企業は株式市場で40％も安くなった。私は舌なめずりをし、そして今回はできれば何年間も市場が下がり続けることを期待した。大量に仕込みた

図4.4　アメリカ株は素晴らしい買い場となった

出所＝Yahoo! Finance historical price tables for Dow Jones Industrials

かったからだ。

市場がどれほど安くなるかは分からなかったので、市場の下落の底で株式インデックスファンドを買えるほど幸運ではなかった。しかし、それは私には重要なことではなかった。「20％オフ」の旗が目の前で振られると、私はウィリー・ウォンカの工場に忍び入るチョコレート依存症患者となった。株式市場が下落を続ける一方で、私は買い続けた。安い株価に付け入るための追加の資金を稼げる副業がなかったら、おそらくそのようなことはしなかっただろう。ほとんどの投資家は何らかの理由で彼らの典型的な行動をとった。つまり、株価が下落すると過剰反応し、涎が出るような水準まで株価を押し下げてしまう。彼らは買うべきときに売るのだ。彼らは割引価格を恐れるようになり、すぐに株式市場の製品により高い価格が支払えるようになることを望む（これこそまさに狂気の表れである）。彼らは株式が何であるかを理解していない。株式は実体ある事業の持ち分なのだ。

私は2003年も株式市場が下落を続けること、そして私がビュッフェでたらふく食べられるよう数年にわたって低迷することを望んだ。

だが、そうはならなかった。アメリカの株式市場の指数が2002〜2003年から2007年まで長い回復を始め、４年で底値から100％以上上昇したことに私はガッカリした。引退者たちは喜んだだろうが、私はオートミールを食べながら泣いていた。スーパーマーケットの大安売りは終わったのだ。

2007年に株式市場が急騰したとき、私は株式インデックスファンドには１ドルも投じなかった。その代わりに債券インデックスファンドを買った。私は一般的な経験則に従い、債券の配分割合を自分の年齢と等しくしようとした。例えば、私が37歳ならば、ポートフォリオの35〜40％を債券にしたかった。しかし、2007年に株式市場が急騰したことで、株式インデックスファンドは当初設定した配分割合を大幅に超えていた。結果として、債券は私の口座全体の35％をはるかに下回ってしまったので、2007年は債券を買うことにした。そうするために、株式インデックスファンドの一部を売った。

株式市場が2007年の高値から20％下落した2008年、私は再び積極的に株式を買い始めた。**図4.5**が示すように、2008年株式市場は大きく下落した。そして、市場が2007年から2009年３月の底値まで50％下落するなかで、私は喜んで毎月の貯蓄を使って買い増しした。それはまるでアップル・コンピュータの販売店をうろつきながら、最新のiPhoneが目いっぱいに詰まった割り引きの箱を見ているかのようだった。株価は50％も下落しているのに、だれもそれを買う

図4.5　世界中の株式市場が大安売り（2009/02～04）

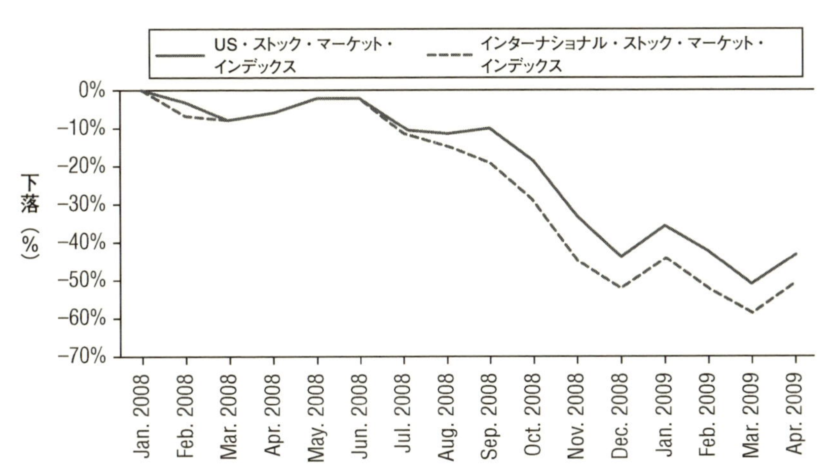

出所＝Vanguard historical prices for total US and international indexes

ために並んでいない。ある時点で、株式のインデックスファンドがあまりに下落したので、私は株式と債券の配分のバランスに気をつけながらも、株式のインデックスファンドを買い増すために多額の債券インデックスファンドを売却した。株式市場が下落したとき、私のポートフォリオ全体に占める債券の割合は最終的に35％を大幅に上回った。債券インデックスファンドの一部を売却して株式インデックスファンドを買い増すことで、私のポートフォリオの配分は望んだ割合に戻ることにもなった。

株価の大幅な下落を受けて、私は1974年にバフェットがフォーブス誌のインタビューで語ったことをやっと理解した。当時、同程度の株式市場の下落に直面した彼は、ハーレムにいる性欲が強すぎる男のように感じていると語ったのだ[16]。

ここでもまた、2008～2009年のリーマンショックはアメリカの企業の利益を蝕んだのだろうか。損を出した企業があったことは確かだが、すべての企業ではない。株式市場が50％下落するとしたら、事業の利益が50％減少するか、減少が予想されなければ、それは正当化され得ない。株式市場では常なるように、投資家の恐怖と強欲が不合理な株価水準を生み出す。2008～2009年、私は株価が安いままであることを祈った。

これほど俗物的なことのために祈るのは明らかに間違った行為である。おそらく神の介入が私を罰したのだろう。株式市場は上昇した。2009年３月～2016年１月までに、米国株式インデックスファンドは223％上昇し、私が合わせて買っていた海外株式インデックスファンドは104％上昇した。私は落ち込むような質ではないのだが、買っていたインデックスファンドは毎月上昇を続けた。市場が低いままならばよかったのに。

通常、人々は正気を失ったような短期的な下落に付け入るこれほど素晴らしい機会に恵まれることはない。だが、金融ハルマゲドンをテーマにしたセンセーショナルな金融テレビ番組、景気後退、感情的な市場のセンチメントに関するニュースを広範囲に広げるインターネットによって、われわれは過去10年にわたり株式市場の目覚ましいボラティリティを生み出した。

残念ながら、鏡に映る敵（周りに左右されるあなた自身）はほとんどの投資家を打ち負かしてしまう。彼らは株価が上昇しているときに株式市場に投資したがり、掘り出し物を見ると鏡のなかで尻込みする。どうすれば分かるだろうか。株価が下落しているとき、もしくは上昇しているときにほとんどの投資家が何をするかを観察する必要がある。ジョン・ボーグルが古典とも言える『インデックス・ファンドの時代――アメリカにおける資産運用の新潮流』（東洋経済新報社）で、「投資家はまったく学ばないのだろうか」と反語を用いながら驚くべきデータを明らかにしている。

1990年代後半、株式市場が重力に抗っていたとき、投資家はかつてないほど多額の資金を株式市場に投じ、株式投資信託に6500億ドルも投資した。その後2008～2009年に株価が下落し、市場が1929～1933年以来の最大の下落を示すと、アメリカの投資信託の投資家のほとんどは何をしただろうか。彼らは大喜びで買うべきときに、株式投資信託を2280億ドル超も売り払ったのだ[17]。

将来について分かっているのは、われわれが再び予期しない株式市場のショックを経験するだろうということである。市場は崖から落ちるように下落することも、ロケットに乗って成層圏まで到達することもあるだろう。株式市場がどのように事業の利益を反映するかを理解していれば、バカげたリスクをとるよう誘惑されることもないだろうし、市場が下落したときに恐れることもないだろう。株式と債券のインデックスファンドからなる信頼できるポートフォリオを構築することで、口座をより安定させるとともに、株式市場の愚かさにつけいる機会を得られることだろう。

次章ではそのためにどうするべきかを示していく。

ルール5
信頼できるポートフォリオでお金の山を築く

RULE 5 Build Mountains of Money with a Responsible Portfolio

「メキャベツを食べなさい。そうすれば、大きくて強い子になる」と子供のころによく聞かされたものだ。

そこで私は、朝食にボール１杯のメキャベツを食べ、昼食にメキャベツを１皿食べ、夕食にキャセロール皿１杯のメキャベツを食べた。それも週に７日である。

もしこれが本当だったら、今ごろ私は脚の生えた緑色の毛糸玉のようになっているだろう。メキャベツは体に良いかもしれないが、健康でいたければ小さなキャベツを少し多めに食べれば十分だ。

同様に、全株式インデックスファンドも良いかもしれないが、それだけではバランスの取れたポートフォリオとはならない。

それしか買わなければ、ポートフォリオは株式市場に合わせて大きく変動する。市場が20％下落したら、ポートフォリオ全体もそうなる。市場が50％下落したら、投資総額もそのようになる。

これはどのような投資家にとっても良いことではない。とりわけ引退が近く、より安定性を必要としている投資家であればなおさらである。60歳の人物がポートフォリオを老後の蓄えとして使う予定ならば、彼女は市場が急落したときに苦労して稼いだお金が底なしのクレーターに落ち込むのを見たら落ち着いてはいられないだろう。

株式市場の価値が半分になるとその価値も50％減少するポートフォリオは信頼できない。そこで、株式市場が下落するときにパラシュートとなるのが債券である。

債券とは何か

ボンドは殺しのライセンスを持ったイギリスの秘密情報部員である。彼は何人もの女性と閨をともにし、けっして死なず、およそ15年おきに全身移植をしてまったく異なる男のような外見になる。

金融のボンド（債券）も同様に魅惑的なものだ。

債券はステアもシェイクもされない

長期的には、債券は株式ほどたくさんの利益をもたらさない。しかし、ボラティリティが低いので、市場の神が大笑いしたいときに、皆さんの口座が株式市場の谷底に落ちるのを防ぐことができる。

債券は政府や企業に対する貸し付けである。その組織（貸し付けを受けた政府や企業）が毎年の金利を支払い、元本を返済できるかぎり、皆さんの資金は安全である。

皆さんが買える最も安全な債券は裕福な先進工業国の国債である。コカ・コーラやウォルマートやジョンソン・エンド・ジョンソンなどの健全なブルーチップ企業の債券は少しばかりリスクが高い。より小規模で、実績の乏しい企業の債券にはたいていの場合、最も高い金利が付く。だが、それらの企業では貸し付けを回収できない可能性が高くなる。社債の金利が高くなればなるほど、それに付随するリスクも高くなる。

安全な資金の置き場を探しているならば、短期国債か中期国債、または質の高い社債が最も良い。

なぜ短期または中期なのだろうか。向こう10年にわたり年４％の金利を支払う債券を買うとしたら、インフレがそれを蝕む可能性が常にある。そうなった場合、本質的には損をする。もちろん、債券は年４％の金利をもたらすが、皆さんが購入している朝食のシリアルの価格が毎年年６％上昇したら、債券がもたらす４％の金利は１箱のコーンフレークに負ける。

そのため、長期（20～30年物の債券）の債券を買うよりも、満期のより短い債券（１～５年物の債券）を買うほうが賢明である。インフレが頭をもたげたら、一定の金利に固定されたくないだろう。短期債や中期債が満期を迎え、資金が戻ってきたら、より高い金利で別の短期債や中期債を買うことができる。

複雑なように思えるだろうが、心配はいらない。短期や中期の国債インデックスファンドを買えば、満期日を気にする必要はまったくない。それは長期的にインフレに遅れをとらずについていく。そして、望むときにいつでも売却できる。実に簡単だ。

債券がどのように機能するか、秘密の情報を教えよう

債券がどのように機能するか込み入ったことを知る必要はない。国債のインデックスファンドを買えば（その方法はルール６で説明する）、その債券インデックスファンドが投資口座の温暖域になる。だが、債券がどのように機能するかを知りたければ、半ページの要約を読んでほしい。

５年物の国債を買うとしたら、金利の水準と、その金利が政府によって保証されていることがすぐに分かる。政府に例えば１万ドルを貸し付けるとしたら、彼らはその１万ドルを返済する約束をする。それまでに、金利を年５％と仮定すれば、毎年、金利分の500ドルが保証される。

５年が経過する前にその債券を売却する選択をするなら、そうすることはできる。だが、債券の価格は毎日変動する。満期日以前に売却するとしたら、１万ドルを取り戻す代わりに、１万500ドルを手にするかもしれないし、9500ドルを手にするかもしれない。

インフレや金利が上昇すると、債券価格は下落する。５％の金利が付く債券を買ったときにインフレが年３％で推移しており、突如インフレが５％まで跳ね上がったら、そのような債券（インフレが５％のときに５％の金利を支払う）を欲しがる新しい投資家はいなくなる。彼らがそのような債券を買っても、彼らの生活費が増えたあとではまったく利益が得られない。だが、その債券の価格が下落したら、皆さんが１万ドル支払った同じ債券を9500ドルで買うというアイデアに魅了される新しい投資家が出てくる。その債券が満期を迎えると、その新しい投資家は１万ドルの返済を受けるのだ。

金利が下落したら、皆さんの友人は、金利を年５％支払う１万ドルの債券を死に物狂いで買おうとするかもしれない。だが、そうするのは彼だけではない。金融機関の債券トレーダーが即座にその債券に殺到し、結果として、例えば１万ドルから１万300ドルに債券の価格は上昇する。債券価格の調整は株価の調整に似ている。需要が増えれば、価格は上昇する。

皆さんの友人は毎年１万ドル（彼が債券に支払った１万300ドルではない）の５％を稼ぐ。債券が満期を迎えたら、彼は１万ドルの返済を受ける。皆さんは鼻で笑い、彼は怒るだろう。そして、友人が私の父のような人物なら、皆さんの靴にキャットフードを入れておくかもしれない。

このような価格変動に付け入ろうとする人々がいるので、債券の「取引市場」が存在する理由が分かるだろう。そして、当然ながら、債券の売買に注力するアクティブ運用の投資信託も存在する。

債券インデックスファンドが勝者である

アクティブ運用の債券投資信託をどうしても買いたいと思ったら、次のことを思い出してほしい。債券インデックスファンドはそれらをやすやすと打ち負かす。債券ファンドの世界では費用ははるかに重要である。

図5.1は、2003～2008年までに販売手数料（アドバイザーに支払われる狡猾な手数料）が平均的なアクティブ運用の債券投資信託は、年3.7％のリターンを上げ、販売手数料のない平均的なアクティブ運用の債券投資信託は年4.9％のリターンを上げたことを示している。アクティブ運用の株式投資信託の場合と同じように、平均すると販売手数料がかからないファンドが販売手数料のあるファンドをアウトパフォームしている。

同じ期間に、米国債のインデックスファンドは平均で年7.1％のリターンを上げた。

SPIVAパーシステンス・スコアカードは、対応する債券インデックスファンドを打ち負かしたアクティブ運用の債券ファンドの割合を計測している。国債ファンドの３つのカテゴリー（長期、中期、短期）を計測した彼らは、2015年12月31日までの10年間に対応する

図5.1　アクティブ運用の債券投資信託と債券インデックスファンドの比較（2003〜2008年）

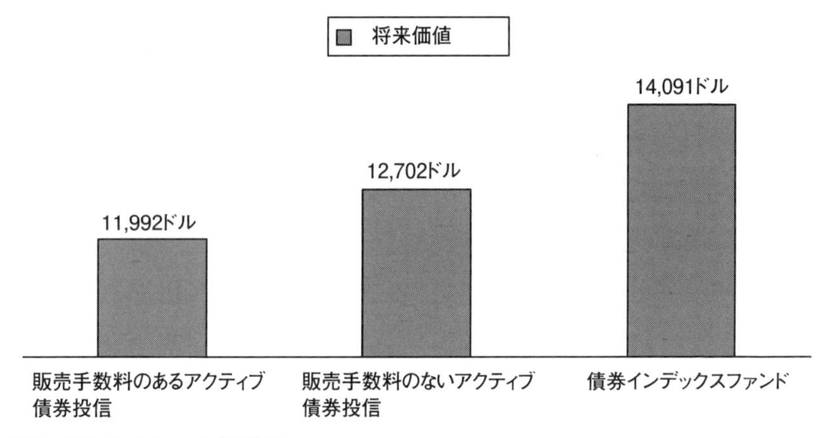

出所＝『インデックス・ファンドの時代』

インデックスファンドを打ち負かした割合はたった17.67％であることを発見した[1]。

株式インデックスファンドを買おうが、債券インデックスファンドを買おうが、アクティブ運用は追加の費用ゆえにリターンを阻害する。

皆さんの口座に債券インデックスファンド、国内株のインデックスファンド、海外株式インデックスファンドがあれば、成功する可能性はかなり高い。

ポートフォリオのどのくらいの割合で債券を持つべきか

どのくらいの割合を株式で保有し、どのくらいを債券で保有するべきかという議論は、イタリア人家族の再会よりも賑やかだ。

経験則では、自分の年齢とおおよそ等しい割合を債券に充てるべきとなる。年齢から10を引いた割合、またはよりリスクの高いポートフォリオを望むなら年齢から20を引いた値とするべきという専門家もいる。例えば、50歳の人は投資ポートフォリオの30～50％を債券で保有するということである。

ここでも常識を適用すべきだ。引退したときに年金の支払いが保証されている50歳の公務員であれば、ポートフォリオに占める債券の割合は50％よりも少なくできる。彼はより大きなリスク（より高いリターンを期待して）をとれる。短期的には、株式のリターンが常に債券のリターンを上回るわけでない。だが、長期的には株式は債券を悠々と打ち負かす。つまり、債券は株式が落ち目になったときの秘密兵器となる。

バランス型ポートフォリオでプロを打ち負かせ

月に200ドルをポートフォリオに加えるとしたら、債券インデックスファンドに月60ドル（200ドルの30％で60ドル）、株式インデックスファンドに月140ドル（200ドルの70％で140ドル）追加投資できる。

ご案内のとおり、株式市場はある年には信じられないほど上昇することもあれば、30％以上下落することもある。冷静かつ賢明なる投資家は、ポートフォリオの割合が設定した株式と債券の配分から大きく逸脱したら、ポートフォリオをリバランスできる。

例えば、30歳の男性が債券で30％、株式で70％保有しているとしたら、彼はその配分を維持したいと思うだろう。

ある月に株式市場が大きく下落したら、その投資家はポートフォリオに占める株式の割合（当初の割合は株式が70％）が目標とする70％よりも低くなっていることに気づく。では、この投資家は新たな資金を口座に投じるときに、何をすべきだろうか。彼は株式インデックスファンドを買い増すべきである。

別の月に株式市場がかなり上昇したら、その投資家はポートフォリオ全体に占める株式の割合が70％を超えていることに気づくかもしれない。彼は新規の資金で何をすべきだろうか。債券インデックスファンドに追加投資すべきである。

パニックから利益を得る――リーマンショック

株式市場が下落すると、ほとんどの人々はパニックになり、株価をさらに押し下げてしまう。しかし、冷静な投資家は将来の利益の種を播くことができる。リーマンショックの１年後の私個人のポートフォリオは、危機で市場が暴落する以前に比べてはるかに大きくなった。それが、株式と債券の配分を一定に保つ役に立った。ルール４で書いたように、株式市場が暴落する前の2008年当初、私のポートフォリオ全体に占める債券の割合はおよそ35％で、それを**図5.2**に示した。

その後、株式市場が下落を始めたので、私のポートフォリオでは債券の割合が不釣り合いに大きくなった。私は毎月投資をしているので、市場が下落した場合、株式と債券の望ましい配分を維持するために、私は株式と株式インデックスファンドしか買わなかった。しかし、私がどれだけの資金を株式インデックスファンドに投じているかに関係なく、株式市場は2009年３月まで下落を続けた。

図5.2　2008年1月、37歳のときのポートフォリオ

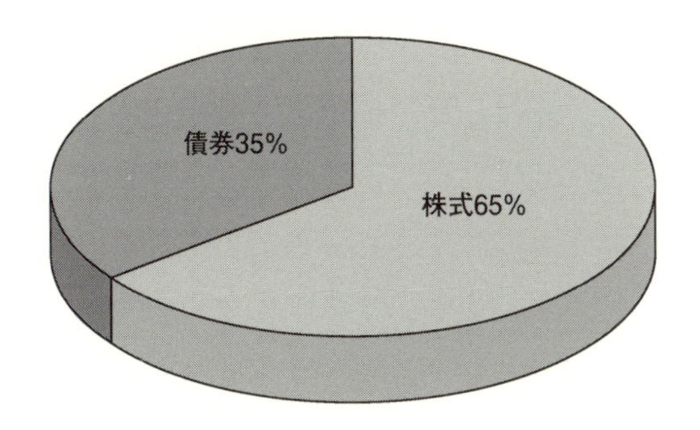

図5.3　2009年1月、38歳のときのポートフォリオ

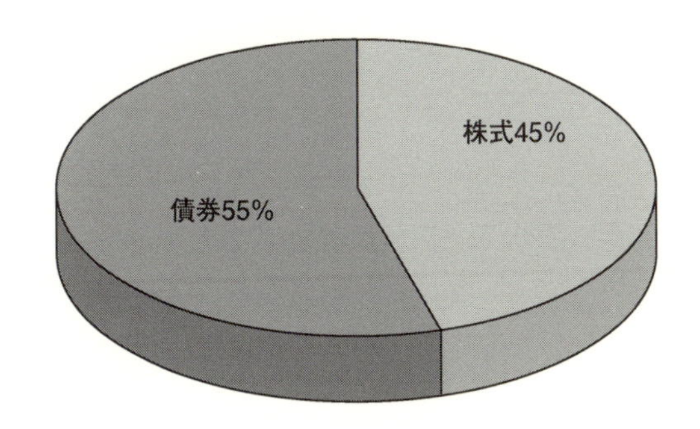

図5.3は、私のポートフォリオの2009年の最初の数カ月の様子を示している。

毎月株式を買っていたにもかかわらず、私は株式の配分をポートフォリオ全体の65%まで戻すことができなかった。結果として、ポートフォリオの配分を望ましいものに戻すために2009年初頭に債券

の一部を売却しなければならなかった。

当然ながら、私は市場が低迷を続けることを望んでいた。しかし、そうはならなかった。その年、株式市場は回復を始めたので、私は再び戦術を改め、１年以上債券しか買わなかった。株式を買うために債券を売却していたので、債券の割合は少なかったのだ。そして保有する株式の価値は増えていた。

このようなリバランスは大学の寄付基金や年金基金では一般的な慣行である。

たいていの場合、投資家は年に１回、株式と債券の配分を調整すれば十分である。しかし、株式市場が20％以上下落するような完全におかしな状況になったら、できるならそれに付け入るのがよい。

外国株に二股をかける

アメリカ人は資金のかなりの部分をアメリカのインデックスファンドに投じるべきである。カナダ人はカナダのインデックスファンドに資金を投じるべきである。そして、オーストラリア人、イギリス人、シンガポール人、その国に確立した株式市場がある人々はそれぞれの国のインデックスファンドに投じるべきである。投資家のポートフォリオは常に自国のインデックスファンドで構成されるべきである。要するに、自分たちの資金の大部分を自分たちが費用を支払う通貨建てにしておくのが合理的だ。

ポートフォリオに国債インデックスファンドを加えたら、そこでやめることもできる。

しかし、私も含めた多くの投資家が外国の有価証券を保有したがる。アメリカの株式市場は世界の株式市場のイクスポージャーのお

図5.4　30歳のときの投資ポートフォリオの配分

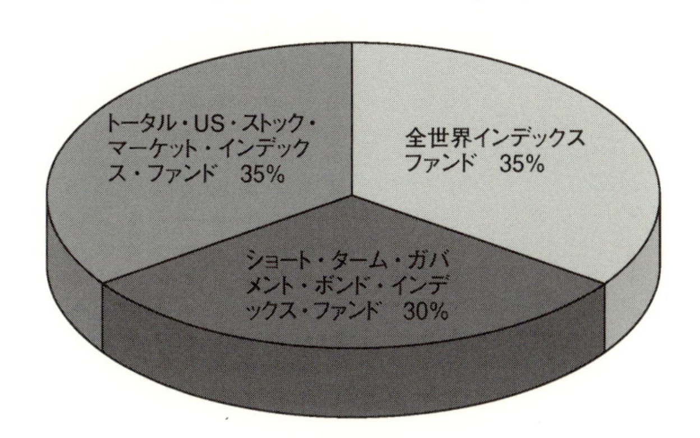

よそ50%を占める。また、いくつか挙げれば、カナダ、オーストラリア、イギリス、フランス、日本、中国にも株式市場が存在する。投資家は、外国へのイクスポージャーを持つポートフォリオを構築することで分散を高めることができる。この要請を満たすのが全世界株式インデックスファンドである。

外国株へのイクスポージャーをどの程度にするかについてはさまざまな考え方がある。簡潔に記せば、株式市場に投じる資金を自国のインデックスファンドと海外株式インデックスファンドとに分けることができる。

その場合、近い将来年金を受け取ることのない30歳のアメリカ人投資家は**図5.4**のようなポートフォリオを構築できる。

毎月投資をしているのならば、自国の株式インデックスファンドと海外株式インデックスファンドに目を向け、前月どちらのインデックスファンドのパフォーマンスが優れていたかを見極める必要がある。それが分かったら（ここが重要）、パフォーマンスの振るわなかったインデックスファンドへの投資資金を増やす必要がある。そうすることで、口座の配分は望ましいものに近づく。

多くの人々はどうしているのだろうか。想像してみてほしい。例えて言えば、彼らは自分たちの財布をトイレに流す長期契約を結んでいる。つまり、パフォーマンスが高いインデックスファンドをたくさん買い、アンダーパフォームしたインデックスファンドへの投資を減らすということだ。生涯にわたる投資期間を通じて、このような行動は何十万ドルもの損失となる。

私の人生を通じて、全米株式インデックスファンドと国際株式インデックスファンドは同じようなパフォーマンスを示している。この２つの複利の差異は1970年以降、１％ほどでしかない[2]。だが、どちらかが後れをとる時期もある。そこに付け入るべきである。

私は個別株や外国市場を追いかける話をしているのではないことに注意してほしい。例えば、「ランダムＸ」会社の株価が下落しているからといって、投資家は価値が低下しているのだから良い取引だと考えてムダなお金をつぎ込むべきではない。「ランダムＸ」に何が起こるかなどだれにも分からない。サンフランシスコの霧のように蒸発することもある。

同様に、チリやブラジルや中国など海外の１カ国に集中したインデックスファンドを買うことで大きなリスクをとることになる。それらの市場で向こう30年に何が起こるかなどだれにもまったく分からない。優れたパフォーマンスを示すかもしれないが、分散を図り、全世界株式インデックスファンドに投資したほうがよい（外国へのイクスポージャーを望むなら）。そのインデックスファンドで、イギリスやフランスやドイツなど実績ある経済へのイクスポージャーだけでなく、中国やインドやブラジルやタイなどの高成長を示す若い経済へのイクスポージャーもとれる。ただ、忘れずにリバランスしなければならない。外国の株式市場が賑やかだからといって、それを追いかけて新たな資金を投じるべきではない。自国の株式インデックスファンドと海外株式インデックスファンドがともに上昇していたら、新たな資金は債券インデックスファンドに投じるべきである。

これがあまりに複雑に思えるなら、スコット・バーンズが広めたもっとシンプルな戦略がある。

カウチポテトポートフォリオの紹介

ダラス・モーニング・ニュースのコラムニストだったバーンズは現在、アメリカを拠点にインデックス戦略を講じる運用会社アセットビルダーで働いている。アクティブ運用の投資信託を買うのは合理的でない（高い手数料、高い税金、そしてお粗末なパフォーマンス）ことを理解している彼は、カウチポテトポートフォリオと呼ばれるシンプルな投資戦略を広めた。

これは、全米株式インデックスファンドと全債券インデックスファンドに同額を投じるものである。言い換えれば、毎月200ドルを投資しているとしたら、株式インデックスファンドに月100ドル、債券インデックスファンドに月100ドルを投じる。投資報告書を開くのも年に１回でよい。

１年が経過したら、投資口座に目を向け、株式と債券のどちらの残高が多いかを確認する。債券インデックスファンドの残高のほうが多ければ、ポートフォリオの配分を等しくするためにその一部を売り、売却資金で株式インデックスファンドを買う。株式インデックスファンドの残高のほうが多ければ、株式インデックスファンドの一部を売却し、その資金で債券インデックスファンドを買う。

市場のおかしな「上昇や下落」の餌食にはならずに、年に１回安く買い、高く売ることになる。

債券の配分が50％なので、これはかなり保守的な口座になる。ある年に株式市場が50％下落しても、口座はそれほど減少せずに済み、債券インデックスファンドを売却した資金で割安となった株式インデックスファンドを買うことで、12カ月後には口座は安定したものになる。

かなり保守的ではあるが、このような戦略は1986～2001年までに平均で年10.96％のリターンを上げた[3]。

これは15年間で1000ドルが4758.79ドルになる計算である。

だが、1986～2001年まで、世界の株式市場のほとんどが熱気球のように上昇したので、酔っぱらったサルが新聞の株式欄にダーツを投げてもかなりのお金を稼げた。では、多くの株式投資家が「失われた10年」と呼ぶその後の10年間、株式市場が衝撃的な下落と上昇、そして下落を経験するなかでインデックス運用のカウチポテト戦略はどのようなパフォーマンスを示しただろうか。そもそもインデックス運用のカウチポテト戦略は、債券が大きな割合を占めるおかげで、市場の下落時にも投資家はぐっすりと眠ることができる。

2002年、アメリカの株式市場は暴落した。平均的なアメリカの株式投資信託の価値は22.8％減少した。言い換えれば、投じた１万ドルが7723ドルになった。だが、この壊滅的な年にも、カウチポテト戦略はたった6.9％しか下落しなかった。投資した１万ドルが9310ドルになる計算である[4]。

2003年初頭～2008年初頭まで、米国株式インデックスファンドと

表5.1　2008年のカウチポテトポートフォリオと平均的なアメリカの投資信託の比較

平均的なアメリカの投資信託	29.1%下落	1万ドルが7090ドルに減少
インデックス運用のカウチポテトポートフォリオ	20.4%下落	1万ドルが7960ドルに減少

海外株式インデックスファンドは劇的に上昇し、それぞれ91%と186%上昇した[5]。この5年間に市場に資金を投じていたら、おそらくどのような運用をしようとも、ポートフォリオの規模はかなり拡大しただろう。しかし、現代の金融史で最も醜い年の1つに目を向けてみよう。2008年のリーマンショック時である。

世界的な経済危機で、世界の株式市場はひどい目に遭った。もちろん、長期的な投資家は大喜びでもみ手をしていたはずだ。彼らは株価の下落に付け入ることができる。この下落相場で、平均的なアメリカの投資信託とカウチポテトポートフォリオがどうなったのか見てみよう。

平均的なプロなら嵐を乗り切ることができると思っていたら、ガッカリしただろう。**表5.1**が示すように、平均的なアクティブ運用の株式投資信託（株式から構成され、債券は含まない）は2008年に29.1%下落した。それに対して、インデックス運用のカウチポテトポートフォリオは20.4%の下落だった。平均的なアクティブ運用のバランス型ファンドはどうだろうか。バランス型ファンドの株式市場へのイクスポージャーは、通常の株式投資信託とは異なる。たいていの場合、バランス型ファンドは60%が株式、40%が債券で構成される。2008年に株式が劇的に下落したとき、平均的なアクティブ運用のバランス型ファンドの債券の部分が下落のクッションとなったはずである。しかし、今回はそうならなかった。平均的なアクティブ運用のバランス型ファンドは2008年になんと28％も下落した[6]。なぜ平均的なバランス型ファンドのファンドマネジャーは、ファンドの資産の40～50％を債券に投じているのにそれほどの損を出したのだろうか。思い付く唯一の説明は、彼らは恐れ、市場が下落したときに株式を売却したのだ。ルール４で書いたとおり、だれも株式市場の短期的な動きを予想できない。規律あるカウチポテト戦略に従うことは、ファンドマネジャーに資金を扱わせるよりもはるかに利益になるようだ。

カウチポテトポートフォリオのもう１つ良かったことは、2008～2009年に市場が暴落したにもかかわらず、2006～2011年で見ると利益を出したことである。アクティブ運用のバランス型ファンドの多くが損を出したこの５年間で、カウチポテトポートフォリオに投じた１万ドルは１万2521.56ドルまで増大した。全体で25.2％の利益である[7]。

投資家として、私は2008～2009年の株式市場の下落を愛おしく思った。だが、コンサルタントとしてはガッカリした。リーマンショックの間に多くの人々が私にポートフォリオを見せに来たが、彼らの投資対象は40％以上下落していることが明らかとなった。

彼らの保有銘柄を見て、かなり衝撃的なことが分かった。彼らの投資アドバイザーは明らかに債券にほとんど敬意を払っていなかった。報告書を見せてくれた人々のほとんどが年上だったので、彼らは私と同程度か私以上に債券を保有しているべきだった。しかし、だれもそうしていなかった。債券をまったく持っていなかったケースもあった。市場が下落すると、彼らの口座は私の口座よりもはるかに大きく下落した。そして売却する債券を持っていなかったので、株式市場の下落に付け入ることができなかったのだ。

とりわけ50代と60代の投資家はポートフォリオに債券を含める必要がある。この基本原則を盛り込んでいない投資本を見つけるのは難しいだろう。だが、私が目にした口座の多くが、防御となる債券がなく、市場の急激な変動に完全にさらされていた。

同僚の教師の１人に、私が「カウボーイ投資家」と呼ぶ者がいた。彼は50代半ばで、もっぱら海外の私立学校で教鞭を執っていたので年金がない。彼は、債券は意気地なしのためのものだと言って、まったく保有していない。その代わり、彼は価値が上昇したものは何でも上昇したあとで買い、価値が下落したものは何でも下落したあとで売る。これによって彼は農場をあとにするときに、十分なお金をけっして手にすることのないカウボーイの栄誉に預かっていたのだ。

株式と債券の組み合わせで力強いリターンが得られる

株式市場が上昇しているときでさえ、債券を組み込んだポートフォリオは、ほとんどのカウボーイ投資家が考えているような「座を白けさせる」ものとはならない。金融本の著者であるダニエル・ソリンは、1973～2004年までの期間で、全米株式インデックスファンドに60％、全債券インデックスファンドに40％を配分した投資家は平均で年10.49％のリターンを上げたと書いている。

より大きなリスクをとり、ポートフォリオの100％を株式インデックスファンドに投じた投資家は、この期間に年平均で11.19％のリターンを上げた[8]。

カウボーイ投資家は何を求めてより大きなリスクをとっているの

だろうか。年0.7％の超過リターンなのか。彼には強靭な胃袋が必要だっただろう。この31年間で、最もパフォーマンスが悪かった年には、彼の口座は20.15％も下落した。対照的に、40％を債券に配分し、60％を株式とした口座は最悪な12カ月でも9.15％超の下落で済んだ。[9]

portfoliovisualizer.comを利用することで、さまざまなカウチポテトポートフォリオが1986〜2016年にどのようなパフォーマンスを上げたかが分かる。株式を50％、債券を50％とする古典的なカウチポテトポートフォリオは平均で年複利8.04％のリターンを上げた。これは1万ドルが10万5374ドルになる計算である。

もう少しリスクをとりたい投資家であれば、株式を60％、債券を40％としたポートフォリオを選択したかもしれない。そのようなポートフォリオはボラティリティが少しばかり高くなる。しかし、平均リターンも高くなり、同期間に平均で8.82％のリターンを上げた。これは投資した1万ドルが11万6171ドルになるということだ。

株式を70％、債券を30％としたポートフォリオを選択した者たちの長期的なリターンはさらに良いものになる。彼らは平均で年複利9.16％のリターンを上げた。これは投資した1万ドルが12万6941ドルになる。

表5.2で分かるとおり、ポートフォリオの株式の配分を高めれば、長期的にはリターンが増大する。だが、そのようなポートフォリオは市場が下落すれば、大きく下落する。そして、債券が株式を打ち負かす時期（数年にわたることもある）は常に存在する。

スコット・バーンズが1991年に初めてカウチポテトポートフォリオを生み出したとき、彼は、バンガードのS&P500・インデックス・ファンド（VFINX）とバンガードのトータル・ボンド・マーケット・

表5.2　カウチポテトポートフォリオ（1986～2016年）

	年複利リターン	最高の年	最悪の年	1万ドルがいくらに
ポートフォリオ1 株式50%、債券50%	8.04%	+27.82%	−15.98%	105,374ドル
ポートフォリオ2 株式60%、債券40%	8.82%	+29.75%	−20.19%	116,171ドル
ポートフォリオ3 株式70%、債券30%	9.16%	+31.67%	−24.39%	126,941ドル

出所＝portfoliovisualizer.com

インデックス・ファンド（VBMFX）を推奨していた。その後、彼はより優れているものとして２つのインデックスファンドを紹介している。投資家はバンガードのトータル・US・ストック・マーケット・インデックス・ファンド（VTSMX）を用いれば株式をより広範に分散できる。債券の部分について、投資家はバンガードのインフレーション・プロテクティド・セキュリティーズ・ファンド（VIPSX）を用いることでインフレを打ち負かせる可能性が高くなると彼は述べている。

債券がカウボーイを打ち負かすとき

株式インデックスファンドと債券インデックスファンドのリバランスが有効なのはアメリカだけではない。それはどこに住んでいようが有効である。マネーセンス誌の創業者兼編集者のイアン・マクギューアンは、カウチポテトポートフォリオをカナダ人に適用した記事でカナディアン・ナショナル・マガジン・アワードを受賞した。彼の方法論はシンプルだった。投資家の資金を米国株式インデックスファンドとカナダの株式インデックスファンドと債券インデックスファンドに均等に配分した。

毎年末に、その投資家はポートフォリオをリバランスして当初の配分に戻す。米国株式インデックスファンドがカナダのインデックスファンドよりもリターンが高ければ、投資家は米国株式インデックスファンドの一部を売却し、カナダのインデックスファンドの配分と等しくするのだ。

債券インデックスファンドが両国の株式インデックスファンドを上回れば、債券インデックスファンドの一部を売却して、カナダとアメリカの株式インデックスファンドを買う。もちろん、毎月口座に資金を拠出しているとしたら、単純に出遅れているものを買ってリバランスすることで３つへの配分を均等に維持できる。

表5.3を見ると、毎年リバランスを行い、カナダの株式インデックスファンドとアメリカの株式インデックスファンドとカナダの債券インデックスファンドへの配分を均等にすると、1975年に投資した100ドルがどうなったかが分かる。1975年～2015年の末までの期間、債券インデックスファンドと株式インデックスファンドの組み合わせが単なる「意気地なしのもの」ではなかったことに刮目してほしい。株式と債券を組み合わせたポートフォリオをリバランスすると、実際にカナダの株式インデックスファンド（アメリカの株式市場の力強いパフォーマンスによるところが大きい）を打ち負かすのである。

規律をもって計画的にポートフォリオをリバランスすることで、当て推量で投資をしなくなり、投資家は自らの感情を無視せざるを得なくなる。前に書いたように、われわれは不合理な行動をとる傾向にある。ほとんどの人々は価格が上昇した株式を買い、価格が下

表5.3　カナダのカウチポテトポートフォリオとカナダの株式インデックスファンドとの比較（1975～2015年）

年	カウチポテトポートフォリオ	株式インデックスファンド
1975	100ドル	100ドル
1976	118ドル	100ドル
1981	195ドル	257ドル
1986	475ドル	469ドル
1991	730ドル	615ドル
1996	1,430ドル	1,134ドル
2001	2,268ドル	1,525ドル
2006	3,163ドル	2,725ドル
2010	3,493ドル	3,157ドル
2015	5,371ドル	4,125ドル
年平均複利リターン	+10.34%	+9.74%

出所＝Moneysense.ca（1976～2010年のデータ）、Portfoliovisualizer（2010～2015年のデータ、Shares ETFs, XSP, XBB, XICを利用した）[10]

落した株式を売りたがる。

賢い投資家はそのようなことはしない。彼らは毎月資金を投資に充てる。そして、年に1回だけリバランスする。

彼らのリスク許容度がほどほど、または保守的なものであれば、彼らは債券にも投資する。

ルール6
インデックス運用の「世界一周旅行券」のサンプル

RULE 6 Sample a "Round-the-World" Ticket to Indexing

インデックスファンドはアメリカ以外の土地に幸せな住処を見つけるべく船や飛行機に乗り込んでいる。このルール６では、皆さんがアメリカで暮らしているか、カナダ、イギリス、オーストラリア、シンガポールに住んでいるかにかかわらず、インデックスファンドのポートフォリオを構築する方法の例を示すつもりである。皆さんが住んでいる国に応じてこのルール６を無視してもらっても構わないし、外国のわれわれの兄弟がどのようにインデックス運用の口座を構築できるか興味をもって読み進めていただいても構わない。ここで言及していない国に住んでいる場合でも、自国で証券口座を開設できれば、インデックスファンドからなるポートフォリオは構築できる。

このルール６では自分自身で投資を行う方法を示す。単独行動がインデックスファンドに投資する最も安価で、最も利益になる可能性がある方法である。簡単なことだ。単独行動を起こす前に地獄が凍りつかなければならないとしたら、ルール７のほうを好むかもしれない。そこでは、ファイナンシャルアドバイザーの助けを借りる方法を説明している。

まだ読んで頂けますか。素晴らしい。何人かの実在の人物のプロフィールと彼らの投資方法に取り掛かる前に、いくつか重要な疑問に答えておこう。

インデックスファンドとETFの違いは何か

インデックスファンドとETF（上場投資信託）は同じロイヤルファミリーの一卵性双生児である。彼らが着ているTシャツの一面には「同じ、同じ」と記されているが、別の面には「だが、違う」と記されている。どちらも、特定の市場に連動する株式群で構成されている。例えば、バンガード500・インデックス・ファンド（VFINX）はアメリカの500の大型株を保有するインデックスファンドだ。これはバンガードに口座を持つアメリカ人なら利用できる。売買に伴う手数料はない。

毎取引日、株価は変動する。インデックスファンドを買おうとする人はそのファンドの買い注文を出せる。彼らはその取引日の終値で評価した基準価額に基づいた代金を支払うことになる。

ETFは異なる。個別銘柄と同じように、株式市場で取引される。バカげた行為ではあるが、理論上トレーダーは1日のうちにETFを買ったり売ったりできる。バンガードのS&P500・ETF（VOO）のようなETFは、バンガードの500・インデックス・ファンド（VFINX）とほとんど同じリターンをもたらす。これはまったく同じ銘柄を同じ割合で保有しているからである。どうしてリターンが異なるのか。バンガードの500・インデックス・ファンド（VFINX）の経費率は年0.16％である。投資家がファンドに1万ドル超投資したら、費用は年0.05％まで低下する。

バンガードのS&P500・ETF（VOO）の経費率はその投資額に関係なく0.05％となる。理論上、投資資金が１万ドルに満たない投資家は、ETFでS&P500を買ったほうが費用面では少しばかり有利である。

だが、ETFには欠点がある

たいていの場合、投資家はETFを売買するにあたり手数料を支払わなければならない（バンガードUSAに口座を持つ投資家は手数料なしでバンガードのETFが買える）。毎月少額のETFを定期的に買うとしたら、通常のインデックスファンドを買う場合よりも手数料のせいでより多くの費用を負担することになるかもしれない。

また、ほとんどの株式が現金による配当を支払っている。ETFがそのような配当を受け取ると、無料で自動的にその配当を再投資することもあれば、しないこともある。これは利用している証券会社次第である。しかし、伝統的なインデックスファンドでは、配当は追加費用なしで自動的に再投資される。

アメリカンドリームはインデックスファンドとともに

アメリカは利用できるインデックスファンドという点についてはいまだ世界をリードしている。投資資金が比較的少ない投資家もバンガードを通じてインデックスファンドを買える。その費用は最も安価なETFにも匹敵する。アメリカ以外の人々には異なる選択肢がある。多くの場合、彼らもインデックスファンドを買うことができる。しかし、それはアメリカの従弟たちよりもコストが高く、最低投資金額も高くなっている。コストの安いETFは世界中で利用できる。投資家は世界の株式市場のどこでもETFを購入できる。次にETFを買う段取りを示す。

どのようにETFを買うのか

世界の市場全体に連動するETFが素晴らしい選択肢となる。ルール6であとで示すモデルポートフォリオのほとんどがこのような投資商品を含んでいる。これは世界のあらゆる地域の株式から構成される。ウエートはたいていの場合、世界の市場の時価総額に応じたものとなる。例えば、アメリカの株式市場は世界中の株式の価値のおよそ半分を占めている。そのため、グローバルストックマーケットETFはアメリカ株に半分ほどのイクスポージャーをとっている。海外の株式も、世界市場の時価総額を基準に配分される。

投資家はさまざまな証券取引所でグローバルETFを買うことができる。アメリカの株式市場でETFを取得しようが、イギリスの株式市場だろうが、オーストラリア、カナダ、または事実上どこの海外市場だろうが、プロセスは似たものとなる。

ステップ1　証券口座を開設する

最初のステップは証券口座を開設し、その口座に資金を送金する。

ステップ2　ETFのティッカーを探す

ETFを買いたいと思ったら、そのETFの市場におけるティッカーを同定する必要がある。**表6.1**には、いくつかのグローバルストックマーケットETFのティッカーをリストアップしている。

表6.1　グローバルETFのティッカー

国	名称	ティッカー	年間の経費率
アメリカ	バンガード・トータル・ワールド・ストックETF	VT	0.14%
カナダ	バンガード・FTSE・グローバル・オール・キャップ・ex・カナダ・インデックスETF	VXC	0.25%
イギリス	バンガード・FTSE・オール・ワールド・UCITS・ETF	VWRL	0.25%

例えば、アメリカ人は自国の証券取引所で取引されているETFを買うだろう。そのティッカーはVTだ。カナダ人はカナダの証券取引所で取引されるETFを買う。そのティッカーはVXCだ。

ステップ3　1株当たりの価格を見定める

購入しようとしているETFの基準価額（株価とも言われる）を見いださなければならない。証券会社のオンラインプラットフォームで示されている。もし掲載されていなかったら、調べればよい。アメリカ人はモーニングスターUSAが利用でき、カナダ人であればモーニングスター・カナダを、オーストラリア人ならモーニングスター・オーストラリアを利用できる。ETFを買う場合、入力箇所にティッカーを入力する。

ETFの基準価額はそれぞれ異なる。だからといって、あるETFが別のETFより割安だという意味ではない。まったく同じ市場に連動するETFが2つある（バンガードだけがETFを提供しているのではない）とすれば、それらETFの本質的な価値は、あるETFが10ドルで取引され、もう1つが15ドルで取引されているとしても、同じである。

図6.1　バンガード・カナダのグローバルストックマーケットETFの価格

Vanguard FTSE Global All Cap ex Canada Index ETF VXC

Last Price	Day Change	NAV	Open Price	Day Range	52-Week Range	12-Mo. Yield	Total Assets	MER
$28.24	↑0.43 | 1.55%	28.23 CAD	28.18	28.12-28.28	26.00-31.04	1.92%	406.51 mil CAD	0.27%

出所＝Morningstar.ca

２枚の直径50センチのピザを想像してみてほしい。それぞれの価格は20ドルである。皆さんは20ドルの価値があるピザを喜んで買う。１つのピザは10枚に切り分けられている。もう１つは15枚だ。「僕は15枚に切り分けられているピザを買う、だって20ドルでたくさん手に入るもん」と言うのはアホだけだ。

これは同じ市場に連動するETFにも当てはまる。本当の費用の違いはそれぞれのETFの経費率に目を向けなければ分からない。

モーニングスター・カナダを見ると、2016年６月29日にバンガードのFTSE・グローバル・オール・キャップ・ex・カナダ・インデックスETF（口いっぱいにチーズとパペロニを頬張って、これを読んでみてほしい）が28.24ドルで取引されたことが分かる。**図6.1**がこれを示している。ティッカーはVXCだ。

そのページに掲載されている他のことは無視して構わない。終値だけに集中してほしい。このケースでは、28.24ドルだった。

ステップ４　どれだけの口数を取得できるか

いくら投資するかを決めなければならない。手数料には留意すべきである。ETFを100ドルで買おうとしても、手数料が１取引当たり9.99ドルだったら、およそ10％を手数料で捨てることになる。これを２回やろうという者は隔離室に放り込むべきだ。

図6.2　買い注文の例

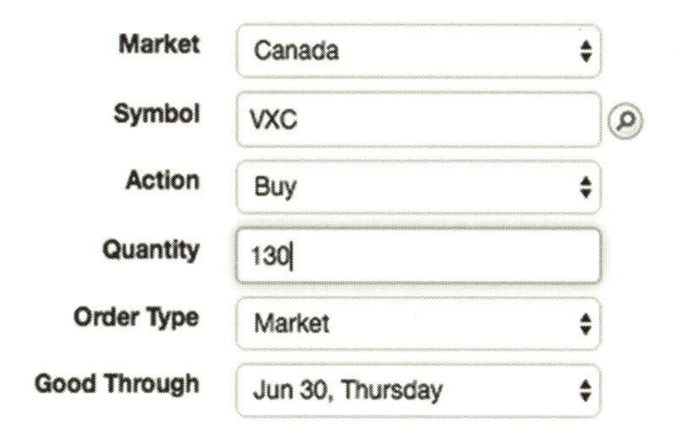

手数料は１％未満に抑えるべきである。１取引当たり9.99ドルかかるとしたら、１回に1000ドル以下の投資は行うべきではない。カナダ人投資家がバンガードのグローバルストックETFに4000ドルを投資するとしてみよう。価格が28.24ドルであったとすれば、この投資家は141口取得できる。この投資家は取引手数料を賄う資金を残しておくために口数を切り捨てたいと思うかもしれない。投資家は、取引が執行されるまでにETFの価格が急騰する場合に備えて、安全域を決めておくべきだ。安全のために、130口を取得することにした。

カナダの証券会社Qトレード・インベスターを利用した場合の様子を示していく。ほかの国際的な証券会社やアメリカの証券会社の取引のプラットフォームも同じような見た目である。ある証券会社や取引所での取得方法を理解すれば、どこへ行っても実行できる。それは異なる自転車に乗るようなものである。

取引のプラットフォームは**図6.2**のようになっている。

今回のETFはカナダ市場で取引されているので、市場の欄にカナダと入力する。

次に、ETFのティッカーであるVXCを入力する。

売買についてはBuy（買い）と入れる。

口数の欄には、130と入力する。

注文の種別については、成り行きを選択した。これは市場価格を受け入れるという意味である。指値を選ぶこともできる。違いについては補足の説明を見てほしい。

だれもがETFを買わなければならないわけではない。例えば、アメリカ人は伝統的なインデックスファンドでも同じように安価に投資ができる。次に例を示す。

成り行き注文を選ぶべきか、指値を選ぶべきか

投資家がETFを買う場合、注文の種別を決めるよう求められる。指値注文と成り行き注文の２つが選択肢となる。指値注文では、投資家はその日支払ってもよい最大の価格を入力できる。例えば、朝に45ドルで寄り付いたら、投資家は44ドルで指値注文ができる。そして、その日の取引時間内に価格が44ドルまで下落したら、自動的に44ドルで買うことができる。

市場が開いていないならば、投資家は取引をするべきではない。だが、前日のETFの終値が45ドルで、投資家が翌日の取引が始まる前に44ドルの指値注文を入れ、さらにそのETFが43ドルで寄り付いたら、その注文は43ドルで執行される。

指値注文を好む投資家が多い。だが、彼らは適切な方法で行っていない。彼らは低い指値を入れるべきではない。それでは

ギャンブルをしているようなものだ。注文が執行されなかったら、その投資家は最終的に来る日も来る日も、上昇する価格を追いかけることになりかねない。ヨハニ・T・リンナインマは2020年８月のザ・ジャーナル・オブ・ファイナンスで『ドゥ・リミット・オーダーズ・オルター・インフェレンシズ・アバウト・インベスター・パフォーマンス・アンド・ビヘイビア（Do Limit Orders Alter Inferences about Investor Performance and Behavior?)』と題する論文を発表した。この研究者は、たいていの場合、成り行き注文を用いる投資家は指値注文を出す投資家よりもパフォーマンスが優れていることを発見した[1]。

PWLキャピタルのダン・ボルトロッティはもっと賢い方法があると言う。彼は日々、自分の顧客のために数多くの指値注文を出している。投資家は市場が開いていないときにはいかなる注文も出すべきではないことを彼は認めている。ボルトロッティは顧客のためにETFを取引するときは常に指値注文を用いている。彼は、投資家は最新の相場を把握し、買いを入れる場合は買い気配値よりも１～２セント高い指値を、売る場合には売り気配値よりも１～２セント低い指値を入れるべきだと言う。

ETFがミスプライスとなることがある。これは、成り行き注文を出している投資家はETFの価格が取引時間内に少しおかしくなったら、仰天することになるということである。彼らは最終的に普通ではない、高騰した価格を支払うことになりかねない。

これまで私は成り行き注文のほうが好きだった。私は、自分の注文が執行され、翌日もっと高い価格を追わずに済むことが分かるとホッとするからだ。しかし、ダン・ボルトロッティは素晴らしい指摘をしている。これが私が学んだコンセプトだ。多額の投資をしている場合、または取引するETFの出来高が薄い場合にはとりわけ重要なコンセプトである。

アメリカのインデックス運用――アメリカ人の３つ子の父親

クリス・オルソンの妻のエリカが2006年に３つ子を産んだとき、彼女はたった１人でサッカーチームの４分の１を生んだわけだ。突然、食い扶持が３つ増え、ミニバンを買い、さらには３人分の大学の学費を蓄えなければならなくなった。

私は、だれかが高給取りの小児科医や内科医のためにバイオリンコンサートのチャリティーイベントを開催すると言っているのではない。だが、皆さんがアメリカ人で、突然自分の財政的な義務をより意識するようになるとしたら、オルソンがインデックス運用の口座を開設した話は何らかの道しるべになるだろう。

46歳の医師は、投資は多くの点で自分がインドネシアのスマトラの津波の被害を受け、貧困に喘いでいる地域で行っているグローバルヘルスの仕事に似ていることに気づいた。彼は助産師の訓練のために時折その地を訪問している。この活動に従事する以前、彼はタイとビルマの国境沿いや、ダルフール、カンボジア、ケニア、エチオピアでボランティア活動をしていた。

途上国への寄付が人としてすべき最良のことであると考えた彼と妻のエリカ（公認看護師）は、しばしば自分たちが訪れる国々に医療用品を持っていった。ただ医療用品を送っただけでは、品物が到着する前に第３世界の仲介業者の略奪を招く。

2004年、彼は同じようなことが自国での自分の投資でも起きていることに気づいた。彼は何年間もアクティブ運用の投資信託に投資していたのだ。

「私のファイナンシャルアドバイザーはとても好い人だったが、彼が第３世界の国境にいる連中と同じように、私のお金を掠め取っていることに気づいた。私がトイレに流していたお金は合計しても些細な金額ではあるが」と彼は述べている。

インドネシアに向かう途中、オルソンはシンガポールに立ち寄り、アチェの助産師に渡す心肺蘇生法（CPR）の訓練資料を購入した。私は彼に会い、日本食レストランで昼食をとった。寿司を囲みながら、彼は私に投資口座で買うべきインデックスファンドを尋ねてきた。[2]

アメリカのインデックス運用の最大手はバンガードである。彼らのウェブサイトを見ると、ずらりと並んだインデックスファンドに混乱するだろう。だが、私は当時35歳だったオルソンに物事をなるべくシンプルにするよう提案した。つまり、アメリカ株ではできるかぎり広く分散したインデックスファンドを、「国際」株でもできるかぎり広範な海外株式インデックスファンドを選び、年齢に合わせて全債券インデックスファンドを購入する。これはグローバル・カウチポテトポートフォリオと呼べるだろう。私が提案した配分は次のとおりである。

●35％　バンガード・US・ボンド・インデックス（VBMFX）
●35％　バンガード・トータル・US・ストック・マーケット・インデックス（VTSMX）

●30%　バンガード・トータル・インターナショナル・ストック・マーケット・インデックス（VGTSX）

私のアドバイスの基礎となる考えは次のとおりである。バンガードは売買手数料を課さない。彼はアメリカの株式市場全体と海外の株式市場に分散する。そして、年に１回口座のリバランスを行えるよう債券にも配分する。

私は次のように語った。「クリス、ウォール街の言うことは聞くな。経済新聞は読むな。株式市場のニュースは見るな。年に１回だけポートフォリオをリバランスすれば、長期的には投資のプロたちの90％を打ち負かせる」

オルソンはアメリカに帰ると、古い投資信託の報告書をダイニングルームのテーブルに広げた。そして、彼はバンガードのウェブサイトを開き、そこにあった連絡先に電話をした。

バンガードの従業員は、ウェブサイトを誘導しながら、口座開設のプロセスをオルソンに教えた。彼女はただ彼の現在の投資信託の口座番号、つまり彼のIRA口座（税制優遇が得られる個人年金口座）とIRA以外の投資信託の口座について尋ねただけだった。

この電話を通じて、バンガードの営業担当は彼の資産をかつての運用会社からバンガードに移し、彼は自らの資金を３つのインデックスファンドに分散した。その後、オルソンの銀行口座の一般的な情報を確認したあと、彼女は彼が望む配分に従ってインデックスファンドに自動的に資金が投じられるよう設定した。

毎年末、オルソンは投資状況を確認する。「簡単でしたよ。毎年末に当初の配分に戻るように、『勝者』を少し売って、『敗者』に資金を回してポートフォリオをリバランスするだけでした。私が報告

図6.3　クリス・オルソンの口座の配分

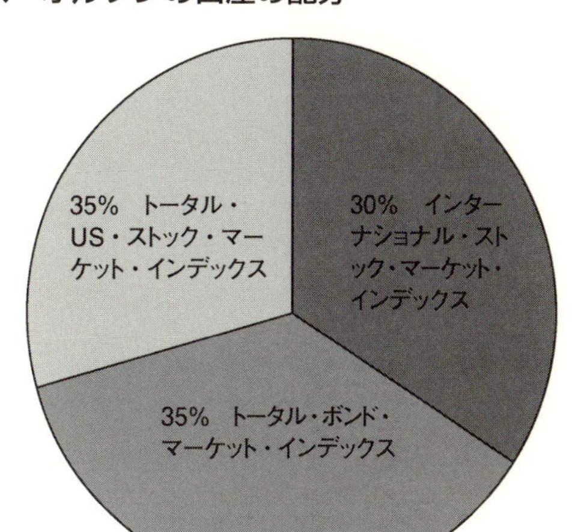

書に目を通すのはそのときだけ、つまりリバランスしようとするときだけでした」と彼は言った。私はportfoliovisualizer.comのファンドトラッキング機能を用いることで、オルソンの投資リターン（ドル建て）を確認できた。

2007年1月

オルソンは1年前に構築したポートフォリオが1年間で15.4％のリターンを上げたことに気づいた。利益のほとんどは海外株式インデックスファンドと米国株式インデックスファンドがもたらしていた。彼はバンガードに電話をかけ、オンラインで自分の口座にログオンした。そして、バンガードの営業担当は、株式インデックスファンドの一部を売却し、債券インデックスファンドを買うプロセスを案内した。

2008年１月

世界中の株式市場は2007年～2008年にかけて上昇した。この時点で、オルソンの利益はかなり増え、2006年当初の価値から25.86％、2007年が９％の上昇となった。自らのポートフォリオを膨らませている株式インデックスファンドを買い増したい衝動にあらがい、オルソンは海外株式インデックスファンドと米国株式インデックスファンドの一部を売却し、その資金で債券インデックスファンドを買い増した。彼には何も判断する必要はなかった。彼はただ口座の配分を当初の値に調整しただけである。

2009年１月

2009年の初めにオルソンが報告書を見ると、1929～1933年以来最大の株式市場の下落が大損害を及ぼし始めていたので、彼のポートフォリオの価値は縮小していた。彼のポートフォリオは24.5％も下落していた。だが、オルソンは改めてポートフォリオをリバランスしただけだった。債券インデックスファンドの一部を売り、下落しているアメリカ株と海外株式のインデックスファンドを買って、当初の配分どおりにした。

2010年１月

オルソンは前年に株式市場が大幅に下落したことは知っていた。だれもがその話をしていたからだ。だが、彼は前年に債券の一部を売り、株式を買っていたので、株式市場が低い水準にあることから利益を得ていた。2010年１月までに、彼の口座は株式市場がリバウンドしたおかげで、１年で23.14％上昇していた。ここでもまた、オルソンは１月の10分間を口座のリバランスに充て、株式インデックスファンドの一部を売り、債券インデックスファンドを買い増しした。オルソンがこの作業を終えると、ポートフォリオの配分は当初のものと同じになっていた。

2011年1月

2011年1月までに、オルソンの口座はそれまでの12カ月でさらに11.6%上昇していた。2006年1月1日～2011年1月1日までの期間に、彼の口座の利益はここ最近では最悪の株式市場の下落（2008～2009年）を経験したにもかかわらず、30.7%増大していた。彼は再びリバランスを行い、株式インデックスファンドの一部を売り、債券インデックスファンドを買い増した。

2016年1月

オルソンがこのプロセスをその後5年間継続していたら、彼のポートフォリオは10年間で73.09%増大しただろう。この10年間のうちに1929年以降最悪の株式市場の暴落があったことを考えれば、これは驚くべきことである。

鏡のなかの敵を忘れてはならない

ルール5で言及したスコット・バーンズのオリジナルのカウチポテトポートフォリオは、2015年12月31日までの10年間で、オルソンのグローバル・カウチポテトポートフォリオを打ち負かしたことに気づいた投資家もいるかもしれない。

表6.2は2つのポートフォリオを比較したものだ

スコット・バーンズのカウチポテトポートフォリオが勝った。オ

表6.2　1万ドルを投資したときのグローバル・カウチポテトポートフォリオと古典的なカウチポテトポートフォリオの比較（2006～2016年）

	年平均リターン	最終価値
オルソンのグローバル・カウチポテトポートフォリオ（米国株35%、債券35%、海外株30%）	5.64%	17,309ドル
カウチポテト（米国株50%、債券50%）	6.09%	18,148ドル
カウチポテト（米国株60%、債券40%）	6.43%	18,741ドル
カウチポテト（米国株70%、債券30%）	6.72%	19,274ドル

出所＝portfoliovisualizer.com

リジナルのカウチポテトポートフォリオには海外株式インデックスファンドが含まれていなかったことが理由である。2015年12月31日までの10年間に米国株式インデックスファンドは海外株式インデックスファンドに大勝ちした。

だが、常にそうなるわけではない。株式市場は生意気な存在である。「パフォーマンスの優れた」アセットクラスや地理的セクターに投資家を誘い込み、待つ。待つ。そして、おとり商法を実行する。ある10年に優れたパフォーマンスを上げたセクターが次の10年には敗者になることがある。

図6.4で2016年１月までの５年間を確認してほしい。米国株式インデックスファンドは海外株式インデックスファンドを圧倒した。

2015年12月31日までの５年間で、バンガードのトータル・US・ストック・マーケット・インデックス（VTSMX）は配当込みで104%の利益を上げた。バンガードのトータル・インターナショナル・ストック・マーケット・インデックス（VGTSX）はたった33%の利益だった。

このパフォーマンスを見たあとで海外株式インデックスファンド

図6.4　米国株式インデックスファンドが海外株式インデックスファンドに勝利（2011～2016年）

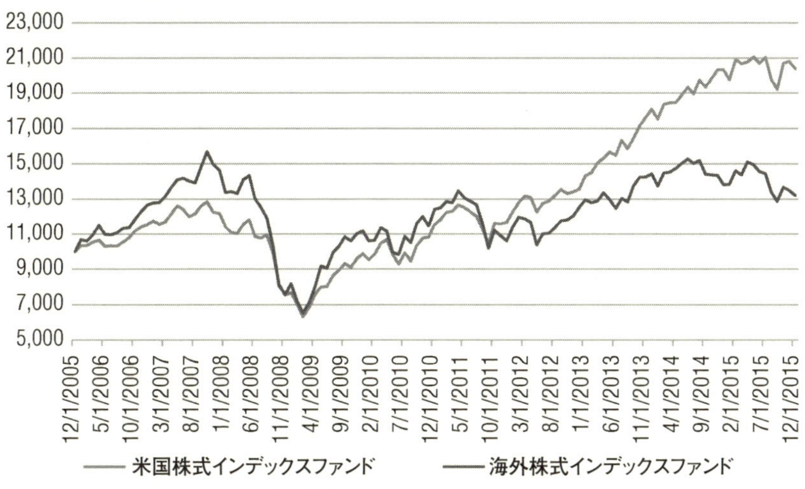

出所＝バンガード・グループの許可を得て掲載

図6.5　海外株式インデックスファンドが米国株式インデックスファンドに勝利（2006/01～2011/01）

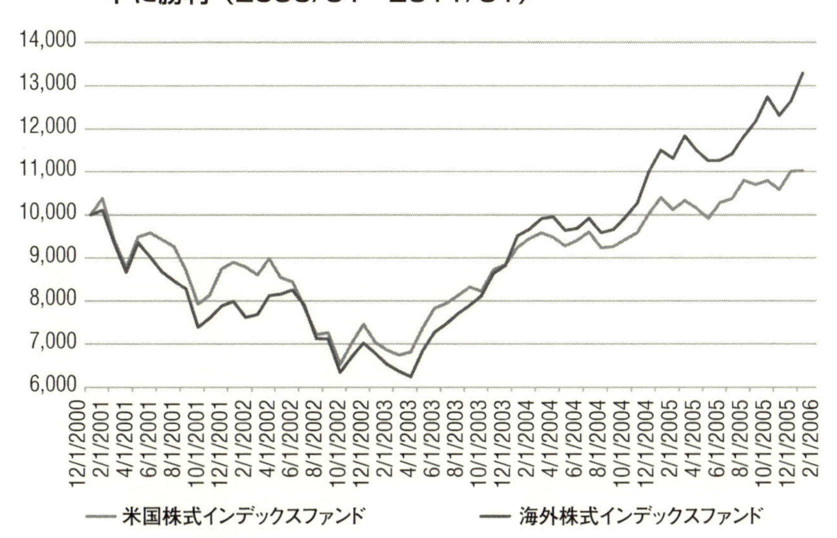

出所＝バンガード・グループの許可を得て掲載

をあきらめてしまうのは簡単である。だが、投資家は手放すべきではない。あらゆるセクターに全盛期がある。**図6.5**で分かるとおり、2000年12月～2006年１月まで、米国株式インデックスファンドは敗者だった。バンガードのトータル・US・ストック・マーケット・インデックス・ファンドの利益は10.2％だった。バンガードのトータル・インターナショナル・ストック・マーケット・インデックス・ファンドは32.9％である。

どの地理的セクターがアウトパフォームするかを推測しようとするのはムダだ。だれにも将来は分からない。投資家が予想しようとすれば壊滅的な結果になりかねない。投資家はスコット・バーンズのカウチポテトポートフォリオの１つを選ぼうとも、グローバル・カウチポテトポートフォリオを選ぼうとも、ボートに張り付くフジツボのように自らの戦略に固執すべきである。生涯にわたって投資期間を通じて、年に１回リバランスを行い、メディアの騒音を無視すれば、結果は似たようなものとなるはずだ。海外株式インデックスファンドを通じて分散を高めれば、ボラティリティを低減させることもできる。

表6.3に示しているのは、さまざまなリスク許容度の投資家向けのモデルポートフォリオである。投資家は年齢を重ねるにつれ、バランス型や慎重なモデルを好むようになり、ポートフォリオの安定性を高めるために債券への配分を増やす。私がバンガードのトータル・ボンド・マーケット・インデックスではなく、ショート・ターム・ボンド・ファンドを取り上げていることに注意してほしい。ルール５で述べたように、このようなファンドであれば、金利や債券価格に何が起ころうとも、向こう３年間はインフレに打ち勝つはずである。

表6.3　バンガードのインデックスファンドによるアメリカのグローバル・カウチポテトポートフォリオ

ファンド名	ティッカー	保守的	慎重	バランス型	積極的	攻撃的
バンガードのトータル・US・ストック・マーケット・インデックス	VTSMX	15%	25%	30%	40%	50%
バンガードのトータル・インターナショナル・ストック・マーケット・インデックス	VGTSX	15%	20%	30%	35%	50%
バンガードのショート・ターム・ボンド・インデックス・ファンド	VBISX	70%	55%	40%	25%	0%

確定給付年金や信託基金のある投資家（幸運な悪魔）はリスクのより高いポートフォリオを保有する余裕がある。長期的にはリスクの高い配分ほど高いリターンをもたらすはずなのだ。

だが、投資家の多くは投資について考えることに時間を費やしたがらない。彼らはだれかに自分たちのお金を運用してもらうほうを好む。幸いなことに、アメリカ人は世界のどの国の人々よりもはるかに安価にそれができる。

その方法についてはルール7を読んでほしい。

カナダのインデックス運用

TD・eシリーズ・インデックス・ファンズ

2014年、私はザ・グローブ・アンド・メールに『ハウ・ドゥ・ティーディーズ・ミューチュアルファンズ・スタック・アップ・アゲインスト・イッツ・インデックス・ファンズ（How Do TD's

Mutual Funds Stack Up Against Its Index Funds?)』という記事を書いた[3]。TDは、カナダのすべての銀行と同じように、自分たちのアクティブ運用の投資信託を売り込みたがる。

私は、10年のトラックレコードを持つTDのすべてのアクティブ運用の投資信託と、それに対応する同行のｅシリーズ・インデックス・ファンドを比較した。私は同一条件での比較を行った。例えば、TDのすべてのアクティブ運用のカナダ株の投資信託に目を向けた。それらの10年間のリターンの平均を算出し、それをｅシリーズ・カナディアン・インデックス・ファンドと比較した。同じことを、TDのアクティブ運用の米国株と海外株式の投資信託のすべてで行い、対応するインデックスファンドと比較した。勝ったのはインデックスファンドだった。

実際に、インデックスファンドは７つすべてのカテゴリーでアクティブ運用の投資信託を打ち負かした。それにはカナダ株、米国株、国際株、日本株、ヨーロッパ株のファンドが含まれる。また、カナダの債券ファンドとバランス型ファンド（ｅシリーズには対応するものがなかったので、同行のインベスターズシリーズを利用した）との比較も行った。

平均すると、それらはアクティブ運用の投資信託を年0.77％上回った。生涯にわたる投資期間では、この複利の差はたくさんのビールとプレッツェル、さらにはマセラッティほどの違いを生み出す。

ある航空宇宙技師はTD最大の秘密を利用する

25歳のフェリックス・ルソーはカナダ空軍で伍長を務めている。彼はブリティッシュコロンビア州のコモックスでATIS技師（エアロスペース・テレコミュニケーション・アンド・インフォメーション・システムズ・テクニシャン）として働いている。

彼はまたTDバンクで最もよく守られている秘密の1つを見つけた。TDウォーターハウスに口座を開設する投資家は同行のｅシリーズ・インデックス・ファンズを購入できる。それらの投資家が売買手数料を支払うことはない。彼らは無料で配当を再投資できる。これらはカナダで最もコストの低いインデックス運用の投資信託である。

多くの投資家はETFを取得すれば支払う手数料は低くなる。しかし、そのような投資家は無料で配当を再投資できない。彼らは手数料を支払わなければ売買できない。また、毎月自動的に買い付けるよう設定することもできない。ルソーはこのすべてをTDのｅシリーズ・インデックス・ファンズでやっている。

「僕のポートフォリオはまだ比較的小さなものです。2万ドルほどの価値があります。ETFでポートフォリオを組むのが経済的に見合うようになるには5万ドルほどが必要でしょう」と彼は述べている。[4]

TDは11本のｅシリーズ・インデックス・ファンズを提供している。[5]投資家はそのうち4本だけあれば、コストが低く、分散されたグローバル・ポートフォリオを構築できる。それはカナディアン・ボンド・インデックス（TDB909）、カナディアン・ストック・インデックス（TDB900）、USストック・インデックス（TDB902）、インターナショナル・インデックス（TDB911）である。

投資家は、どのファンドが過去に最も高いパフォーマンスを上げたかを知りたくなるかもしれない。だが、それに目を向けるべきではない。過去10年の勝者はこれからの10年の敗者ともなり得る。

「僕はダン・ボルトロッティの攻撃的なモデルポートフォリオに

表6.4　TD・eシリーズ・インデックス・ファンズによるカナダのカウチポテトポートフォリオ

ファンド名	ティッカー	保守的	慎重	バランス型	積極的	攻撃的
TDカナディアン・ボンド・ファンド-e	TDB909	70%	55%	40%	25%	10%
TDカナディアン・ストック・インデックス・ファンド-e	TDB900	10%	15%	20%	25%	30%
TD・US・ストック・インデックス・ファンド-e	TDB 902	10%	15%	20%	25%	30%
TDインターナショナル・インデックス・ファンド-e	TDB911	10%	15%	20%	25%	30%
経費率の加重平均		0.47%	0.45%	0.44%	0.42%	0.41%

出所=Canadian Couch Potato Blog

従っています」とルソーは言う。彼が言っているのはカナディアン・カウチポテトのブログにあるモデルポートフォリオである。

つまり、ルソーはポートフォリオの10%をカナダ債のインデックスファンド、30%をカナダ株のインデックスファンド、30%をアメリカ株のインデックスファンド、そして30%を海外株式インデックスファンドとしている。

ボルトロッティのモデルポートフォリオの配分を**表6.4**[6]に掲載した。攻撃的ポートフォリオと積極的ポートフォリオは若い投資家や大胆な投資家や引退したときに確定給付年金が得られることが保証されている者に適している。

バランス型ポートフォリオや慎重なポートフォリオは30代半ば以上の投資家に適している。引退した者には慎重な配分か保守的な配分が相応しい。しかし、これは経験則にすぎない。自らのリスク許容度を考慮すべきである。また、自らのポートフォリオが将来引退したときの収入の大半を占めることになるのか、それとも保証された確定給付年金の飾り付けになるのかを考慮しなければならない。そのような年金のある投資家は、ポートフォリオのボラティリティが高まることを心理的に処することができるならば、より高いリスクをとれるだろう。

年に１回ポートフォリオをリバランスすることを忘れてはならない。つまり、パフォーマンスが良好なインデックスファンドの一部を売り、その資金をパフォーマンスが振るわないインデックスファンドに追加投資する。投資家は当初の配分を維持すべきである。ただ、年齢を重ねるにあわせて、債券の配分をゆっくりと増やしていくべきだ。

カナダのカウチポテトは費用を剥ぎ取る

ダン・ボルトロッティは博学の人だ。彼にはシロナガスクジラ、トラ、オーロラ、人道支援、そして野球に関する著作がある。だが、２人の子を持つ47歳の父親はカナディアンカウチポテトのブログの著者として最もよく知られている。

彼がこのブログを始めたのが2010年である。今では、カナダのインデックスファンドの投資家にとって最良のオンライン情報源となっている。

ボルトロッティは20代で投資を始めた。だが、ほとんどのカナダ人と同じように、彼の資金はアクティブ運用の投資信託で減少した。「当時はそれほどお金を持っていなかったので、自分の過ちの代償は大きかった」と彼は述べている。

2008年、彼はマネーセンス誌の記事を書いているときに、編集者から「７デイズ・ファイナンシャル・メークオーバー（7-Day Financial Makeover）」と題したプロジェクトを取り上げるよう頼まれた。この雑誌は読者に自分たちが１週間の金融ブートキャンプを受けるに値する理由を書き込むよう求めていた。200人以上の読者が申し込んだ。

同誌は金融の大惨事を求めて申込者をふるいにかけた。やがて彼らは３組のカップルと１人の独身者を選び出した。「われわれの目的は人々が金融上の人格を変えられるかどうかを発見することだ」と同誌は説明した。「衝動買いをする人がバーゲンハンターになれるのか。お金についていつも口論しているカップルがこれからも幸せに暮らしていけるのか」

ボルトロッティの役割は、１組のカップルを追いかけ、彼らの体験を記事にまとめることだった。投資に関するワークショップの最中、彼は啓示を受けた。「講演者はコストの高いファンドへの投資と低コストのETFへの投資の違いについて語っていた」とボルトロッティは言う。「マネーセンスでカウチポテト戦略の利点については何年も読んでいたが、いつも話ができすぎだと思っていたのだ。あれは私の本当の学びの始まりだった。私のなかで何かピンと来るものがあった」

ボルトロッティはその話題について手に入るかぎりの資料を読み始めた。リーマンショックが始まるほんの週数間前の2008年８月、彼は初めてETFでポートフォリオを組んだ。６カ月のうちに、株式市場は50％近く下落した。「史上最悪のタイミングだった。だが、私は幸運にもできるかぎりの勉強をしていた。私が学んだことのすべてが手放すなと言う。戦略には何ら間違いはないと分かっていたのだ」と彼は振り返る[7]。

ボルトロッティは、ほかのカナダ人たちがDIYのインデックス投資家になる手助けをすべく、ブログを始めた。そして、さらに歩を進める。トロントの資産運用会社であるPWLキャピタルが互いのスキルを組み合わせようとボルトロッティに持ちかけた。2014年、彼はファイナンシャルアドバイザーの資格を取る。今やPWLのアソシエートポートフォリオマネジャーで、CFP（公認ファイナンシャルプランナー）でもあるボルトロッティは、同僚たちとともに顧客のためにETFのポートフォリオを構築している。彼は引き続きカナディアン・カウチポテト・ブログを管理し、マネーセンスにも定期的に寄稿している。

５万ドル以上のポートフォリオを持つ投資家にはETFは合理的である。だが、５万ドル以上持っているだれにでも適しているわけではない。TDのｅシリーズのインデックスファンドとは異なり、証券会社はETFを買う投資家に手数料を課す。さらに、投資家は配当を必ずしも無料で再投資できるわけではない。

ETFを買うためには、投資家は証券口座を開設しなければならない。2016年６月、マネーセンス誌はお薦めの証券会社をリストアップした[8]。彼らのお気に入りは、スコシア・ｉトレード、Ｑトレード・インベスター、BMOインベスターライン、クエストレードの４社だった。多くの投資家が、自分たちが利用している銀行とつながりのある証券会社で取引する利便性を好む。そのような証券会社としては、CIBCインベスターズ・エッジ、HSBCインベストダイレクト、ナショナル・バンク・ダイレクト・ブローカレッジ、RBCダイレクト・インベスティング、TDダイレクト・インベスティングがある。

手数料はさまざまである。だが、市場の競争は激しく、手数料は低下を続けている。今日、カナダの大手オンライン証券では１取引につき10ドル未満の手数料で始められる。証券会社の多くが手数料を一律としている。例えば、RBCダイレクト・インベスティングでは１取引につき一律で9.95ドルを課している。つまり、1000ドル投資しようが、1000万ドル投資しようが同じである。

ETFの経費率も低下している。2011年に本書の第１版を書いたとき、カナダのETFの経費率は年0.25～0.50％程度だった。バンガード・カナダが2011年後半に変化をもたらした。彼らはさまざまな低コストのETFを投入したのだ。それ以来、ｉシェアーズやBMOもETFの経費率を低減させている。

表6.5は、バンガードのETFを用いたダン・ボルトロッティのポートフォリオのサンプルである[9]。その他数多くあるETFを組み合わせても同じ働きをするだろう。些細なことを気にしてはならない。重要なのは簡潔さだ。ポートフォリオには３つのETFだけを組み入れることで、管理が単純になる。それによってリバランスも簡単になる。ダン・ボルトロッティのポートフォリオに１つだけ変化を加えていることに注意してほしい。私はバンガードのショート・ターム・ボンド・マーケット・インデックスを選択した。そのようなETFのほうが安全であることの説明はルール５を参照してほしい。

バンガードのカナディアン・ショートターム・ボンドETF（VSB）はおよそ335銘柄の国債と社債を保有している。バンガードのFTSEカナダ・オール・キャップETF（VCN）はさまざまな規模（小型株、中型株、大型株）のカナダ株を216銘柄保有している。バンガードのFTSEオール・ワールド・ex・カナダETF（VXC）は

表6.5　バンガードのETFによるカナダのカウチポテトポートフォリオ

ファンド名	ティッカー	保守的	慎重	バランス型	積極的	攻撃的
バンガード・カナディアン・ショートターム・ボンドETF	VSB	70%	55%	40%	25%	10%
バンガード・FTSE・カナダ・オール・キャップETF	VCN	10%	15%	20%	25%	30%
バンガード・FTSE・オール・ワールド・ex・カナダETF	VXC	20%	30%	40%	50%	60%
経費率の加重平均		0.15%	0.16%	0.17%	0.18%	0.19%

出所＝Canadian Couch Potato Blog

8100銘柄ほどからなる。その半分ほどは米国株である。その残りを外国の先進国市場や途上国市場の株式が占めている。

eシリーズのインデックスファンドを買っても、ETFでポートフォリオを構築しても、プロの投資家の大半を打ち負かせるだろう。自分の感情を制御できれば、の話ではあるが。

つまり、多くのカナダ人は投資について考えるために年に1時間も費やしたくないのだ。彼らはだれかに代わりにやってほしい。次のルール7で、インデックスファンドからなるポートフォリオを構築し、運用している、低コストの企業をいくつか挙げている。

イギリスのインデックス運用

イギリスのサッカーのナショナルチームがウェンブリースタジア

ムでドイツと対戦しようとしている。しかし、登場したのは偽物チームだった。彼らは皆、制服を着ている。右ウィングには郵便局員がいる。かつての科学の先生がゴールキーパーで、牛乳配達員がミッドフィルダーである。ほとんどの人々が大笑いするだろう。だが、やがて本物のチームの登場を要求する。

イギリスの金融機関は同じような悪戯をする。だが、彼らは面白がってそのようなことをするのではない。多くの金融機関が「インデックスファンド」を提供している。しかし、それらは公式のユニフォームを着たコストが高いだけの偽物である。その最たる例がリチャード・ブランソンのヴァージン・マネーだった。

自伝『ヴァージン――僕は世界を変えていく』(TBSブリタニカ)でリチャード・ブランソン卿は次のように書いている。「ヴァージンが金融サービス業界に参入したあとでは、すべては変わってしまったと遠慮なく言える……われわれはけっしてファンドマネジャーを雇わなかった……彼らの最大の秘密を見つけた。つまり、彼らは一貫して株式市場の指数に勝てないのだ[10]」

ヴァージンは独自のインデックス連動型ファンドを立ち上げた。しかし、それは安くなかった。同社のFTSEに連動するファンドには年1%もの費用がかかる[11]。この費用も、アクティブ運用の投資信託に比べれば低い。だが、インデックスファンドとしては成層圏に届くほど高い費用である。バンガードUKのFTSEエクイティ・インデックスが当初設定されたときの費用はたった0.15%だった。今日では費用はさらに低下している。

バンガードの費用が低いのは、ヴァージンとは異なり、同社のファンドが会社型であり、投資家(ファンドを買った全員)が実際に同社を保有しているからである。これは非営利団体によく似ている。

同社はインデックスファンドの経験が豊富なので、トラッキングエラーも小さい。FTSEオール・シェア・インデックスの銘柄が10%上昇したら、これに連動するバンガードのインデックスファンドはおよそ9.85%のリターンを上げ、市場に後れるのは運用報酬の0.15%分だけである。この場合、ファンドのリターンが9.85%を下回る結果となったら、ファンドマネジャーは非難されるだろう。これを上回るパフォーマンスのズレが「トラッキングエラー」と呼ばれるわけだ。

ヴァージン・マネーの同等のファンドは市場に少なくとも年間手数料の１%は後れを取る。トラッキングエラーが発生すれば、利益はさらに減少する。長期的には、高い費用とトラッキングエラーが問題を増幅させる。

ヴァージンのFTSEオール・シェア・UK・インデックスは2013年に19.7%のリターンを上げた。バンガードのFTSE・UK・エイクティ・インデックスは20.7%だった。どちらも同じ市場に連動させている。だが、バンガードのインデックスファンドのほうがコストは0.85%低い。そうであれば、バンガードのインデックスファンドはヴァージンのインデックスファンドを0.85%だけ上回ったはずだ。しかし、そうはならなかった。バンガードはヴァージンを１%アウトパフォームしたのである。

ヴァージンはその名のとおり、バンガードが持つ経験を欠いていた。指数に正確に連動させるには、バンガードが長年にわたり磨いてきたようなスキルが必要となる。ヴァージンには数年の経験しかなかった。彼らは投資家としても期待外れだった。失態は2013年だけではなかった。

表6.6で分かるように、2010～2015年まで、ヴァージンのイギリ

表6.6　ヴァージンとバンガードの比較（2010～2016年）

年	ヴァージンのFTSEオール・シェア・UK・インデックス	バンガードのFTSE・UK・エクイティ・インデックス
2010	+13%	+14.4%
2011	−4.7%	−3.5%
2012	+11%	+12.2%
2013	+19.7%	+20.7%
2014	+0.2%	+1.1%
2015	+1%	+0.9%

出所＝Morningstar UK

ス株のインデックスファンドはバンガードに平均で年0.97％もアンダーパフォームした。

小さな差異のようにも思える。しかし、生涯にわたる投資期間では、同様の商品でも支払う費用が多くなれば、その影響は大きなものとなる。2016年、バンガードはFTSE・UK・エクイティ・インデックスのコストがさらに低下したと発表した。費用は年0.15％から0.08％まで低下したのだ。

イギリスで経費率が高く、トラッキングエラーが大きいインデックスファンドを提供しているのはヴァージンだけではない。ザ・テレグラフ誌のカイル・コールドウェルは、2013年までの10年間にイギリスの株式市場は132％上昇したと伝えている。しかし、典型的なイギリスの株式インデックスファンドはゾンビのような死後硬直に苦しんだ。ハリファックスのUK・FTSE・オール・シェア・インデックス・トラッカーのリターンはたった92.6％だった。これは10年間で市場に40％近く後れを取った。スコティッシュ・ウィドウズのUKトラッカーの利益はたった94.8％だった。10年間で市場を38％近くアンダーパフォームしたのだ[12]。

ポール・ハワースはお粗末なインデックスファンドに資金を預けることはしない。アクティブ運用の投資信託には投資したくないとも思っている。投資を始めたとき、彼はフレンズ・プロビデント・ペンション・スキームと契約した。商品を提供したのはHSBCだった。「私はHSBC・ワールド・セレクション・ファンズを利用するようアドバイスを受けた」と彼は言う。「何層もの手数料がかかることなど知りもしなかった。年に3.5％以上手数料を支払っていることに気づいて、飛び降りたんだ[13]」

ハワースは証券口座を開設し、資金の30％をｉシェアーズ・グローバル・ボンド・ETF（SAAA）に、残りの70％をバンガードのグローバルストック・ETF（VWRL）に投資した。バンガードとｉシェアーズはどちらも素晴らしいインデックスファンドを提供している。

ハワースは年に１回ポートフォリオをリバランスする。外国株が上昇すれば、彼はグローバル・ストック・インデックスの一部を売却する。そして、当初の配分に戻すためにその資金を債券インデックスファンドに追加投資する。

マンチェスター出身のハワースは現在ドバイに暮らしている。彼はどの地で引退を迎えたいと思うか分からないので、彼のポートフォリオは自国のバイアスをかけずに、グローバルにイクスポージャーをとっている。

しかし、イギリスで暮らす投資家のほとんどは将来の費用の支払いはポンド建てになるだろう。そのため、自国のバイアスをかけることに損はない。**表6.7**には、イギリスの投資家向けに、さまざまなリスク許容度に基づいたモデルポートフォリオを掲載している。

投資家は年齢を重ねるにつれて、債券市場へのイクスポージャー

表6.7　バンガードのETFによるイギリスのカウチポテトポートフォリオ

ファンド名	投資対象	ティッカー	保守的	慎重	バランス型	積極的	攻撃的
FTSE・100・UCITS・ETF	イギリスの大型株の上位100銘柄	VUKE	10%	20%	25%	25%	30%
FTSE・250・UCITS・ETF	イギリスの中型株243銘柄	VMID	5%	5%	10%	15%	30%
FTSE・All World・UCITS・ETF	47カ国の2900銘柄	VWRL	15%	20%	25%	35%	40%
UK・Gilt・UCITS・ETF	イギリス国債39銘柄	VGOV	70%	55%	40%	25%	0%

出所＝Vanguard UK

を高めたバランス型ポートフォリオや慎重なポートフォリオを好むようになる。そのようなポートフォリオは長期的にはそれほど高いパフォーマンスは示さない傾向にあるが、ボラティリティは低下する。

引退後に二次的な収入源が期待できる者（億万長者の唯一の遺産相続人を思い浮かべてほしい）は年齢に関係なく、もっとリスクの高いポートフォリオを選ぶかもしれない。

金融ウェブサイトのマネベイターはブログで「コンペア・ザ・ユーケーズ・チーペスト・ブローカーズ（Compare The UK's Cheapest Brokers）」と題した記事を発表した[14]。彼らはその後も引き続き素晴らしい仕事をし、証券会社の費用を更新・比較している。証券会社を探しているイギリスの投資家には素晴らしい情報源だ。

だが、自分自身でポートフォリオを構築したくないと考える投資家もいる。次のルール7で、イギリスの投資家がインデックスファンドのポートフォリオを構築するときに利用できる低コストの金融サービス企業を紹介する。彼らも保有銘柄のリバランスを行う。

オーストラリアのインデックス運用——アメリカの武器を使って勝つ

アンディ・ワンは37歳のソフトウェアのエンジニアである。2016年、彼はメルボルンに家を買った。その年の７月、彼はアデレードから移り住んだ。

新しい投資家の多くが最初はアクティブ運用の投資信託に投資する。アンディの物語は違う。「僕は2007年に株式市場に投資し始めた。最初は友人や親せきが薦める株式を買っていたんだけど、すぐにそれはおかしいと気づいた[15]」

アンディは何冊かの投資本を読み始めた。彼のお気に入りはベンジャミン・グレアムの古典**『賢明なる投資家——割安株の見つけ方とバリュー投資を成功させる方法』**（パンローリング）だった。彼の最も優秀な教え子がウォーレン・バフェットだ。多くの人々が史上最も偉大な投資家と考える人物である。今日のウォーレン・バフェットがそうであるように、ベンジャミン・グレアムも晩年はインデックスファンドというコンセプトを支持していた。

「僕はジョン・ボーグルの本を何冊か読むまで、インデックスファンドへの投資が理解できなかった」とワンは述べている。バンガードの創業者であるボーグルには何冊かの古典とも呼べる著書がある。**『インデックス投資は勝者のゲーム——株式市場から確実な利**

表6.8　バンガードのETFによるオーストラリアのカウチポテトポートフォリオ

ファンド名	投資対象	ティッカー	保守的	慎重	バランス型	積極的	攻撃的
バンガード・オーストラリアン・フィクスト・インタレスト・インデックス・ファンド	オーストラリア債	VAF	70%	55%	40%	25%	10%
バンガード・オーストラリアン・シェアーズ・インデックス・ファンド	オーストラリア株	VAS	10%	15%	20%	25%	30%
バンガード・インターナショナル・シェアーズ・インデックス・ファンド	グローバル株	VGS	20%	30%	40%	50%	60%

出所＝Vanguard Australia

益を得る常識的方法』（パンローリング）、『インデックス・ファンドの時代』（東洋経済新報社）、『マネーと常識』（日経BP社）などである。

ワンが何かを理解し始めたのはそのときだ。「自分には個別銘柄のファンダメンタル分析を行う時間も能力もないことに気づいた。それに、アクティブ運用の投資信託を運用しているプロのアナリストたちを打ち負かせるとも思えなかった」

そのとき、ワンはインデックスファンドに投資したほうが良いと判断し、今日、彼はETFを用いた世界的に分散したポートフォリオを保有している。彼は証券会社のナブトレードを通じて投資している。「僕のポートフォリオは、オーストラリアの株式インデックスファンド、海外株式インデックスファンド、オーストラリアの債券インデックスファンドに分かれている。また毎月、年金積立に1000ドル投資している。僕の年金はすべてインデックスファンドに投じている」

オーストラリア人向けのモデルポートフォリオを**表6.8**に掲載した。投資家は年齢を重ねるにつれて、債券市場へのイクスポージャーを高めたバランス型ポートフォリオや慎重なポートフォリオを好むようになる。そのようなポートフォリオは長期的にはそれほど高いパフォーマンスは示さない傾向にあるが、ボラティリティは低下する。

引退後に二次的な収入源（保証された年金や何十億ドルもの遺産）が期待できる者は年齢に関係なく、もっとリスクの高いポートフォリオを選ぶかもしれない。覚えておいてほしい。年老いたマチルダ婦人の遺産を当てにしているなら、彼女は100歳を過ぎても静かに歩き回っているだろう。遺産を巡るミュージカルであれば、彼女はボケ始めたら、担当の美容師にすべての遺産を譲り渡すこともあり得る。

だが、だれもが自分自身でポートフォリオを構築したがるわけではない。次のルール７で、オーストラリアの投資家がインデックスファンドのポートフォリオを構築するときに利用できる低コストの金融サービス企業を紹介する。彼らもまた保有銘柄をリバランスする。

シンガポールのインデックス運用

低コストのインデックスファンドに投資したいと考えるシンガポール人は選択肢をグーグルで検索するかもしれない。だが、ライオンシティーのジャングルに潜む毒蛇と同じように、金融サービス業界にはヘビがいる。彼らは皆さんの投資力を蝕む機会を、悪意をもって待ち望んでいる。「シンガポール、インデックスファンド」と検索すると、年1%近い手数料を課すイデックスファンドを提供している企業に出くわすだろう。その金額は大したことではないと思うかもしれない。だが、インデックスファンドに支払う1%の手数料は、生涯にわたる投資期間では何十万ドルもの負担になる。

シンガポールでインデックスファンドを展開するファンドスーパーマーケットはインフィニティ・インベストメント・シリーズを売り出している。同社が販売しているS&P500インデックスは年0.90%の手数料を課す。これにはファンドスーパーマーケットのプラットフォームの手数料も含まれている[16]。

シンガポールの双子の姉妹がアメリカのインデックスファンドに投資することにしたとしてみよう。1人はファンドスーパーマーケットを通じてS&P500・インデックス・ファンドを買う。もう1人は年に0.08%しかかからないバンガードの低コストのS&P500ETFに投資することを選んだ。彼女は、DBSビッカーズ、スタンダード・チャータード、サクソ・キャピタル・マーケッツなどシンガポールを拠点とするいくつもの証券会社を通じてETFを取得できる。

手数料を考慮する前は、姉妹が保有するファンドはどちらも同じリターンを上げる。これは、いずれのファンドも同じ市場に正確に連動しているからである。0.90%という小さい額で表示されると、手数料は最小限のように思える。だが、そうではない。**表6.9**を見ると、一見少額の手数料が投資利益を台無しにしかねないことが分かる。アメリカのS&P500指数が向こう5年にわたり年5%のリターンをもたらすとすると、「たった」0.90%を支払う投資家は毎年利益の18%を手放すことになる。

S&P500が平均で8%の年複利リターンを上げたらどうなるだろうか。年間手数料に0.90%支払っている姉は、平均で年7.1%のリタ

表6.9　姉妹は2万シンガポールドルを投資する

	姉	妹
2万ドルの投資資金を与えられる	年0.90%のコストがかかるS&P500・インデックス・ファンドに投資	DBSビッカーズを通じてバンガードのS&P500ETFに投資、コストは年0.08%
S&P500指数が8%リターンを上げたとする	費用差し引き後で年7.1%のリターン	費用差し引き後で年7.92%のリターン
2人は35年後にいくら持っているだろうか	22万0628ドル保有	28万8136ドル保有
同じリターンが続くとして40年後はどうなるか	31万0891ドル保有	42万1800ドル保有
同じリターンが続くとして45年後はどうなるか	43万8082ドル保有	61万7471ドル保有

ーンを得ることになる。妹は手数料に0.08％しか払わないとすれば、年7.92％のリターンを獲得する。

長期的には、これが大きな違いを生む。

小さな手数料の違いがとても大きな打撃となる。前の例で、年間手数料に0.82％多く支払っている者が45年後に手にする金額は17万9389ドル少なくなった。コストは重要なのだ。証券業界にだまされてはならない。

シンガポール人は喜んでインデックス運用の旅に出る

サン・スーリンとゴードン・シールは2001年、シンガポールで開かれたスペシャルオリンピックでボランティア活動をしているときに出会った。シールはシンガポール・アメリカン・スクールの教師だ。サン・スーリン（スーと呼ばれている）はシンガポール・ポリテクニックとシンガポール国立大学でテクニカルライティングを教えている。彼女は心理言語学で博士号を修得している。これは人類がどのように言語を習得し、利用しているかを研究する分野である。

２人は2008年に結婚した。カナダ出身のシールは自分の投資成果を見て落胆していた。彼は自らの懸念を次のように説明した。

「私はかつてケニアで教師をしていたが、当時の学校はわれわれのお金を２つの会社のうちの１つで運用するよう求めた。１つはマン島に本社があるチューリヒ・インターナショナル・ライフ・リミテッドというオフショアの投資会社だった。彼らはアクティブ運用の投資信託に投資していたが、私はだまされているように感じ始めた。口座を開設するに先立って、私は自分がいくら投資するかを管理できるかどうかを営業担当にはっきりと尋ねた。すると彼は、自分で管理できると言う。でも、しばらくして私は資金を拠出するのをやめたくなった。報告書は本当にめちゃくちゃだった。長期的に自分がいくら預けたのか分からず、自分の口座にどれだけの価値があるのかさえ簡単には分からなかった[17]」

不快に感じたシールは、同社への月々の支払いを簡単にやめられると思っていた。しかし、チューリヒの営業担当（彼はすでに同社を辞めている）は、シールは毎月一定額を預ける契約を結んでいるので、契約は守らなければならないと言った。イラ立ったシールはチューリヒから資金を引き上げた。同社は彼に重いペナルティーを課した。

シールは自分で資金を管理したかったのだ。彼はシンガポールのDBSビッカーズに口座を開設し、低コストのETFでポートフォリオを構築した。だが彼は自分がどの地で引退するか分からなかった。

スーの家族はシンガポールにいる。シールの家族はカナダである。彼らはハワイに土地を持っている。そのため、シールは自分の資産をシンガポールとカナダ、そして他のグローバルな株式と債券の市場に分散するのが賢明だと考えた。

ETFからなる彼らのポートフォリオは次のとおりである。

●20%　シンガポールの債券インデックスファンド（A35）
●20%　シンガポールの株式インデックスファンド（ES3）
●20%　カナダの短期債のインデックスファンド（VSB）
●20%　カナダの株式インデックスファンド（XIC）
●20%　グローバル株式インデックスファンド（VXC）

最初の２つのETFはシンガポールの証券取引所に上場している。残りの３つはカナダの証券取引所で取引されている。だが、DBSビッカーズやサクソ・キャピタル・マーケッツなどのシンガポールの証券会社のオンライン取引を用いてすべてのETFを取得できる。シンガポール人はアメリカ市場でETFを買うべきでない。そうすることで、自分が死んだときに相続人にアメリカから重い相続税を課される可能性がある。シンガポールの証券会社の営業担当者はそれを教えようとしない。彼らにアメリカの相続税について尋ねても、「われわれは税務アドバイスはしておりません」と答えるだろう。だが、亡くなったときに６万ドルを超える米ドル建ての資産を保有していると、アメリカは自分の取り分を求めてくる[18]。

債券を買わないシンガポール人もいる。それには理由がある。すべての市民はCFP（中央積立基金）に資金を拠出している。これは債券のように元本が保証されているのだ。債券を迂回することにした投資家は株式のETFを年に１回リバランスすればよい。

シールとスーは毎月新たに投資するたびに口座をリバランスしている。例えば、シンガポールの債券インデックスファンドのパフォーマンスがほかと比べて振るわなければ、１カ月後、全体の投資に占める債券の割合は20％を下回ることになる（彼らは５つのインデックスファンドに20％ずつ配分していることを思い出してほしい）。そこで、彼らは口座に新たに資金を投じるときに、シンガポールの債券インデックスファンドを買い増すのだ。

グローバル株式インデックスファンドやカナダの株式インデックスファンドやシンガポールの株式インデックスファンドが下落したら、彼らはその月の新たな資金をパフォーマンスが最も振るわなかったインデックスファンドに投じる。こうすることで確実に次のことができる。

- 全体の安全性を高めるためにポートフォリオをリバランスする。
- 出遅れているインデックスファンドを買う。そうすることで長期的なリターンが高められる。

シンガポールでETFのインデックスファンドを買う方法の段階的な説明に関心があるのであれば、次の私のウェブサイトにアクセスしてほしい。andrewhallam.com/2010/10/singaporeans-investing-cheaply-with-exchangetraded-index-funds /。

だが、だれもがインデックスファンドでポートフォリオを構築したいわけではない。本書執筆時点で、シンガポールには少額の口座でそれができる低コストの金融サービス企業は存在しない。

しかし、少なくとも50万米ドル相当を有する者であればマーク・

アイケルスが役に立つ。彼はフルサービスのファイナンシャルプランニングを提供している。彼は低コストのインデックスファンドやETFを利用する。私のウェブサイトでアイケルスのプロフィールが閲覧できる[19]。

次のステップ

インデックスファンドを用いたポートフォリオの構築方法を学んだら、投資判断を下すためにそれほど時間をかける必要はないだろう。年に1時間もかからない。

向こう5年、10年、20年、または30年で株式市場や債券市場がどのようなパフォーマンスを示すかはだれにも分からない。だが、確実なことが1つある。インデックスファンドを用いた分散したポートフォリオを構築すれば、プロの投資家の90％ほどを打ち負かせる。

行く手に立ちはだかるリスクは2つだけである。たいていのファイナンシャルアドバイザーが最も大きなリスクとなる。彼らはアクティブ運用の投資信託を買わせようとするだろう。彼らは私がルール8で説明する戦術を用いる。彼らにとってインデックスファンドは疫病なのだ。ほとんどのアドバイザーはインデックスファンドを買わせないためにあらゆることをする。

2つ目のリスクは毎朝鏡に映る自分である。自らの感情を制御するのは思っているよりも難しく、市場が高騰している場合はなおさらだ。それゆえ投資家の多くは助けを必要とする。次のルール7では彼らに向けたロードマップである。

ルール7
独力で投資する必要はない

RULE 7 No, You Don't Have to Invest on Your Own

世界はインターネットでつながっている。アクティブ運用の投資信託がウォール街を太らせていることを何百万人もの人々が学んでいる。対照的に、低コストのインデックスファンドは投資家の利益を膨らませる。

大衆にはウォール街を占拠せよとの抗議活動は必要ない。その代わりに、彼らはお金の使い方で意思表示ができる。多くの者たちがバンガードに逃げ込んでいる。同社は世界最大のインデックスファンドの運用会社である。また、いまや世界のどのアクティブ運用の投資信託会社よりも大きくなっている。

バンガードにはヒッピーのような背景がある。ジョン・ボーグルは1974年に同社を創業した。彼は同社を非営利団体のような組織にした。同社のインデックスファンドを買うと、同社の所有者となるのだ。バンガードは会社型の投資信託から成り、第三者の株主は存在しない。ほとんどの銀行や運用会社とは異なり、株式市場で取引される普通株もない。

バンガードは人々のために設立された。コミューンに生まれた資本主義である。だが、最近まで、ほとんどの人々はインデックスファンドのポートフォリオを構築したいと思えば、独力でやらなければならなかった。彼らはバンガードが提供するインデックスファンドのなかから自分で選ぶしかなかった。もしくは、彼らはETF（上場投資信託。伝統的なインデックスファンドの流行に敏感な従弟）で自らのポートフォリオを構築する。

今でもこの2つの選択肢が最も安価な方法である。年に1時間もかからない。株式市場のニュースや予測を追いかける必要もない。それだけで、投資成果はたいていのプロの投資家を上回る。

だが、それでは裸で走っているように感じる投資家もいる。服を着ること、つまりファイナンシャルアドバイザーの助言を好む者も多い。祖父母にはできなかったことだ。彼らは手錠をかけられ、アクティブ運用の投資信託に押し込まれただろう。両親にもできなかっただろう。だが、時代は変わったのだ。

ロボアドバイザーをのぞいてみよう。これはロボットが運営しているのではない。これはメディアが作り出したSF趣味の名称である。私なら彼らを賢明な投資会社と呼ぶ。そのほとんどがインターネットベースの企業である。これらの企業は次のように述べている。「人々は賢くなっている。だからもっと良いものを提供しよう」

現在、そのような企業はアメリカ、カナダ、ヨーロッパ、オーストラリア、アジアにも存在する。彼らはインデックスファンドからなるポートフォリオを構築、運用し、手数料も低い。だが、コストとサービスはさまざまだ。包括的なファイナンシャルプランニング（投資、相続の計画、税務アドバイスなど）を提供している企業もある。資金の運用だけを行う企業もある。

たいていの場合、伝統的な運用会社はアクティブ運用の投資信託にご執心である。これらの企業は馬車のようなものだ。賢明な投資会社（どうしてもと言うなら、ロボアドバイザー）はハイブリット車かテスラである。どう考えても、パフォーマンスははるかに高く、コストははるかに低い。

だが、独力で投資ができるのに、どうして少額とは言え、だれかにお金を支払わなければならないのだろうか。

ブッダのように興奮しているか

石の上にあぐらをかき、顔に笑みを浮かべて、嵐のなかで５時間座っていられるだろうか。できないのなら、おめでとう、あなたは極めて普通である。だがインデックスファンドでポートフォリオを構築し、管理できる投資家には何か特別なものが必要かもしれない。だまされたと思わないでいただきたい。プロセスはシンプルである。年に１時間もかからない。

しかし、言うは易く行うは難し。市場の嵐はだれも予想していないときに発生する。嵐を伝えるニュースが皆さんを石の上から突き落とそうとする。

私は何年間もDIY投資家向けのセミナーを開催している。私のレッスンはシンプルである。例えば、アメリカ人には、米国株式インデックスファンドと海外株式インデックスファンドとアメリカの債券インデックスファンドを薦める。投資家は毎月追加投資をすべきである。投資の予想は無視しなければならない。配分を一定に保つために年に１回リバランスせよ。

別の言い方をするなら、年初時点でポートフォリオを３つのインデックスファンドに均等に配分したら、投資家は12カ月後にも均等に配分されているように年末時点で確実に調整を行う必要がある。

これはハンモックに横たわるくらいシンプルである。だが、ほとんどの人々はお尻がむずがゆくなる。彼らは新たな資金を「パフォーマンスの良い」インデックスファンドに投じる。彼らは下落しているインデックスファンドを無視することが多い。これが長期的な結果にダメージを与える。

投資家がニュースの金融ポルノに耳を傾け、それを基に行動すると結果はさらに悪くなる。私は金融の予想をそう呼んでいる。そのような予想はたいていの場合、誤りである。だが、数多くの人々が影響を受ける。

次のような具合である。

バンガードのS&P500・インデックス・ファンドは2016年３月31日までの10年間で平均すると年6.89％の複利リターンを上げた。これは、アメリカ株が40％近く下落した2008～2009年の株式市場の暴落を含む期間である。だが、S&P500・インデックス・ファンドの平均的な投資家は臆病な行動をとった。S&P500・インデックス・ファンドの典型的な投資家は、同じ期間に平均すると年4.52％の複利リターンしか上げていない[1]。

どうして平均的なインデックス投資家は指数にアンダーパフォームするか

図7.1でS&P500の13年間のパフォーマンスを示した。2003～2007年まで大きな調整もなく指数が上昇したことに注目してほしい。毎年、指数が上昇するに従い、資金を投じる投資家が増えた。彼らは喜んでいた。彼らには自信があった。

図7.1で分かるように、2008年になると株価は下落を始めた。ニ

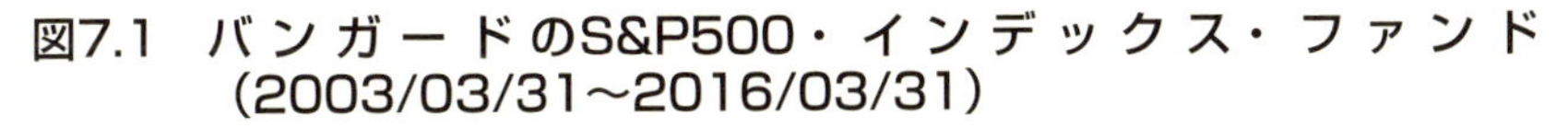

図7.1　バンガードのS&P500・インデックス・ファンド（2003/03/31～2016/03/31）

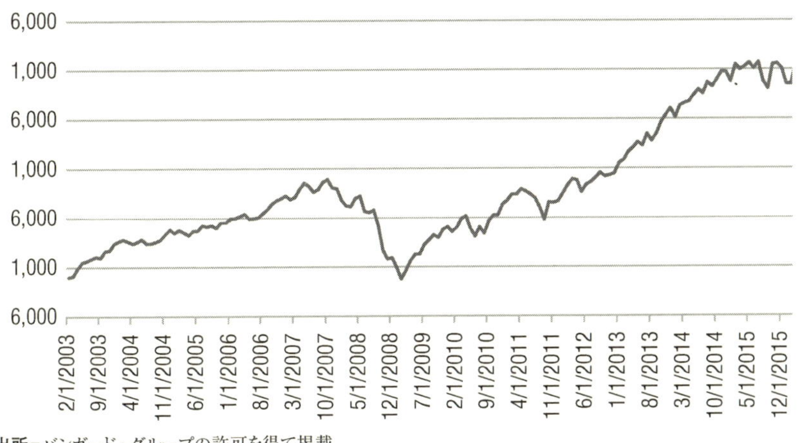

出所＝バンガード・グループの許可を得て掲載

ュースでは株価はさらに下落するだろうと伝えられた。ブッダたちは気にしなかった。だが、自称瞑想家たちの多くが衣を脱ぎ捨て、売却した。2011年、数年にわたり指数が良好なパフォーマンスを示すと、傍観していた投資家の多くが再び買い始めた。

これはまるで価格が高いときに多くのおコメを買い、安いときに買う量を減らしたり、まったく買わなかったりするようなものである。そうすることで、長期的には人々は平均を上回る価格を支払うことになる。

2016年３月31日までの騒々しい10年間にバンガードのS&P500・インデックス・ファンドは平均で年6.89％のリターンを上げた。だが、モーニングスターによると、このファンドの典型的な投資家は平均でたった4.52％の年複利リターンしか上げていない。彼らは高値で買うのを好み、安値では投資を減らすか、売却してしまうのだ。

無料のサイトPortfoliovisualizer.comで、規律ある投資家がどれだけ利益を上げたかが分かる。2003年３月～2016年３月まで毎月一定額をS&P500・インデックス・ファンドに投じた投資家は平均で年8.96％の複利リターンを上げた。

毎月一定額を投じることで、投資家はファンドの価格が安いときにより多くの受益権を買い、ファンドの価格が高いときには購入する受益権が少なくなる。この期間のファンドのリターンは年6.89％だった。だが、毎月定額を投じた投資家は長期的には取得価額が平均を下回ることになる。それによって、投資家は平均で年8.96％の複利リターンを得られるのだ。

独自にインデックスファンドのポートフォリオを構築するのは簡単である。だが、石の上やハンモックに腰かけ、世界の雑音を無視できないのならば、賢明な投資会社を雇い入れることを考えるべきだ。ブッダと同じように、それらの企業は皆さんの代わりに石の上に座るだろう。彼らも皆さんのポートフォリオを年に１回リバランスする。

アメリカ人のための賢明な投資会社

現在、アメリカ人が利用できる賢明な投資会社は増えている。そのような企業は低コストのインデックスファンドやETFを利用する。何よりも素晴らしいのは、彼らは投資家が自分たちの口座を破壊することを防ぐ。彼らに支払う追加の費用にはそれだけの価値があるだろうか。たいていの場合、その答えはイエスだ。

図7.2　バンガード・ターゲット・リタイアメント・2020ファンドの内訳

ポートフォリオの構成（2016年4月30日時点の配分）

Ranking by Percentage	Fund	Percentage
1	Vanguard Total Stock Market Index Fund Investor Shares	34.5%
2	Vanguard Total Bond Market II Index Fund Investor Shares†	28.4%
3	Vanguard Total International Stock Index Fund Investor Shares	23.5%
4	Vanguard Total International Bond Index Fund Investor Shares	12.2%
5	Vanguard Short-Term Inflation-Protected Securities Index Fund Investor Shares	1.4%
Total	—	100.0%

出所＝Vanguard Research Center, Vanguard.com

バンガード

私の妻は金融の統合失調症だ。われわれは年に5000ドルを上回る金額をマッサージに費やしている。彼女はそのことを何とも思わない。だが、私がオーガニックのブルーベリーを１パック追加で買おうとすると、彼女は私の手を叩く。また、彼女は投資コストには一線を引いている。**図7.2**に示すように、彼女はバンガード・ターゲット・リタイアメント・2020（VTWNX）を保有している。その手数料は総額でたった年0.14％である。

この商品はメディアが言うロボアドバイザーには該当しない。だが、そう呼ぶべきだ。１つの商品でインデックスファンドからなる完璧なポートフォリオを低コストで、簡単に取得できる。彼女のファンドの配分を**図7.2**に示しておく。

これはアメリカの株式インデックスファンド、２つのアメリカ債の債券インデックスファンドと海外株式インデックスファンド、海外債券インデックスファンドからなるバランス型ポートフォリオである。言い換えれば、彼女はたった１つのファンドで世界中にイクスポージャーをとっている。バンガードはそれぞれのファンドの保有銘柄を年に１回自動的にリバランスする。

いかなる精度であっても、特定の年に、どの国の株式市場が高いパフォーマンスを示すかを予想できる者がいないことは研究が証明している。そのため、賢い投資家は投機をしない。その代わりに、バンガードのターゲット・リタイアメント・ファンドの投資家と同じように、彼らはすべてを少しずつ保有する。また、彼らはいかなる予想もしようとしないで、一定の配分を維持する。

データ処理会社のCXOアドバイザリーは、株式市場の予想を試みるのはお箸で金（ゴールド）を掘り出すようなものであることを証明している。同社は2005～2012年までの期間で、68人の専門家による6584件の予想を収集した。株式市場の方向性の予想に関しては、専門家たちは全体の期間の46.9％で正しかった。[2] コインを投げれば彼らを打ち負かせたわけだ。

バンガードのターゲット・リタイアメント・ファンドは世界で最も安価なオールインワンのポートフォリオである。そのうちの１つを選べば、ほかには何も投資する必要はない。バンガードは年に１回、ポートフォリオの中身をリバランスする。ただし、彼らは保有するインデックスファンドのどれが翌年上昇すると思うかに基づいてポートフォリオを入れ替えるのではない。投機はうまくいかない。そのため、バンガードはそのような煩わしいことはしない。

その代わりに、同社は年に１回リバランスをして、ポートフォリ

図7.3　バンガード・ターゲット・リタイアメント・2010・ファンドとバンガード・ターゲット・リタイアメント・2024・ファンドの比較――2016年５月23日までの５年間のパフォーマンス

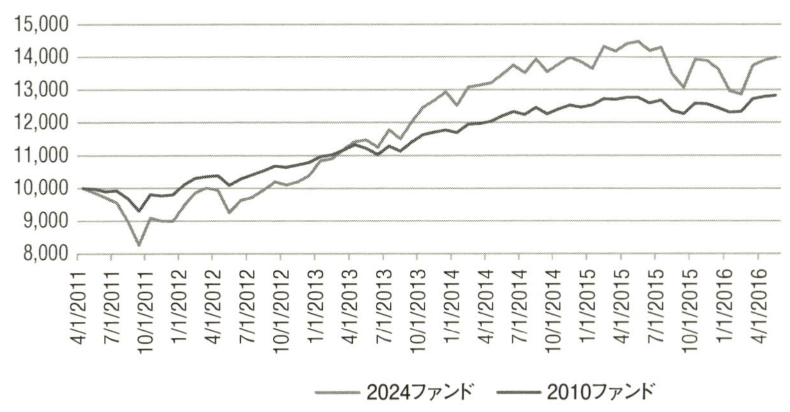

出所＝バンガード・グループの許可を得て掲載

オの配分を一定に保とうとする。

バンガードのターゲット・リタイアメント・ファンドの名称にはそれぞれ少しばかり違いがあり、最後の西暦の数字が異なる。例えば、2025年に引退を計画している投資家はバンガードのターゲット・リタイアメント・2025・ファンドを選択するかもしれない。2035年に引退したいと思っている者はバンガードのターゲット・リタイアメント・2035・ファンドを選ぶかもしれない。

それぞれのファンドは数年おきに株式へのイクスポージャーを引き下げ、債券へのイクスポージャーを高める。ほとんどの人々は引退が近づいたら株式に重きを置いたポートフォリオを保有すべきではない。長期的には株式のパフォーマンスは債券のパフォーマンスを上回る。だが、短期的には株式のほうがリスクは高い。引退者や引退を間近に控える者たちの多くがより安定したポートフォリオを好むからだ。

図7.3に２つの例を示した。

図7.3は、２つのターゲットファンドの2016年５月23日までの５年間のパフォーマンスを示したものである。バンガードのターゲット・リタイアメント・2010・ファンドとターゲット・リタイアメント・2024・ファンドである。

バンガードのターゲット・リタイアメント・2024・ファンドのほうがパフォーマンスは高かった。５年間で計42.65％上昇した。対照的に、バンガードのターゲット・リタイアメント・2010・ファンドは29.55％上昇した。

だが、バンガードのターゲット・リタイアメント・2024・ファンドのほうが高いリスクをとっていた。このファンドは株式のインデックスファンドが大半を占め、債券インデックスへのイクスポージャーはかなり低かった。長期的には株式は債券を打ち負かす。だが、債券のほうが安定している。例えば、若い投資家は将来より高いリターンが得られる可能性を求めて高いリスクをとることができる。株式市場が下落しても、彼らには回復を待つ時間が十分にある。

たいていの場合、高齢の投資家は安定性を好む。要するに、多くの者が年金口座から資金を引き出して暮らしている。そのため、引退者のほとんどはバンガードのターゲット・リタイアメント・2010・ファンドのようなファンドを好む。このファンドのほうがはるかに安定している。

本書執筆時点で、バンガードは11本のターゲット・リタイアメント・ファンドを提供している。それを**表7.1**にまとめた。それぞれの株式と債券の配分と経費率も掲載している。

私はこれらのファンドが大好きである。われわれは妻の口座でバンガードのターゲット・リタイアメント・2020・ファンドを保有し

表7.1　バンガードのターゲット・リタイアメント・ファンド

ファンド名	株式の割合	債券の割合	経費率
バンガード・ターゲット・リタイアメント・インカム	30%	70%	0.14%
バンガード・ターゲット・リタイアメント・2010	34%	66%	0.14%
バンガード・ターゲット・リタイアメント・2015	50%	50%	0.14%
バンガード・ターゲット・リタイアメント・2020	60%	40%	0.14%
バンガード・ターゲット・リタイアメント・2025	65%	35%	0.15%
バンガード・ターゲット・リタイアメント・2030	75%	25%	0.15%
バンガード・ターゲット・リタイアメント・2035	80%	20%	0.15%
バンガード・ターゲット・リタイアメント・2040	90%	10%	0.16%
バンガード・ターゲット・リタイアメント・2045	90%	10%	0.16%
バンガード・ターゲット・リタイアメント・2050	90%	10%	0.16%
バンガード・ターゲット・リタイアメント・2060	90%	10%	0.16%

出所＝Vanguard.com

ている。

気が触れた投資信託の営業マンが私を橋から突き落とすことにしたとしても、妻は自分のお金を心配せずに済む。彼女は自分でお金を運用するよりも、おしゃべりしながら食事がしたいほうだ。ありがたいことに、彼女のかわりにバンガードが資金を運用してくれる。

平均的なDIY投資家は個別のインデックスファンドやETFを用いて、少しばかり低いコストでポートフォリオを構築できる。だが、私の妻のポートフォリオはそのほとんどを打ち負かすことだろう。バンガードのターゲット・リタイアメント・ファンドがあれば、投資家は落ち着いていられる。おかしな主張だと思われるかもしれないが、説明させてほしい。

これらのファンドの投資家のほとんどが毎月一定額の資金を投じる（ドルコスト平均法）。彼らの多くが勤務先の401kを通じて投資している。彼らの多くがポートフォリオに目を向けることも、市場に注目することもない。そうすることで、彼らは素晴らしいリターンを手にする確率が高くなる。

私は10年間のトラックレコードを持つバンガードのターゲット・リタイアメント・ファンドに目を向けた。モーニングスターは、それぞれのファンドのパフォーマンスと、そのファンドの平均的な投資家のパフォーマンスとを比較した[3]。

この10年間には2008～2009年の株式市場の暴落が含まれている。これは投資家がへとへとに疲れ果てた時期である。2005～2015年までに、バンガードのS&P500・インデックス・ファンドのリターンは平均で年８％だった。だが、S&P500・インデックス・ファンドの典型的な投資家の同期間のリターンは平均するとたった年6.37％だった。ここでもまた、恐怖と強欲、そして投機が足を引っ張った。彼らは買いを入れるべきときに買うのをやめてしまった。売却したことすらあった。

バンガードのターゲット・リタイアメント・ファンドには逆の効果があった。このファンドの投資家のほとんどが毎月資金を追加投資していた。そうすることで、彼らは価格が低いときにより多くの受益権を買うことができ、価格が上昇したときは取得する数量が少なくなった。結果として、彼らが支払った価格は平均を下回った。

このようにしてバンガードのターゲット・リタイアメント・ファンドの投資家は、インデックスファンドをアウトパフォームした。2015年４月末時点で、私はモーニングスターを使って、彼らのパフォーマンスを調査した。2015年４月30日までの10年間に、バンガードのターゲット・リタイアメント・2035・ファンドは平均で7.04％のリターンを上げた。だが、この同じファンドの典型的な投資家のリターンは平均すると年8.65％だった。この期間には2008～2009年

表7.2　バンガードのターゲット・リタイアメント・ファンドの投資家はファンドをアウトパフォームした（2005/04/30～2015/04/30）

ファンド名	ファンドの10年間の平均リターン	投資家の10年間の平均リターン
バンガード・ターゲット・リタイアメント・2015	6.18%	6.64%
バンガード・ターゲット・リタイアメント・2025	6.58%	7.70%
バンガード・ターゲット・リタイアメント・2035	7.04%	8.65%
バンガード・ターゲット・リタイアメント・2045	7.39%	9.32%

出所＝Morningstar.com、10年間のトラックレコードを持つすべてのバンガード・ターゲット・リタイアメント・ファンド

の市場の暴落が含まれていることを思い出してほしい。

バンガードのすべてのターゲット・リタイアメント・ファンドでも事情は同じだった。投資家は冷静に行動した。彼らはファンドの選択を間違えた、または誤ったタイミングでリバランスしたと気を揉むことはなかった。結果として、**表7.2**にあるように、彼らの資金はファンドのリターンをアウトパフォームした。

バンガードのフルサービスのファイナンシャルアドバイザー

私の妻はバンガードのターゲット・リタイアメント・ファンドを保有しているが、同社のアドバイスは求めていない。彼女にはフルサービスのファイナンシャルアドバイザーはいない。

フルサービスのファイナンシャルアドバイザーが扱うのは投資だけではない。どれだけ貯蓄すべきなのか。子供の学費を賄うためにはどの投資口座を開設すべきなのか。遺産計画はどうすべきか。どうすれば合法的に節税できるか。彼らはあらゆることを手助けする。

正しく行おうとすると、時間がかかる。そのため、優秀なファイ

ナンシャルアドバイザーのほとんどが10万ドル未満の資金しかない顧客をとりたがらない。

バンガードはこれを変えようとしている。バンガードでは毎年ポートフォリオの価額の0.3％だけを支払えば、フルサービスのファイナンシャルプランニングが利用できる。つまり、10万ドルのポートフォリオでたった300ドルだ。５万ドル以上の資金を投じている投資家だけがこのサービスを利用できる。そして、すべてのアメリカ人が利用できる。海外で働く勇敢な人々には申し訳ない。ほかのアメリカの企業と同じように、バンガードは自分たちの砂場に入ってほしくないのだ。

アメリカで暮らしていたら、地元のバンガードの事務所に駆け込みたくなるかもしれない。だが、事務所は見つからないだろう。彼らはコストを抑えるために、個人投資家向けの実店舗を構えていない。低コストの企業の新たな波はすべてオンラインにある。それらの企業は、複数の建物を賃借または購入し、管理し、稼働させることがないので、多額の資金を節約できる。彼らはその節約分を皆さんに還元する。

以下に賢明な投資会社をいくつか挙げている。どの企業が最も良いだろうか。それは皆さんが求めていること次第だ。ファイナンシャルアドバイザリー会社と旅を始めたいと思う投資家もいるかもしれない。だが、ブッダのような規律が持てるなら、自分自身で取り組むことを選ぶかもしれない。そのような投資家はバンガードのアドバイザリー・サービスや、RW・インベストメント・ストラテジーズのような小規模な企業を好むかもしれない。

これは世界で最も風変りなファイナンシャルアドバイザーだろうか

RW・インベストメント・ストラテジーズはロバート・ワシレフスキーの経営である。世界で最も風変りなファイナンシャルアドバイザーを選ぶとしたら、私は彼に投票する。なぜだろうか。彼の目的は最終的に自分を解雇させることだからだ。たいていの場合、彼はそうしている。

彼はインデックスファンドやETFのポートフォリオを構築し、管理するためにブッダになる必要はないと考えている。彼は、最初に適切な指導を受ければ、ほとんどだれにでもできることだと考えている。彼は次のように述べている。「100万ドル未満の資産の管理には0.4％を課します。それ以上の金額なら0.3％です。また私が管理する口座の管理料として四半期に150ドル追加で頂戴します。私は３つのサービスを提供しています。１時間150ドルの時間制のコンサルティング、資産運用、そして３カ月か６カ月後に顧客自身に資産運用を引き継いでもらうことを目的とした資産運用です[4]」。

もちろん、顧客のなかには永遠に彼に資金を管理してもらいたいと考える者もいる。「忙しすぎて、自分ではできない場合もありますし、数学恐怖症の場合もあります」と彼は述べている。

投資コーチが指導する

プランビジョンのマーク・ゾリルも同じようなサービスを提供している。彼はバンガードやシュワブなどの企業に低コストの証券口座を開設するよう投資家を指導する。そして、ポートフォリオの意思決定について投資家を指導する。プランビジョンの費用はたった年96ドルである。RW・インベストメント・ストラテジーズの場合と同じように、私がプランビジョンの顧客たちから得た反応は素晴らしいものである[5]。

重労働を行う投資会社

アセットビルダーのような企業を好む投資家もいる。同社の共同創業者であるスコット・バーンズは1991年にカウチポテトポートフォリオと呼ばれるDIY戦略を考案し、広めた人物である。1991年までの期間のバックテストでは、株式と債券のインデックスファンドを組み合わせ、年に1回リバランスすると、ほとんどの投資のプロたちを打ち負かすことが明らかとなった。

1991年以降も、カウチポテト戦略はあちこちのプロのアドバイザーを困らせ続けている。この戦略を試みようとした投資家も多い。だが、彼らは苦労した。彼らはアドバイザー抜きで投資をするのが怖かったのだ。そのため、2006年、スコット・バーンズとケノン・グロースはアセットビルダーを立ち上げた。彼らはDFA（ディメンショナル・ファンド・アドバイザーズ）が提供するさまざまなインデックスファンドを用いて、カウチポテトのようなポートフォリオを構築する。

DFAのインデックスファンドは特定のアドバイザリー会社を通じてしか購入できない。その会社のアドバイザーはテキサス州オースティンとカリフォルニア州サンタモニカで開催される２日間の研修に自費で参加しなければならない。だが、ほとんどのインデックスファンドの運用会社とは異なり、DFAは市場と同じリターンを上げようとはしない。彼らは、小型株（小規模企業の株式）やバリュー株（事業の利益と比べて割安な株式）にイクスポージャーを傾けることで市場を打ち負かすことを目的としている。

これについては、カナダのケルソン・ファイナンシャル・サービセズ・ファームのファイナンシャルアドバイザーであるソニー・ワデラが見事に説明している。

「製氷皿に水を注ぎこむのを想像してほしい。製氷皿が株式市場全体で、DFAはお皿を一方向に少しばかり傾け、小型株やバリュー株の比重を高めているのだ[6]」と彼は言う。歴史的にも、そのような銘柄は市場をアウトパフォームしてきた。

では、勝ち続けるだろうか。確実なことはだれにも分からない。だが、確実なことが１つある。DFAのインデックスファンドはアクティブ運用の投資信託よりも費用が安い。そのため、一般的なインデックスファンドと同じように、生涯にわたる投資期間ではアクティブ運用の投資信託のほとんどを打ち負かすだろう。

ベターメント、リバランス・IRA、シグフィグ、ウエルスフロントなどの企業（**表7.3**参照）はアセットビルダーによく似ている。投資家は企業の営業担当者と一緒に自らのリスク特性を割り出す。そして、資金を送る。そうすると、企業はインデックスファンドやETFのポートフォリオを構築し、運用するのだ。

カナダ人のための賢明な投資会社

カナダ人は良い人たちだ。もちろん、ボードにぶち当たるとＦ爆弾を落とす奴もいれば、手袋を落とす者もいる。だが、ほとんどのカナダ人は礼儀正しいことで知られている。彼らは、プリーズ、サ

表7.3　インデックスファンドでポートフォリオを構築する賢明な投資会社

企業名	最低投資金額	年間の口座手数料*	リバランスと運用	フルサービスのファイナンシャルプランニングの有無	海外で働く者も口座を開けるか
アセットビルダー**	50,000ドル	0.24～0.45%	あり	なし	可（居住国による）
ベターメント	なし	0.15～0.35%	あり	なし	不可
プランビジョン	0ドル	年96ドル	あり	なし	可
リバランス・IRA	なし	0.50%または年500ドル 着手金250ドル	あり	なし	不可
RW・インベストメント・ストラテジーズ	なし	0.30～0.40%	あり	なし	可
シグフィグ	2,000ドル	0.25%	あり	なし	不可
バンガード	50,000ドル	0.30%	あり	あり	不可
ウエルスフロント	5,000ドル	0.25%	あり	なし	不可

*　口座手数料に幅がある場合は資産額に対する割合なので口座が大きくなるほど安くなる
**　全面開示。私はAssetBuilder.comに記事を寄稿している

ンキュー、ソーリーを多用する。

慈悲は強さである。だが、カナダの金融機関はそこに付け入る。彼らはアクティブ運用の投資信託にヒマラヤ山脈並みに高い費用を課す。カナダの銀行も自社ブランドでインデックスファンドを提供している。

私はカナダの銀行が提供するインデックスファンドを買うことは勧めない（TDのｅシリーズ・インデックス・ファンドは例外）。だが、カナダの銀行のカルチャーを伝えるためにそれらを取り上げる。カナダの銀行に足を踏み入れ、「御社のインデックスファンドでポートフォリオを構築してください」と言うべきではない理由を説明したいのだ。

第１に、銀行が販売しているインデックスファンドのほとんどは安くない――まあ、インデックスファンドに限った話だが……。確かに、その費用は銀行がアクティブ運用の投資信託で徴収している費用の半分に満たない。銀行のアクティブ運用の投資信託がバカらしく思えもする。私はグローブ・アンド・メール誌向けに、銀行のアクティブ運用の投資信託とインデックスファンドを比較した記事を書いた。いずれのケースでも、総じてインデックスファンドが勝った。

だが、カナディアン・インペリアル・バンク・オブ・コマースやロイヤル・バンク・オブ・カナダやバンク・オブ・モントリールでほほ笑む連中は皆さんの仲間ではない。

銀行はアクティブ運用の投資信託を販売するほうがはるかに多くのお金を稼げる。ひどい目に遭うのは何百万人もの投資家である。

2016年、ブリティッシュコロンビア州ビクトリアのコンドミニアムの所有者たちのフェイスブック（現メタ）のページをフォローした。私は次のメッセージを投稿した。

> カナダの銀行に行ってくれる人を４人探しています。それぞれ50ドルお支払いします。ファイナンシャルアドバイザーとのアポイントを取って、彼らにインデックスファンドのポートフォリオを構築してくれるかどうか聞いてほしいのです。

Ｘ世代の４人が申し出に飛びついた。１週間以内に、私はCIBC（カナディアン・インペリアル・バンク・オブ・コマース）、RBC（ロイヤル・バンク・オブ・カナダ）、TD（トロント・ドミニオン銀行）、BMO（バンク・オブ・モントリオール）訪問の詳しい情報を得た。

ペンと紙を手にメモをとる者もいた。iPhoneで会話を録音した者もいた。銀行のインデックスファンドでコストの低いポートフォリオを構築することを望むアドバイザーは皆無だった。彼らは代わりにアクティブ運用の投資信託を勧めてきた。彼らが勧めるファンドの費用は平均すると年2.2％で、銀行のインデックスファンドの費用の２倍以上だった。アドバイザーの知識のなさと説明不足にティム・ゴッドフリーは衝撃を受けた。

ダルハウジー大学で経済学と金融を学んだゴッドフリーは最初の鋭いリポーターだった。数年前まで、彼はオーストラリアの財務省で働いていた。「私はファイナンシャルアドバイスに関する規制について政府に助言していたのです。われわれは投資手数料を顧客にどのように開示すべきかを決めていました」と彼は言う。

私は大当たりを引いた。それを知らなかったら、私はビアリーグの試合にシドニー・クロスビーを採用していただろう。ゴッドフリーは次のように語った。「アドバイザーは、インデックスファンドはアクティブ運用の投資信託よりリスクが高いと言っていました。それには驚きました。結局、ファンドがアクティブかパッシブ（インデックスファンド）かとリスクは関係がありません。リスクを決めるのはポートフォリオの配分です[7]」

ゴッドフリーは正しい。２つのポートフォリオを取り上げてみよう。１つはアクティブ運用の投資信託からなるポートフォリオだ。これはカナダ国債、カナダ株、アメリカ株、海外株式の４つに分かれている。言い換えれば、ポートフォリオの25％がカナダ国債に投じられ、75％は世界の株式に投じられている。

これとインデックスファンドからなるポートフォリオを比較してみよう。ポートフォリオの40％がカナダ国債で、残りの60％が世界の株式に投じられているとしたら、そのようなポートフォリオは、債券の割合が25％のアクティブ運用の投資信託よりもリスクははるかに低くなる。

銀行に向かってくれた２番目のリポーターは36歳のイベントプランナーのデボラ・ブリックスだ。彼女はRBCを選んだ。「私はアドバイザーの彼女にインデックスファンドのポートフォリオを構築してくれるかと尋ねました。でも彼女はそのアイデアを即座に退けました」とブリックスは言う。

ブリックスは自身のRRSPポートフォリオですでにRBCのセレクト・バランスト・ファンドを保有していた。これは年1.94％の手数料がかかるアクティブ運用の投資信託である。アドバイザーはそのファンドを保持するよう提案した。

「インデックスファンドは１つの市場を保有するだけです」とアドバイザーは言った。「インデックスファンドを買うとしたら、どの市場を買うのか判断しなければなりません。アメリカのインデックスファンドに投資されたいですか、それともカナダですか。RBCのセレクト・バランスト・ファンドのほうが分散が効いています。アクティブ運用のほうが良いのです[8]」

ブリックスはまったく理解していないアドバイザーと対話していたのだ。アドバイザーは、銀行のインデックスファンドでも分散したポートフォリオを構築できることを理解していなかった。

CIBCに行ってくれたのが30歳の歯科衛生士であるマリナ・マッカーシャーである。節約家の彼女は２万ドルの現金を持ち、投資の準備が整っていた。アドバイザーはすぐにCIBCのバランスド・ポートフォリオ・ファンドとマネージド・インカム・ポートフォリオ・ファンドを提示した。「彼はすでに印刷してあったこれら２つのファンドのデータシートを持っていました」と彼女は言う。このファンドの経費率はそれぞれ年2.25％と年1.8％だった。

銀行のインデックスファンドの経費率はこの半分を下回った。マッカーシャーは銀行のインデックスファンドについて尋ねた。アドバイザーは次のように答えた。「バランス型ファンドの手数料のほうが高いですが、それだけの価値があります。資金を運用しているからです。インデックスファンドは保有するだけで、それ以外はほとんど何もしません[9]」

PWLキャピタルのアソシエート・ポートフォリオ・マネジャーであるダン・ボルトロッティは次のように述べている。「インデックスファンドやETFのポートフォリオを適切に構築する方法をまったく知らないアドバイザーがたくさんいても驚きもしません。アドバイザーの教育や訓練の方法は、銘柄を分析し、勝てるファンドを見つけることで市場を打ち負かすことが自分たちの仕事だと前提しています。アドバイザーが別の方法で価値を付加できるなどという考えは彼らには無関係なのです[10]」

今のところ、革命は起きていない。だれもアイスホッケーのスティックで武装してカナダの銀行や投資信託会社に押し入り、変化を要求してはいない。

それでよい。鼻を折る必要などない。革命よりも進化のほうがはるかにカナダらしい。カナダの賢明な投資会社はダーウィンに同意する。

おいしいオレンジはご所望ですか

2008年、オンライン銀行のタンジェリン（かつてのINGダイレクト）はカナダ人においしいものを提供した。インデックスファンドで構築した分散したポートフォリオを１つの商品にまとめ上げたのだ。そのコストはたった年1.07％だ。DIYの基準に従えば安くはない。だが、インデックスファンドの分散したポートフォリオを求める投資家には素晴らしい取引となる。DIY投資家とは異なり、タンジェリンの投資家は自身のポートフォリオをリバランスする必要はない。タンジェリンが代わりにやってくれる。

これに魅力を感じたのがケイティー・ディクソンである。ブリティッシュコロンビア州カムループス出身の19歳は時代のはるか先を行っている。「私の高校では卒業単位を前倒しで取得できるチャンスがありました。最終学年に高校に通うかわりに、私は１年前倒しで（高校２年次に）高校の卒業単位を取得して、６カ月のヘルスケア・アシスタントのプログラムに参加しました」

ディクソンは、友人のほとんどが高校の最終学年を終了する３カ月前に、６カ月のプログラムを終えた。「介護の需要はたくさんあります。だから私はすぐに素晴らしい仕事に就きました」と彼女は言う。ディクソンはやがて勉強して看護師になるだろう。それまで、「介護士としての私の仕事は典型的なサマージョブよりもはるかに給与は高いのです」と彼女は付け加えた。

ディクソンは18歳のときに、iPhoneのアプリで日々の支出を記録し始めた。「自分の出費を記録することで自由になるお金ができるようになりました」と彼女は言う。彼女が投資に充てることを決めたのはそのときだ。

「私は金利の高い貯蓄口座をタンジェリンに開設しました。月に150ドル投じています。私の貯蓄口座から自動的に送金されるのです。19歳になったとき、TFSA口座を開設する資格を得ました。私は蓄えたお金をタンジェリンのエクイティ・グローバル・ポートフォリオに投資しました。今でも毎月資金を投じています[11]」

前に書いたとおり、彼女は時代の先を行っている。

投資を始めたばかりで、定期的に少額を投じたいカナダ人、そして自分たちの代わりに企業にインデックスファンドのポートフォリオを構築し、リバランスしてほしいと考えるカナダ人にはタンジェリンは完璧な存在である。

ディクソンのポートフォリオは成長を求めたものだ。カナダの株式インデックスファンド、アメリカの株式インデックスファンド、海外株式インデックスファンドからなる。年に1回、タンジェリンがファンドの保有銘柄をリバランスしてくれる。

タンジェリンのほかの3つのファンドも、それぞれ投資期間やリスク許容度の異なる投資家の役に立つだろう。それらを**表7.4**にまとめた。

表7.4　タンジェリンのインデックスファンド・ポートフォリオ

ファンド名	最適な投資家像	カナダ債	カナダ株	アメリカ株	国際株式
タンジェリン・バランスト・インカム	とても保守的な投資家	70%	10%	10%	10%
タンジェリン・バランスト	保守的な投資家	40%	20%	20%	20%
タンジェリン・バランスト・グロース	ある程度の安定性と高成長を求める投資家	25%	25%	25%	25%
タンジェリン・エクイティ・グロース	若い投資家・攻撃的な投資家	0%	50%	25%	25%

出所＝Tangerine.ca

ウエルスバー

ウエルスバーはカナダの投資家向けに５つのポートフォリオを提供している。彼らは、顧客がETFからなる分散された既成のポートフォリオを選択する前に、自らのリスク許容度を割り出す手伝いをする。難しい仕事はすべてウエルスバーがやってくれる。彼らは、財政事情がそれほど複雑ではない者たち向けにフルサービスのファイナンシャルプランニングを提供している。また彼らは顧客のポートフォリオを構築し、リバランスする。投資家は口座に資金を投じるだけでよい。

同社は口座の規模に応じて、年0.35～0.60％の手数料を課す。これがウエルスバーの取り分である。投資家はさらに個々のETFの運用会社におよそ0.20％を支払う。15万ドルの口座を持つ投資家が支払う手数料の総額は年0.80％ほどだ。15万～50万ドルの口座を持つ投資家が支払う手数料は総額で0.60％である。50万ドル以上の投資家はたった0.40％を支払うだけだ。

新規の顧客はまずwealthbar.comのログインパスワードを設定する。設定するとすぐに、次のメッセージが表示される。

やぁ、アンドリュー。ウエルスバーのファイナンシャルアドバイザーのデビッドです。ウエルスバーのご利用についてご質問があればお答えします。

通常、アメリカ太平洋時間で午前９時から午後５時までチャットが利用できます。ご相談の時間を設定することもできますし、ウエルスバーのダッシュボードからオンラインでご連絡頂くことも可能です。

ファイナンシャルアドバイザーのデビッドはウエルスバーのSiriではない。実在の人物だ。ネビル・ジョアネスはウエルスバーのファンドマネジャーでチーフ・コンプライアンス・オフィサーである。彼が説明するとおり、「ウエルスバーにログインしたすべての方にファイナンシャルアドバイザーを割り当てます[12]」。

アドバイザーは個々の顧客の目標や貯蓄率、投資期間、保険の必要性だけでなく、さまざまな課税繰り延べ口座の利用可否などに基づいて彼らの長期的な財政的ニーズに注目する。

投資家はいつでもオンラインや電話で計画の見直しを要請できる。投資家はそれに先立って、オンラインで簡単な質問に答える。彼らが求める情報は現在の貯蓄率、金融資産、保有する口座の種類、リスク許容度、給料などである。顧客が入力した回答に基づいて、彼らは適切なポートフォリオのモデルを提示する。質問がある投資家はアドバイザーと対話することもできる。

カナダの低コストの賢明な投資会社はウエルスバーだけではない。**表7.5**にその他の企業をリストアップしている。それらはインデックスファンドのポートフォリオを構築し、管理してくれる。いずれのケースでも、企業は少なくとも年に１回は保有銘柄のリバランスを行う。これはリスクを低減させる重要な要素である。

だが、市場予測に基づいてポートフォリオの調整を行う企業もある。営業のパンフレットにそう書かれていたら、洗練されていると思うかもしれない。だが、ほとんどの市場予測は誤りである傾向にある。統計的には、予想に基づいてポートフォリオのポジションを調整しない企業のほうが生涯にわたる投資期間ではパフォーマンスは高い。

イギリス人のための賢明な投資会社

バンガード・UK・ターゲット・リタイアメント・ファンド

2015年、バンガードUKはターゲット・リタイアメント・ファンドの販売を開始した。これはインデックスファンドからなる完璧なポートフォリオを１つの商品にまとめたものである。イギリス株式インデックスファンドとグローバル株式インデックスファンドと債券インデックスファンドからなる分散されたポートフォリオだ。言い換えれば、これらのファンドの１つを買えば、あとは何もいらない。

表7.5　インデックスファンドのポートフォリオを構築するカナダの賢明な投資会社

賢明な投資会社	保有するインデックスファンドのリバランス	市場予測に基づいてリバランスを行うかどうか*	最低投資金額	5000ドルの口座の年間手数料**	5万ドルの口座の年間手数料**	20万ドルの口座の年間手数料**
BMOスマートフォリオ	あり	あり*	5000ドル	74ドル=1.5%	487ドル=0.97%	1850ドル=0.92%
ネストウエルス	あり	なし	なし（だが、少額の口座の手数料はバカバカしいほど高い）	347ドル=6.9%	415ドル=0.83%	1360ドル=0.68%
クウェストレード・ポートフォリオIQ	あり	あり*	2000ドル（だが、少額の口座の手数料はバカバカしいほど高い）	131ドル=2.6%	545ドル=1.1%	1980ドル=0.99%
ウエルスバー	あり	なし	5000ドル	12ドル=0.25%***	430ドル=0.86%	1710ドル=0.85%
ウエルスシンプル	あり	なし	なし	12ドル=0.25%***	353ドル=0.71%	1472ドル=0.74%

* 市場予測にはご用心
** 年間手数料には、運用会社の手数料とインデックスファンド（ETF）の経費率が含まれる
*** ウエルスバーとウエルスシンプルは5000ドル未満の口座には手数料を課さない。投資家が支払う費用はインデックスファンド（ETF）の経費率だけである。

表7.6　投資期間が長くなれば株式への配分が大きくなる

ファンド名	債券（%）	株式（%）
ターゲット・リタイアメント・2020・ファンド	41.3%	58.7%
ターゲット・リタイアメント・2050・ファンド	19.9%	81.1%

出所＝Vanguard UK　2016年6月16日時点

それぞれのファンドの名称に指定された年が付いている。例えば、2020年に引退したいと考えている投資家はバンガードのターゲット・リタイアメント・2020・ファンドを取得できる。2050年の引退を考えている投資家にはバンガードのターゲット・リタイアメント・2050・ファンドがある。これらのファンドを一定の期間保有しなければならないという義務はない。イギリスの運用会社の多くとは異なり、バンガードは投資家が取得後にファンドを売却することにしてもペナルティーはない。

個々のターゲットファンドにどのような違いがあるのか

個々のターゲット・リタイアメント・ファンドの構成要素は同じだ。だが、短期的なリスクと成長余力が異なる。例えば、**表7.6**を見ると、バンガードのターゲット・リタイアメント・2050・ファンドを選んだ投資家は、バンガードのターゲット・リタイアメント・2020・ファンドの投資家よりも株式への配分が多くなることが分かる。たいていの場合、若い投資家ほど高いリスクをとることができる。株価が下落しても、彼らには株価の回復を待つ時間が十分にあるからだ。

もちろん、保守的な若い投資家がバンガードのターゲット・リタイアメント・2020・ファンドを買うこともできる。また、冒険好きの高齢の投資家がバンガードのターゲット・リタイアメント・2050・ファンドに投資することもできる。どちらのファンドにも「満期日」はない。投資家はそれぞれのファンドの名称にある年が経過したずっとあとまで保有し続けることができる。

私がこれらのファンドを好む理由がもう1つある。バンガードは個々のターゲット・リタイアメント・ファンドが保有するインデックスファンドを年に1回リバランスする。「どうしてバンガードにインデックスファンドのポートフォリオをリバランスしてもらわなければならないのか。自力でインデックスファンドのポートフォリオを構築して運用できる。そのほうが費用がかからない」と疑問に思う投資家もいるかもしれない。

これらのターゲット・リタイアメント・ファンドの費用は年0.24%だ。バンガードのインデックスファンドやETFを利用するDIY投資家は少しばかり少ない手数料で済むだろう。

だが、たいていの場合、自分でポートフォリオを構築する投資家はパフォーマンスが振るわない。モーニングスターの研究によると、DIYのインデックスファンドの投資家は、高く買い、安く売ることが多く、市場のニュースに基づいて投機をするので、たいていの場合ファンド自体をアンダーパフォームする。バンガードにリバランスをさせている投資家のほうがパフォーマンスが高いことが多い（**表7.2**と、それに先立つ解説を参照されたい）。

毎年リバランスすることでリスクは低下する。またリターンを増大させる可能性もある。

表7.7　バンガードUKのターゲット・リタイアメント・ファンド

ファンド名	年間の経費率
ターゲット・リタイアメント・2015・ファンド	0.24%
ターゲット・リタイアメント・2020・ファンド	0.24%
ターゲット・リタイアメント・2025・ファンド	0.24%
ターゲット・リタイアメント・2030・ファンド	0.24%
ターゲット・リタイアメント・2035・ファンド	0.24%
ターゲット・リタイアメント・2040・ファンド	0.24%
ターゲット・リタイアメント・2045・ファンド	0.24%
ターゲット・リタイアメント・2050・ファンド	0.24%

出所＝Vanguard UK

さらに、バンガードは時間の経過とともに、個々のターゲット・リタイアメント・ファンドで債券への配分を増大させる。投資家が引退日に近づくにつれ、ファンドはより保守的になる。

バンガードのターゲット・リタイアメント・ファンドを**表7.7**に掲載した。年間の経費率にはリバランスの費用が含まれている。また、バンガードは時間の経過とともにファンドの経費を低減させてきた。これを読んでいる時点までに、手数料がさらに低くなっている可能性がある。

これらのファンドの唯一の問題は何か

アメリカでは、バンガードのターゲット・リタイアメント・ファンドは当初最低3000ドルの投資を必要とする。だが、バンガードUKからこれらのファンドの１つを買おうとすると、それをはるかに上回る資金が必要になる。バンガードから直接取得する場合の当初投資額は10万ポンドと非常に高い。

これは私が皆さんをウサギの穴に落としたということではない。提携する証券会社を通じてバンガード・リタイアメント・ファンドを購入すれば、必要になる資金ははるかに少なくなる。そのような中間業者（またはファイナンシャルアドバイザリー会社）はこれらのファンドを買うための手数料を課す。それでも、アクティブ運用の投資信託を買うよりもはるかに賢明である。

バンガードUKは提携する証券会社のリストを自社のウェブサイトに掲載している。だが、注意しなければならない。それらの企業のなかには投資家の資産に応じて手数料を課すところもある。長期的には、これが高く付きかねない。証券会社が0.45％徴収し、バンガードの経費率が0.24％だとしたら、投資家はバンガードのターゲット・リタイアメント・ファンドに年0.69％を支払うことになる。５万ポンドの口座であれば、年345ポンドである。10万ポンドの口座では690ポンドの費用となる。

それよりも年間の手数料が一定の金融サービス企業を探したほうがよい。

ターゲット・リタイアメント・ファンドに興味がない

イギリスでも賢明な投資会社が数多くできてきた。だが、もっぱらインデックスファンドだけを利用する企業や、個人投資家にサービスを提供している企業はほとんどない。それをしている企業の１社がナツメグ[13]だ。同社のコストはカナダやアメリカの企業に比べれば高い。だが、ナツメグはイギリスで最もお得な企業の１社だ。競争が過熱するにつれて、費用が下がる可能性が高い。

表7.8　ナツメグの口座の規模に応じた年間手数料

口座の規模	年間の口座管理費	インデックスファンドの推定経費率	年間費用の総額
25,000ポンド未満	0.95%	0.19%	1.11%
25,000～100,000ポンド	0.75%	0.19%	0.94%
100,000～500,000ポンド	0.50%	0.19%	0.69%
500,000ポンド超	0.30%	0.19%	0.49%

出所＝Nutmeg.com[13]

表7.8は、ナツメグを利用する投資家がインデックスファンドでポートフォリオを構築し、運用してもらうためにどれだけの手数料を支払うかを示している。

オーストラリア人のための賢明な投資会社

街でオーストラリア人にこう質問してみてほしい。オーストラリア株とオーストラリアの不動産のどちらのパフォーマンスが良いか。10人中９人が不動産はオーストラリア株を悠々と打ち負かしていると言うだろう。

オーストラリアの不動産価格は確かに上昇している。だが、株式市場もそれほどお粗末ではない。

ディーキン大学のスクール・オブ・ヒューマニティーズ・アンド・ソーシャル・サイエンシズの大学院性であるフィリップ・スーによると、オーストラリアの不動産価格は1900～2012年までにインフレよりも400倍速く上昇した[14]。彼はオーストラリア統計局のデータを利用した。

表7.9　バンガード・オーストラリアのライフ・ストラテジー・ファンド

ファンド名	株式の割合	債券の割合	最適な投資家像
バンガード・ライフ・ストラテジー・ハイ・グロース・ファンド	90.2%	9.8%	攻撃的投資家、若い投資家
バンガード・ライフ・ストラテジー・グロース・ファンド	70.3%	29.7%	ある程度攻撃的な投資家と若い投資家
バンガード・バランスト・インデックス	50.2%	49.8%	保守的な投資家
バンガード・ライフ・ストラテジー・コンサーバティブ・ファンド	30%	70%	かなり保守的な投資家

出所＝バンガード・オーストラリア

同じ112年間に、オーストラリア株はインフレよりも2208倍速く上昇した。どちらのアセットクラスも2016年５月31日までの５年間に優れたパフォーマンスを示している。GlobalPropertyGuide.comによると、８つの都市で計測した平均不動産価格は28％ほど上昇した[15]。バンガードのオーストラリアン・ストック・マーケット・インデックス・ファンドは37％の上昇だった。

インデックスファンドの分散されたポートフォリオを求める投資家もバンガードが選択肢となる。バンガード・オーストラリアは５つのライフ・ストラテジー・ファンドを提供している。リバランスも年に１回行われる。口座残高に対する割合で課される投資コストは口座が大きくなれば低減する。

表7.9に掲載したバンガードのライフ・ストラテジー・ファンドは最初の５万ドルの投資に対して年0.9％の手数料を課し、次の５万ドルに0.6％、口座残高が10万ドルを超えると手数料は0.35％となる。

表7.10　オーストラリアの賢明な投資会社

企業名	年間手数料	口座残高に応じた追加の手数料	ファンドの経費率も含めた年間手数料の推定値
ストックスポット	77ドル	0.528～0.924%	0.828～1.224%
イグニション・ウエルス	198～396ドル	0	0.3%
プロアドバイザー	75ドル	0.79%	1.09%
クワイエットグロース	0ドル	0.40%～0.60%	0.70%～0.90%
バンガードのライフ・ストラテジー・ファンド	0ドル	0.35%～0.9%	0.35%～0.9%

賢明な投資会社が増えている

いくつかの賢明な投資会社（ロボアドバイザー）がバンガードに挑戦しようとしている。そのいくつかを以下に取り上げている。彼らのコストもサービスもさまざまである。だが、長期的にはバンガードを含め、これらすべての企業の手数料は競争が激化するにあわせて低下する可能性が高い。

表7.10に挙げた企業はそれぞれ上場しているインデックスファンドでポートフォリオを構築し、リバランスする。手数料は投資金額に応じて変化する。例えば、ストックスポットは１万ドル未満の口座には最初の12カ月は年間手数料を課さない。５万ドル未満の口座には年0.924％を課す。50万ドル超の口座の手数料は0.528％である。

表7.10についてもう少し説明させてほしい。ストックスポットはすべての口座保有者に年77ドルの手数料を課す。そして、毎年口座残高に応じてさらに手数料を課している。口座の規模に応じて、

その値は年0.528～0.924％の幅がある。だが、運用会社が自社のETFに少額の手数料を課している。このお金を手にするのはストックスポットではない。バンガードやｉシェアーズ、または選択したETFの提供業者にわたる。これらファンドの推定される手数料を加えると、投資家は年77ドルに併せ、口座残高に応じて毎年口座の0.828～1.224％の手数料を支払うことになる。

イグニション・ウエルスはより大きな口座を持つ投資家には良い取引相手となる。同社は年198～396ドルの範囲で一定の手数料を課している。この手数料は１万ドルを下回る少額の投資口座にはかなり重たい負担となる。だが、イグニション・ウエルスは投資口座の規模に応じた年間手数料を課していない。これはかつて友人が乗っているジャガーのスポーツカーの話をしてくれたことを思い出させる。「時速100キロまでならだれでも追い付ける。だが、それ以上のスピードになると神の助けが必要だ」

シンガポールの賢明な投資会社

2016年後半、シンガポールでは複数のロボアドバイザーが事業を始めようとしていた。その１社がスマートリーだ。彼らは低コストのETFでポートフォリオを構築するとうたっている。

これは前向きな大きな一歩である。シンガポールはインデックスファンドのポートフォリオにとって低コストのプラットフォームとなる。だが、これらの企業が近道をしようとすれば、だれかが痛い思いをするかもしれない。私がこれらの企業と行ったｅメールでのやり取りによれば、彼らはアメリカのETFを利用する計画を立てている。

税務上の理由から、これは危険なゲームとなる。「われわれは投資家を大切にしております。しかし、彼らの相続人は列車の前に放り出します」と言っているようなものだからである。それらの企業はシンガポールやカナダ、イギリス、オーストラリアの証券取引所に上場しているETFでポートフォリオを構築すべきである。

理由は次のとおりだ。

あるシンガポール人がアメリカの資産を保有したまま亡くなり、その資産が6万米ドルを超えていたら、その投資家の相続人はアメリカの高い相続税を支払わなければならなくなるかもしれない。

皆さんが考えていることは分かっている。「私はアメリカ人ではない。アメリカの証券会社も使っていない」。それは問題とはならないかもしれない。IRS（米内国歳入庁）は次のように述べている。「非居住者が保有するアメリカ企業の株式は、当該非居住者が在外証明書を保有している、または当該証明書を申請しているとしても相続税の課税対象となる[16]」

そして、税額は18%から、100万ドルを超えると40%という高いものともなりかねない[17]。

表7.11に3つのポートフォリオを掲載している。それらは同じような資産配分となっており、米国株、海外株式、海外債券にイクスポージャーをとっている。1つ目のポートフォリオは、投資家が亡くなったらアメリカの相続税にやられかねない。だが、ほかの2つはカナダとイギリスの証券取引所に上場しているETFなので、安全だろう。

生まれたばかりのシンガポールのロボアドバイザーに、後世に残すことができる資金を脅かさせてはならない。そのような企業を利用する場合は、アメリカの証券取引所に上場しているETFでポー

表7.11　シンガポール人は追加のリスクをとる必要がない

	アメリカの相続税の対象となりかねない	アメリカの相続税の対象とはならない	アメリカの相続税の対象とはならない
アメリカ株	バンガード・トータル・ストック・マーケット・ETF（VTI）	バンガード・トータル・US・マーケット・ETF（VUN）	バンガード・S&P500・ETF（VUSAまたはVUSD）
国際株	バンガード・FTSE・ディベロップド・マーケッツ・ETF（VEA）	バンガード・FTSE・ディベロップド・マーケッツ・ETF（VDU）	バンガード・FTSE・ディベロップド・ワールド・ETF（VEVEまたはVDEV）
債券	iシェアーズ・1-3イヤー・インターナショナル・トレジャリー・ボンド・ETF（ISHG）	バンガード・グローバル（ex US）・ボンド・ETF（VBG）	iシェアーズ・グローバル・ガバメント・ボンド・UCITS・ETF（IGLO）
証券取引所	アメリカ	カナダ	イギリス

トフォリオを構築させないようにしなければならない。

恋人に気になった女性のことを聞いてはならない

ある男が自分の恋人に通りの向かいに住む素敵な女性のことを尋ねたらどうなるだろうか。それは恋人に「もう別れたほうがいい時期なのかな」と聞くようなものである。そのような質問をしたら、彼はそのバカげた行為を録画され、YouTubeで公開されるだろう。

ボロボロになるまで痛めつけられれば、何百万もの閲覧を稼げるかもしれない。

皆さんがファイナンシャルアドバイザーにインデックスファンドのことを尋ねても、このようなことにはならない。だが、同じルールが当てはまる。アドバイザーがアクティブ運用の投資信託を用いて投資をしていたら、彼女が喜ぶことはない。

彼女はあらゆる主張を弄して、皆さんをインデックスファンドに近づけないようにするだろう。次のルール8では、彼女が言うだろうことを説明する。コソ泥の作戦をのぞき見ておくことはどんなときでも最善である。

ルール8
コソ泥の作戦をのぞき見る

RULE 8 Peek inside a Pilferer's Playbook

インデックス運用について私がこれまで書いてきたことを読めば、独自にインデックス運用のための口座を開設しようと思うのではないかと期待している。もしくは、それを代わりにやってくれる賢明な投資会社を選択しようとするかもしれない。

いずれにしても、現在アクティブ運用の投資信託を買わせようとしているファイナンシャルアドバイザーを利用しているならば、おさらばしようと思っているだろう。

常なるように、言うは易く行うは難し。私のセミナーに参加した投資家の大部分は費用と税金を抑えるために、自分でインデックス運用をすることを決め、効率性の低い商品のバスケットに投資していた場合よりも大きな資金を築いていると思いたい。だが、すべての人たちがそうなっているとは限らない。インデックス運用をしようと思っている人の多くが契約を解消しようとして、ファイナンシャルアドバイザーと話をしたことを知っている。だが、アドバイザーのセールストークによってその場に立ちすくんでしまう。

ファイナンシャルアドバイザーの多くは心理的な戦略を持っている。それはインデックス投資家になろうとしている人々をやめさせるよう考えられたものである。アドバイザーたちは自らの戦略を見事に説明する。そして、顧客の多くが45キロものリュックを背負って登山を続けることを強いられるのだ。

多くのファイナンシャルアドバイザーはどのように皆さんと戦うのか

友人や家族が投資口座を開設しようとするとき、彼らは私について来てほしいと頼むことが多い。私は新たに投資を始める人には、あらかじめ市場について、市場がどのように機能するか、そしてインデックス運用の利点について簡単に話をする。投資信託への投資に関するあらゆる学術研究が同じ結論に至っていることを人々に伝える。つまり、株式市場での勝率を最大限に高めるには、低コストのインデックスファンドが鍵となる。

銀行や金融サービス企業に行くと、リクライニングのついた椅子に案内され、ファイナンシャルアドバイザーと対面する。アドバイザーは自分には勝てる投資信託を選び出す能力があると売り込む。私の友人がインデックスファンドの話を持ち出すと、営業マンは反インデックスのセールストークを次々と繰り出してくる。

アドバイザーが示してくる反証をいくつか挙げよう。もちろん、彼らは自分たちや勤務先のポケットにお金が流れ続けるようにしたい。彼らが言うだろうことをあらかじめ分かっておけば、自らの立場を守れる可能性は高くなる。忘れないでほしい。皆さんのお金なのだ。連中のお金ではない。

インデックスファンドは株式市場が下落すると危険なものとなり

ます。アクティブ運用のファンドマネジャーは市場が下落した場合に備えて、すべての資金を株式市場に投じるようなことはけっしてしません。株式のインデックスファンドは株式市場のリターンに100%リンクするのです。

こうして営業マンは顧客の恐怖のボタンを押す。つまり、アクティブのファンドマネジャーは市場が下落する前に株式を素早く売却する能力があり、暴落時に投資信託の資産が大きく減少するのを防げる、と。そして、市場が「安全になった」ように思えたら（もしくはセールストークがそのように展開したら）、投資信託のファンドマネジャーは改めて株式を買い、株式市場が回復したら、利益の波に乗ることができる。

これは営業の理論上は正しく思える。だが、彼らはそのように市場のタイミングを計ることはできないし、隠れた費用が大きな損害をもたらす。アドバイザーに近年で最も大きな下落を示した年はいつか教えてほしいと尋ねてみればよい。彼らは2008年だと言うはずだ。2008年、アクティブ運用の投資信託のほとんどが株式市場の指数を打ち負かしたのかどうか尋ねてみよう。彼がイエスと答えたら、彼は何も分からずに話をしている。2009年にウォール・ストリート・ジャーナルが取り上げたスタンダード・アンド・プアーズの研究が真実を詳細にまとめていた。曰く、近年で最悪の下落となったリーマンショックの2008年、アクティブ運用の投資信託のほとんどが対応する株式指数に負けた[1]。アクティブ運用の投資信託のファンドマネジャーが適切なタイミングで市場を抜け出せなかったことは明らかだ。

さらに、1つの株式インデックスファンドはポートフォリオの一部にすぎない。１つのインデックスファンドと彼らが売り込んでいるアクティブ運用の投資信託を比較したデータを用いるアドバイザーにだまされてはならない。ルール５で書いたように、賢い投資家は債券のインデックスファンドも用いて自らのポートフォリオのバランスをとる。

> インデックスファンドでは市場を打ち負かせません、と彼らは言うだろう。インデックスファンドで得られるのは平均的なリターンにすぎません。最良のファンドを選び出せるチームがいるのに、平凡な結果に甘んじることはないでしょう。

私は数多くのアドバイザーがこう語るのを耳にしてきた。それを聞くと笑ってしまう。アクティブ運用の投資信託に一切費用がかからない――12B1手数料も、経費率も、納税義務も、販売手数料も、アドバイザーのトレーラーフィーもない――のなら、営業マンが言っていることは正しいだろう。全株式インデックスファンドのリターンは「平均」にかなり近似したものとなる。長期的には、世界のアクティブ運用の投資信託の半分ほどが世界の株式市場のインデックスを打ち負かし、世界の投資信託の半分ほどが指数に負ける。だが、そうなるためには、次のようなおとぎの世界に暮らしている必要がある。

1. アドバイザーは無償で働かなければならない。彼らや彼らの勤務先のトレーラーフィーや販売手数料はない。彼の住宅ローンや食費、休暇、その他の現世の費用は歯の妖精が支払うことになる。

2．運用会社にはまったく利益がない。レイモンド・ジェームズ、T・ロー・プライス、フィデリティ、パトナム・インベストメンツ、ゴールドマン・サックス（その他「利益目的の」資産管理業）などの企業は慈善団体となる。
3．リサーチャーたちも無償で働く。運用会社が世界中にサービスを恵むだけでなく、そのリサーチャーたちも時間と労力を人類のために提供する利他的で、独立した裕福な慈善家にならなければならない。
4．投資信託の運用をしているファンドマネジャーも無償で働く。勤務先に触発を受けた彼らは、進化の遅れた生き物が給料を求めて働く一方で、無償で株式や債券を取引する。
5．運用会社は無料で株式を取引できる。大手証券会社は投資信託の運用会社が行う取引で財政的な打撃を被る。運用会社の「付加価値を付ける」使命を理解した証券会社は、運用会社が株式を取引することで生まれるすべての手数料を立て替えてくれる。
6．政府は納税義務を免除する。運用会社がそのように世界を祝福しているので、世界各国は課税対象となる売り上げにも目をつむる。

このおとぎ話のシナリオが正しければ、確かに全株式インデックスファンドは平均に極めて近似するリターンを生み出すだろう。

だが、現実世界では、全株式インデックスファンドは平均的なリターンしかもたらさないとするアドバイザーは「地球平面説」を唱える気飾ったピノキオかポストコロンブスの船乗りであることを証明している。

だが、手ごわい営業マンはそこで立ち止まらない。次のようなことを聞かされるかもしれない。

指数を打ち負かしている投資信託をたくさん紹介できます。われわれは最良のファンドしか推奨しません。

過去15回の全英オープンゴルフの勝者をバックミラー越しに見て、次のように語るのは簡単なことである。「ご覧なさい。過去15年に全英オープンに勝利したチャンピオンたちです。勝てる人々がいるのです。この知識があれば、私は向こう15年にチャンピオンになれる人を見いだすことができます。そして、私の選択に皆さんのお金を賭けますよ」

過去に高いパフォーマンスを上げたファンドがその後もアウトパフォームを続けることはほとんどないことを研究が証明している。

モーニングスターの投資信託の格付けシステムに目を向ければよい。世界中でモーニングスター以上に投資信託のデータを保有している者はいない。地元のファイナンシャルアドバイザーがそのようなデータを持っていないことは確実である。だが、ルール３で詳細に説明したように、一貫して高いパフォーマンスを上げたことでモーニングスターから「高い評価」を与えられたファンドはたいていその後の数年は市場に負ける。

モーニングスターもこの矛盾を認識している。調査部長のジョン・レケンターラーは『イン・ザ・バンガード（In the Vanguard)』の2000年秋版で次のように述べている。「公平に見ても、モーニングスターの格付けにそれほど関心を払いたくないだろうと思う[2]」

つまり、モーニングスターが将来のトップの投資信託を選び出せないとしたら、ファイナンシャルアドバイザーにそれができる確率はどれほどだろうか。彼らがファンドの過去のトラックレコードで皆さんを圧倒しようとしている場合ならなおさらだ。

人々をイラ立たせるのがお好きならば、今度アドバイザーが過去15年にわたり指数を打ち負かしているというたくさんのファンドを売り付けようとしてきたら、次のようにやり返してみてほしい。

おぉ、これはすごい。全部のファンドが過去15年に指数を打ち負かしている。では、あなた個人の投資口座の報告書を15年前の分から見せてください。これらすべてのファンドをあなたが保有していたことを示してくれたら、私は全額をあなたの言うとおりに投資しますよ。

よろしい、これは少し品がなさすぎるかもしれない。彼の15年分のポートフォリオの明細にはそれらのファンドは掲載されていない可能性が高い。５年分のポートフォリオの明細にすら載っていないだろう。

営業マンの粘り強さが「Ａ」クラスならば、次のような反応を得るだろう。

私はプロです。私はお預かりした資金をファンドからファンドへ切り替えることで、人気のファンドマネジャーを利用し、世界的な経済の変動に付け入ることができます。そうすることで、分散されたインデックスファンドのポートフォリオを容易に打ち負かせますよ。

このような愛について考えるだけで鳥肌が立つ。多くのアドバイザーが、自分たちは経済を理解しており、チャンスと来るべき災難とを予見できると信じさせようとする。彼らは自分たちの洞察力があれば、インデックスファンドのポートフォリオを打ち負かすことができると言うだろう。

だが、金融における洞察力という点では、ブローカーやファイナンシャルアドバイザーはトーテムポールの下部に位置する。最上部には年金のファンドマネジャーや投資信託のファンドマネジャーやヘッジファンドのファンドマネジャーがいる。アメリカの個人金融のコメンテーターであるスーズ・オーマンが指摘しているように、ほとんどのファイナンシャルアドバイザーは「ピンストライプのスーツを着た単なる営業マン」である。

ファイナンシャルプランナーはたった２週間の研修を受ければよい。公認ファイナンシャルプランナーも証券会社での１年の営業経験と６カ月に満たない研修（投資商品や保険やファイナンシャルプランニング）を受ければ、認定を得られる。毎晩読書をすれば、それほど時間もかからずに、個人金融についてたいていのファイナンシャルプランナーよりも多くの知識が得られる。彼らは売らなければならない。彼らは信頼を得なければならない。彼らは皆さんに自信を持たせなければならない。彼らの仕事の最も大きな部分を占めるのがこのようなスキルである。

仲裁を専門とする弁護士のダニエル・ソリンが『ダズ・ユア・ブローカー・オウ・ユー・マネー（Does Your Broker Owe You Money)』を書いていたとき、あるブローカーが彼に次のように語った。

新人ブローカーのトレーニングは次のような具合だ。シリーズ７、シリーズ63、シリーズ65、それと保険の試験の勉強をして受験する。私は３週間をかけて営業の勉強をした。ブローカーがアセットアロケーションや分散などについて学びたいと思ったら、独学でやらなければならない[3]。

これを読めば、ポートフォリオに債券を組み入れない投資家があらゆる世代にいることが極めて普通である理由が説明できるだろう。金融の営業マンの多くがもっぱら営業マンとして訓練されているだけで、株式と債券で投資口座を分散させる方法などは学んでいない。

有名なアメリカの金融本の著者であるウィリアム・バーンスタインもほとんどのファイナンシャルアドバイザーが訓練不足であると主張し、**『投資の４原則――低コストのインデックスファンドが人生100年時代の救世主』**（パンローリング）で、投資をする者は次の２冊の古典を読むべきだと提言している。

1. バートン・マルキール著『ウォール街のランダム・ウォーカー――株式投資の不滅の真理』（日本経済新聞出版社）
2. ジョン・ボーグル著『インデックス・ファンドの時代――アメリカにおける資産運用の新潮流』（東洋経済新報社）

「これら２冊を読み終えれば、株式ブローカーの99％やその他ほとんどの金融のプロたちを上回る金融の知識が得られる[4]」と彼は述べている。

私が見たところ、彼は正しい。

2004年、親友のデーブ・アルファウィキと私はブリティッシュコロンビア州ホワイトロックの銀行に行ったとき、投資信託を売る若い女性に出会った。アルファウィキはインデックス運用の口座を開設したかったので、私が同行した。アドバイザーの知識不足がひどかったので、私はどのような資格を持っていて、それを取得するのにどのくらいかかったのか尋ねてみた。彼女はIFIC（インベストメント・ファンズ・イン・カナダ）という研修を通じて投資信託を販売するライセンスを取得した。おそらく研修を修了するには３週間のフルタイムでの勉強が必要になるはずだが、彼女とそのクラスメートたちはたった２週間の集中コースで研修を終えていた[5]。２週間の研修を受けるまで、彼女は投資について何も知らなかった。

１年後、私は母が投資口座を開設する手助けをするために、彼女と一緒にカナダの別の銀行に行った。われわれは口座のおよそ50％を株式のインデックスファンドに、50％を債券のインデックスファンドにしたかった。もちろん、アドバイザーは常なるようにわれわれを思いとどまらせようとした。

だが、アドバイザーは私が自分よりも投資の知識があることを認識すると、静かになった。彼女はおおよそ次のようなことを言ってわれわれを驚かせた。

まず、われわれはお客様の感触をつかみます。お客様が投資について詳しくない場合は、銀行は例えばファンド・オブ・ファンズ、つまり一連の投資信託に投資する投資信託に資金を投じることを提案します。これは一般的な投資信託よりも少しばかり費用がかかる傾向にあります。この提案がうまくいくのはご自身がなさっていることをまったく理解していない投資家の場合です。

少し賢そうな投資家の場合、われわれは自社のアクティブ運用の投資信託を個別に提案します。これらの商品ではそれほどたくさんのお金が稼げないので、われわれはまず別の商品を強く推奨します。

どのような場合でも自社のインデックスファンドをお客様に提案することはありません。投資家がそれをお求めになり、またわれわれがインデックスファンドをやめるように説得できない場合にかぎり、インデックスファンドに投資していただきます。

私は彼女の率直さを高く評価した。会話が終わるまでに、アドバイザーは私にインデックス投資に関する本を推奨してくれるように求め、彼女はたくさんの本のタイトルを喜んで書きとっていた。少なくとも彼女は自分のお金を大切にする意欲はあったのだろう。

３年後、同じ銀行の別の営業マンが母に電話をかけてきた。「お客さまの口座はリスクが高すぎます。銀行にお越しいただければ、別の投資商品を提案させていただきます」

ありがたいことに、母は踏ん張ることができた。彼女の口座の50％は債券のインデックスファンドに投じられていたので、口座のリスクはまったく高くない。だが、銀行にとっては儲からない口座だった。

ファイナンシャルアドバイザーが大学で金融や商学やビジネスの学位を修得していることに気づいたら、少し腰を据えるべきである。そのような学位の１つを持つ別のだれかを見つけて、次のように聞いてみるべきだ。大学で投資信託やインデックスファンドを研究したか、または財産を築くため、もしくは引退後のために個人的な投資ポートフォリオを構築する方法を学んだか、と。その答えはノーだろう。だから、無関係な追加の肩書きにだまされてはならない。

ほとんどのブローカーやアドバイザーは単なる営業マンであり、

高給取りの営業マンである。アメリカでは、平均的なブローカーは年に15万ドル近く稼ぐ。アメリカのすべての賃金労働者の上位５％に入る金額だ。彼らの所得は、弁護士やかかりつけの医師や一流大学の教授の平均よりも多い[6]。そして、彼らがアクティブ運用の投資信託を推奨しているとしたら、彼らは栄養士を装いながら、あめや酒やたばこを売る自動販売機のようなものだ。

どうしてファイナンシャルアドバイザーがウソをつくのか

ハーバード大学で経済学博士を修得したセンディル・ムライナサン、ハンブルグ大学のマーカス・ノース、MIT（マサチューセッツ工科大学）スローン・スクール・オブ・マネジメントのアントワネット・スコアは『ザ・マーケット・フォア・ファイナンシャル・アドバイス（The Market For Financial Advice)』と題した研究を発表した[7]。

彼らは俳優を雇い、50万ドルのポートフォリオを保有しているフリをしてファイナンシャルアドバイザーに接触させた。低コストのインデックスファンドからなるポートフォリオを保有しているとしたケースもあった。研究者たちはアドバイザーがどのような助言をするのかを知りたかったのだ。５カ月間に、俳優たちはボストン地域のファイナンシャルアドバイザーを300回近く訪問した。

インデックスファンドからなるポートフォリオを示されると、ほとんどの者たちがあざ笑った。85％がアクティブ運用の投資信託のほうが優れていると言った。昔、アプトン・シンクレアが言ったように、「理解しないことで給料を貰っている者に理解させるのは難しい[8]」。

だが、どうして彼らはウソをつくのだろうか。

2006年、キャスリーン・D・フォーズ、ニコール・L・ミード、ミランダ・R・グードは『ザ・サイコロジカル・コンセクエンス・オブ・マネー（The Psychological Consequences of Money[9]）』と題する研究を発表した。それによると、お金によって人は利己的になるという。被験者は、被験者のフリをした実験者とボードゲームのモノポリーを行った。あるケースでは、多額のモノポリーのお金がテーブルに残った。お金がほとんど残らなかったケースもあった。

この時点で、ある者が部屋に入って来て、鉛筆の箱を落とす。これは仕組まれたことで、被験者が拾い上げるのを手伝うかどうかを調べる実験だった。テーブルに多額のモノポリーのお金を持っていた被験者が拾い上げる鉛筆が最も少なかった。

別のテストでは、実験者はある問題に苦労しているフリをした。あらかじめお金のことを刷り込まれていた者はそれほど協力的ではなかった。お金のことを刷り込まれていない者では反対のことが起こった。

ノーベル賞を受賞したダニエル・カーネマンの『ファスト＆スロー――あなたの意思はどのように決まるか？』（早川書房）によれば、「この調査を行った心理学者のキャスリーン・フォーズが研究結果が意味することの議論を控えたことは称賛に値する[10]」。

アドバイザーにインデックスファンドでポートフォリオを構築するよう頼んでみればよい。実験が意味することが明白になるだろう。

トーテムポールで考える

ファイナンシャルアドバイザーやブローカーは金融の知識のトーテムポールの下部に位置する。最上部には、ヘッジファンドのファンドマネジャーや投資信託のファンドマネジャーや年金基金のファンドマネジャーがいる。

概して資産運用で最上位の資格であるCFA（公認証券アナリスト）を持つ年金基金のファンドマネジャーは欲しいものを買う余裕がある。この連中は政府や企業の巨額の年金基金を運用している。彼らはずば抜けて優秀だ、と言われている。地元のファイナンシャルプランナーがペンシルベニア州教職員の年金やニュージャージー州の年金基金を運用する職に申し込んだら、大笑いされるだろう。

年金基金のファンドマネジャーは株式市場や経済を理解している。彼らは望むところに投資できる。通常、彼らは特定の地域や種類の株式に集中する必要はない。世界は彼らの思うままだ。ヨーロッパ株に投資したいと思えば、投資する。小型株に新たなチャンスがあると思えば、小型株に多額の投資をする。株式市場が短期的に下落すると思えば、手持ちの株式の一部を売却し、債券を買い増すか現金のまま保有するかもしれない。

典型的なファイナンシャルプランナーは平均的な年金基金のファンドマネジャーほど知識はない。だが、ほとんどのアドバイザーは、自分たちは年金のファンドマネジャーと同じように経済をよく知っている、自分たちは買うべき人気の投資信託を見つけられるという考えを「売り込もう」とする。彼らは経済がいつ自壊するか、どの株式市場が急騰しそうか、金（ゴールド）、銀（シルバー）、小型株、大型株、石油株、小売業界の株式が優れたパフォーマンスを示すのは今四半期か、今年か、またはこの10年かが分かると語ろうとするかもしれない。

だが、彼らは大ウソつきだ。

市場でお金を稼ぐことについては、年金基金のファンドマネジャーのほうがファイナンシャルアドバイザーやブローカーよりもはるかによく知っているだろう。

年金基金のファンドマネジャーが業界の頂点に君臨する存在だとしたら、彼らの運用成績をインデックスファンドからなる分散したポートフォリオと比較したらどうなるだろうか。

ほとんどの年金基金は運用資産を60対40に分けている。つまり、60％が株式、40％が債券である。また、彼らには一般投資家にはない優位性がある。大企業の年金基金が支払う手数料はわれわれが支払う手数料よりもはるかに安く、発生したキャピタルゲインにかかる税金を支払う必要もない。

平均的なファンドマネジャーが有する金融に関する洞察力に、より低いコストと税の優遇が組み合わされば、平均的なアメリカの年金基金は、年金基金と同じように株式を60％、債券を40％としたインデックスファンドのポートフォリオをやすやすと打ち負かすと思うだろう。だが、それは真実とは異なる。

アメリカのコンサルティング会社フューチャーメトリックスは、アメリカの大手192社の年金基金の1988～2005年までのパフォーマンスを検証した。S&P500・インデックス・ファンドを60％、中期社債のインデックスファンドを40％としたポートフォリオをアウトパフォームした年金基金は30％に満たなかった。[11]

ほとんどの年金基金のファンドマネジャーがインデックスファンドのポートフォリオに勝てないのならば、ファイナンシャルアドバイザーが勝てる可能性はどれほどだろうか。

勝率を最大化する

ファイナンシャルアドバイザーにこの話をすれば、彼らのほとんどはあなたを混乱させるためにデタラメを語り始めるか、自分たちのエゴと戦いはじめることだろう。

後者であれば、こう言いだすかもしれない。そんなに簡単なら、どうしてすべての年金基金がインデックス運用をしないのか。

年金基金のファンドマネジャーはわれわれと同じように楽観的である。彼らの多くは株式インデックスファンドを60％、債券インデックスファンドを40％としたポートフォリオを打ち負かそうとするだろう。

だが、彼らはバカではない。そして、多くの年金基金がインデックス運用でリターンを最大化している。

アメリカのファイナンシャルアドバイザーであり、『ザ・ニュー・コーヒーハウス・インベスター（The New Coffeehouse Investor）』の著者であるビル・シュルタイスによると、例えばワシントン州の年金基金は株式市場の資産の100％をインデックス運用としており、カリフォルニア州は86％がインデックス運用、ニューヨーク州は75％、コネチカット州は株式市場に投じる資金の84％がインデックス運用である[12]。

だが、一般投資家の大部分はアクティブ運用の投資信託を買う[13]。データを把握していない彼らのファイナンシャルアドバイザーは現実を歪めてぼろ儲けを続けているのだ。これによってほとんどの人々は、手数料と税金と愚かな「マーケットタイミング」の誤りで引退後のポートフォリオの半分以上を犠牲にしてしまう。

インデックスファンドにこだわるのは退屈かもしれない。だが、インデックスファンドはサメのように漁網を引裂き、最終的に株式市場と債券市場を通じてお金持ちになれる確率を最大化してくれる。

フィデリティの社員はなぜフィデリティを訴えたのか

フィデリティは世界最大の投資信託会社の１社である。彼らの投資信託のほとんどがアクティブ運用である。だが、インデックスファンドも提供している。2012年、私は友人のパッティ・スマルドンがフィデリティの低コストのインデックスファンドでポートフォリオを構築するのを手伝った。３年後、フィデリティの担当者がスマルドンに接触してきた。「彼は、投資資金をいくつかのアクティブ運用の投資信託に移すべきだ。そのほうがパフォーマンスは良くなると言ってきた」

皮肉なことにスマルドンのポートフォリオのパフォーマンスは非常に良かった。だが、利益相反の例が欲しければ、次の例が良いだろう。

フィデリティの社員たちはインデックスファンドに投資したがる。だが、同社の401kの投資対象はアクティブ運用の投資信託ばかりである。2013年、フィデリティの社員たちはそのことでフィデリティを非難した。フィデリティの社員のグループが、同社が従業員の支出で利益を得ようとしているとして同社を訴えた。

そのとき、同社の広報担当者であるビンセント・ロポルキオは次のように述べた。「この訴訟は完全に道理を欠いていると考えており、われわれは厳しく反論するつもりです。フィデリティには、従業員の年金積立に大いに寄与する極めて寛大な福利厚生がございます」

だが、フィデリティはこの戦いに敗れた。2014年８月、CNNは次のように伝えた。「フィデリティは集団訴訟の和解金として1200万ドルを支払うことに同意した。この訴訟は、同社が年金制度の運用でコストの高い投資信託を提供し、過大な手数料を課すことで従業員の支出で利益を得ているとしたものだった[14]」

友人のスマルドンに接触してきたフィデリティの担当者はどうなったのだろうか。彼はゆっくりと眠れているのだろうか。

政府の行動は必要か

イェール大学の寄付基金のファンドマネジャーであるデビッド・スウェンセンは、アメリカ政府は投資信託業界が個人投資家を搾取するのをやめさせる必要があると提言している[15]。アメリカには世界で最もコストの安いアクティブ運用の投資信託がある。彼は、カナダやイギリスやオーストラリアやシンガポールの投資信託の費用についてはどう思っているのだろうか。これらの国々のほうがコストは高い。

政府による規制など待っていられないだろう。搾取に対抗する最良の武器は教育である。高校では教えられなかったかもしれない。だが、今それを学んでいる。

戦闘準備の知らせを受け、人々の教育に取り掛かった人物のなかにグーグルの副社長であるジョナサン・ローゼンベルグがいる。

2004年８月、グーグルの株式が上場され、株価が急騰したことで、すでにグーグル株を保有していた同社の社員の多くが一夜にして億万長者になった。

グーグルの社員が手にした棚ぼた式の財産は、JPモルガン・チェースやUBSやモルガン・スタンレーやプレシディオ・ファイナンシャル・プランナーズといった企業のファイナンシャルプランナーを引きつけた。血に群がるサメのように、彼らはグーグルを取り巻いた。彼らはグーグルの本社に入り込んで、にわか成り金の社員たちにアクティブ運用の投資信託を売りつけたかったのだ。

グーグルの幹部はファイナンシャルプランナーを留め置いた。そして、ファイナンシャルプランナーたちが同社の芝生を踏む前に、従業員たちにゲスト講師による一連の講義を提供した。

2008年にサンフランシスコ誌向けにこの話の記事を書いたマーク・ダウイによると、最初に登場したのは、1990年のノーベル経済学賞の受賞者であるスタンフォード大学のウィリアム・シャープだった。彼は社員たちにアクティブ運用の投資信託は避けるよう忠告した。「市場を打ち負かそうとしてはならない。いくつかのインデックスファンドに資金を投じるべきだ[16]」

１週間後、バートン・マルキールが登壇した。プリンストン大学の経済学教授は従業員たちにインデックスファンドでポートフォリオを構築するよう強く勧めた。彼は1970年代初頭から投資信託への投資について研究しており、長期的に全株式インデックスファンドを打ち負かすアクティブ運用の投資信託を選び出すことなど不可能だと思っている。インデックスファンド以外を提案するブローカーやアドバイザーや友人や雑誌を信用してはならない。

次に、社員たちは幸運にもジョン・ボーグルの話を聞くことができた。「平凡な男」のチャンピオンであるジョン・ボーグルは、非営利の投資組織バンガードを創設した金融の天才である。彼のメッセージも同じだった。グーグルという大きな筏の周りを泳ぐブローカーやファイナンシャルアドバイザーの目的は１つである。彼らは高い手数料を通じて皆さんのお金を奪い取ろうとする巨大な織機だ。何が起きているのか気づいたときには手遅れかもしれない。

サメたちがやっと芝生に近づいたときには、グーグルの社員たちは準備万端で、綺麗な身なりの口のうまい、愛嬌たっぷりのアドバイザーたちを容易にかわしてしまった。[17]

皆さんもグーグルの乗組員たちと同じことができると思う。ほとんどのファイナンシャルアドバイザーにとってインデックスファンドは儲けを生まない価値のないものであることを常に思い出してほしい。今、アドバイザーを利用しているなら、インデックスファンドには投資していないだろうが、ポートフォリオにインデックスファンドがないとしたら、アドバイザーは利益相反を冒していることが分かるだろう。その場合、アドバイザーにインデックスファンドをどう思うかと尋ねるのは時間のムダである。

インデックスファンドに関する私のセミナーが終わると、「アドバイザーにインデックスファンドについて聞いてみる」という声を耳にすることが多い。それは、マクドナルドのオーナーにバーガーキングの魅力を尋ねるようなものである。マクドナルドのオーナーは皆さんにバーガーキングのワッパーなどに近づいてもらいたくないのだ。

そして、彼らが皆さんにハーバード大学寄付基金のリーダーであるジャック・マイヤーに関心を持ってもらいたくないことは間違いない。2004年、ブルームバーグ・ビジネスウィークでウィリアム・Ｃ・シモンズのインタビューを受けた彼は次のように述べた。

> 運用業界は巨大な詐欺だ。毎年、取引費用や手数料で何十億ドルもかすめ取っている……ほとんどの人々がアウトパフォームできるファンドマネジャーを見つけられると考えているが、間違いだ。単純にインデックスファンドを保有すべきである。間違いない。[18]

インデックスファンドへの投資が投資で成功する確率が最も高い方法であることは統計的にも明らかである。だが、そうするには自らの立場を固持する必要がある。平均的な給料でお金持ちになりたいのなら、ほとんどのファイナンシャルアドバイザーが売りつけるような高価な商品に投資する余裕などないのだ。

残念ながら、かなりエキゾチックな方法でインデックスファンドのポートフォリオを打ち負かせると考える投資家もいる。そのような考えは高くつく。次のルール９でそのような誤りについて概説する。

ルール9
誘惑を払いのけろ

RULE 9　Avoid Seduction

自分自身の資金を管理するうえで問題となるのがある種の詐欺にひっかかるリスクである。大多数のプロ投資家を打ち負かす方法は簡単に学べる。インデックスファンドに投資すればよい。だが、オルタナティブ投資を試みるという脇道にそれる過ちを犯す人もいる。

もっと良いインデックスファンドを見つけられないかと考える者もいる。市場を打ち負かすことが約束されているインデックスファンドを、だ。

起こり得る最悪の事柄の1つが新しい投資戦略で成功してしまうことである。1年、3年、または5年にわたって何かがうまくいってしまうと、もう一度それを試みる誘惑に駆られ、もう一度リスクをとってしまう。だが、重要なのはイージーマネーの誘惑を制御することである。そこには苦痛の世界と、皆さんが懸命に稼いだ貯蓄をかすめ取ろうとする悪党たちが待っている。このルール9では、手っ取り早く稼ごうとする投機家たちが用いる魅惑的な戦略のいくつかを検証していく。

告白の時間

ひどくお粗末な投資判断に関するストーリーなど持ち合わせていないと言う投資家はおそらくウソつきだろう。では、気合を入れて、私がこれまでに下した最もお粗末な投資判断についてお話ししよう。そうすることで、皆さんが同じバカげた過ちを犯さずに済むかもしれない。

私が下した今までで最もお粗末な投資判断

1998年、ある友人がインスタ・キャッシュ・ローンズという会社への投資に興味があるかと聞いてきた。「年に54％もの利息が得られる。それに、すでに投資して、利息を受け取っている連中を何人か知っている」と。

高い金利は注意すべきである。当時、私はワールドコムなどの企業が発行した高利回りの社債の危険性に関する記事を読んでいた。それら社債の利回りは8.3％もあった。警告の要点は次のとおりだ。一般的な金利が４％の環境下で債券に8.3％もの金利を支払っている企業があるとすれば、地下室で何か厄介な煙が上がっているに違いない。ワールドコムがその債券を発行してまもなく、同社は倒産した。同社は銀行から借り入れた資金で債券の金利を払っていたのだ。[1]

ワールドコムの金利がスピードバンプなら、友人が勧める投資がもたらすという年54％のリターンはエベレストに匹敵した。だから私は恐怖を感じた。

私は次のように言った。「インスタ・キャッシュ・ローンズは実際には54％の金利を支払っていない。同社に１万ドル預けて、同社が年末に5400ドルの『金利』を支払うのなら、投資額の半分ちょっとを回収するだけだ。連中がその１万ドルを抱えてマレーシアの山奥に姿を消したら、ひどい目に遭うぞ。4600ドル失うんだぞ」

完全におかしいと思った。だが、さらにおかしいことに、最終的に私は心変わりしたのだ。

１年後、友人は54％の金利を受け取ったと言ってきた。「違う、受け取ってない。投資したお金は消えてなくなるかもしれないぞ」と私は強く言った。

翌年、彼は再び54％の金利を受け取った。彼の銀行口座には毎月4.5％が定期的に振り込まれていた。

その時点では私はまだ詐欺だと考えていたが、私の確信は怪しくなっていた。彼が優勢だったのだ。彼は当初同社に預けた金額を上回る金利を受け取っていた。

彼はインスタ・キャッシュ・ローンズへの投資を８万ドルまで増やした。そして彼は年４万3200ドルの「金利」を受け取った。

引退していた彼は、この金利で世界中を旅行できた。アルゼンチン、タイ、ラオス、ハワイに出かけたが、その背景にはこの素晴らしい投資があった。

５年ほどが経過したとき、彼はこの会社の社長であるダリル・クライン（これは彼の本名だ）に会うように私を説得した。インスタ・キャッシュ・ローンズはどうして毎年、すべての投資家に54％もの金利を支払えるのか。私は事業がどのように行われているのか知りたかった。

私は、同じく関心を抱いた友人と一緒に、ブリティッシュコロンビア州ナナイモの同社の本社まで車で出かけた。

クラインの事務所の前の縁石に車を横付けしたとき、私は怪しいと感じた。クラインは手にタバコを挟み、袖をまくったしわくちゃのシャツを着て歩道に立っていたのだ。

クラインの事務所で席に着くと、彼は事業について説明した。当初、彼は質屋を開くつもりだった。だが、自動車を担保に資金を貸しつけるというはるかに儲かる事業を思いついて、考えを改めた。その結果、インスタ・キャッシュ・ローンズが設立された。

彼はおおよそ次のようなことを語った。

私は普通ならばお金を借りられない人たちに短期的に少額の資金を貸し付けています。例えば、不動産のエージェントが家を売って、多額の手数料が入ってくることが分かっている。そして、彼は新しいステレオをすぐに買いたいと思っている。彼はクレジットカードの限度額がいっぱいで、ステレオを買う現金を持っていなかったら、私のところに来ればいい。

「それはどういう仕組みなのか」を私は知りたかった。

彼が自動車を持っていたら、その所有権を私に切り替え、私は彼にお金を貸します。自動車は単なる担保です。彼はそのまま乗り続けられますが、所有者は私です。私は高い金利と質の手数料を課します。そして彼の返済が滞ったら、合法的に自動車を取り上げます。彼が借り入れを返済したら、自動車の所有権を彼に戻します。

「自動車を持って逃げたらどうするのか」と私は尋ねた。

引退した数人の女性が私の下で働いています。彼女たちはそのような自動車を追跡することには長けています。ある男は返済が滞ったときに、自動車で国境に向かいました。女性の１人が、彼が

> オンタリオ（ブリティッシュコロンビア州のクラインの事務所から飛行機で6時間ほどだ）にいることを突き止めました。彼が気づく前に、われわれはその車をブリティッシュコロンビア行きの次の電車に乗せました。最終的に、われわれは彼に金利と車の輸送費を合わせた請求書を手渡しました。

効率的な事業のように思えた。だが、この男に思いやりはあるのか知りたかった。「なぁ、ダリル。お金を返さなかった人を許したことはあるか」と私は尋ねた。

自己満足の笑顔で、椅子でふんぞり返りながら、クラインは彼からお金を借りたある女性の話をした。彼女は家族のキャンピングカーを担保にした。彼女は返済をしなかったが、クラインがキャンピングカーを差し押さえられるのは公平ではないと考えた。彼女の夫は借金のことを知らなかった。彼は弁護士を伴ってクラインの事務所にやってきたが、契約は法的に隙がなかった。弁護士にできることは何もなかった。

だが、クラインが説明するには、この女性に同情した彼はキャンピングカーの所有権を夫婦に返した。

素晴らしい企業のように思えた。

だが、54％の金利を保証できる者などいない。ポンジスキームで現在収監されているファンドマネジャーのバーナード・マドフは最低でも年10％のリターンを約束し、数多くの知的水準の高い人々を掃除機に吸い込んだ。そして、その過程で650億ドルがどこかへ消えてしまった[2]。彼は主に株式市場に資金を投じることで顧客のためにお金を稼いでいると主張した。だが、彼が顧客に支払っていた「金利」は新たな投資家が預けたお金だった。顧客が目にする口座残高は真実ではなかった。ある投資家が資金を引き出そうとすると、マドフは別の投資家が預けた新たな資金を充てていた。

2008年のリーマンショックでマドフの床が抜けると、投資家はすべてを失った。何百万ドルも失った彼の犠牲者のなかには俳優のケビン・ベーコンと妻のキーラ・セジウィック、映画監督のスティーブン・スピルバーグなどがいた[3]。

だが、マドフが支払った金利など、ダリル・クラインの投資家が手にする54%のキャビアに比べればニワトリの餌にすぎない。

2001年にわれわれが初めて会ったとき、クラインの話はしっかりしているように思えた。だが、それでも私はお金を投ずる覚悟はできなかった。

一方で、私の友人は金利を受け取り続け、いまやその額は10万ドルを超えていた。

2003年、もう十分だった。私の友人は何年間もこの男でお金を稼いでいた。そして私の「直感」は危険性よりも強欲にくすぐられていた。私はクラインに再び会い、7000ドルを投資した。その後、私は会員だった投資クラブに慎重に事を進めるよう説得した。そして、われわれは5000ドルを投じた。毎月4.5%の金利の小切手を見ると、自分たちがとても賢いように思えた。1年後、投資クラブはさらに2万ドル投資した。

私の友人たちもイージーマネーに魅了された。友人の1人は5万ドルを借り入れ、インスタ・キャッシュ・ローンズに投資した。彼は同社から月に2250ドルの金利を受け取るようになった。

別の友人は同社に10万ドル以上預けていた。彼が受け取る年間の金利は5万4000ドルだった。だが、アリスの不思議の国はわれわれの愚者の楽園よりもリアルだった。

捕まったのはクラインのほうが先だったが、バーニー・マドフのケースと同じように、2006年、パーティーはついに終わりを迎えた。修羅場と化した。クラインは初めから詐欺を働こうとしていたのか（彼がほかの投資家が預けたお金から金利を支払っていたことは明らかだ）、それとも、彼の事業は善意に基づくものであったが機能しないビジネスモデルがおかしくなったあとでゆっくりと崩壊していったのか、われわれにはまったく分からなかった。

最終的にクラインは州の証券法違反で有罪とされ、2026年まで投資家とかかわる活動に従事することを禁じられた[4]。

だが、彼が軽い罪で済んだという事実が投資家たちには幾ばくかの慰めとなった。この投資に参加するために住宅ローンを借り換えた者もいたからだ。

われわれの投資クラブは数カ月間金利を受け取ったあとで、２万5000ドルの投資残高を失った。私が個人的に投資した7000ドルも露と消えた。同社の投資家ですべてを失った者も多い。投資するために５万ドルの借金をした私の友人は10カ月間金利を受け取った（彼はこれにかかる税金を支払わなければならなかった）あと、2006年にインスタ・キャッシュ・ローンズが破綻すると、投資資金のすべてを失った。

これは投資家が学ぶべき重要な教訓である。人生のある時点で、皆さんに儲かる話を持ち込む者がいるだろう。やめておきなさい。十中八九、それは頭痛以外の何ももたらさない。

投資ニュースレターとそのトラックレコード

1999年、前に触れた投資クラブは銘柄選択で優位性を手に入れようとしていた。われわれはジョージ・ギルダーなる人物が発行していたギルダー・テクノロジー・リポートという投資ニュースレターを購読した。彼はまだ活動しているかもしれない。2011年にインターネットを検索すると、彼の銘柄選択を称えるウェブサイトが出てきた。そこでは彼が選んだ銘柄は過去3年で155%のリターンを上げており、今すぐ申し込めば、たった199ドルで彼のニュースレターを12カ月購読できるとうたっていた。2016年までに、ウェブサイトに変化はなかった。まったく同じ文言が掲載されていた[5]。

1999年に話を戻すと、われわれは、ジョージ・ギルダーは富の王国の鍵を持っていると確信した。今日、ジョージ・ギルダーが監査を受けていない3年間のヒストリカルリターンで投資家を誘惑しようとするのではなく、長期的なトラックレコードをウェブサイトに掲載したら、解約が殺到するだろう。彼の銘柄選択は彼のフォロワーたちに甚大な被害をもたらした。

われわれは1999年にジョージ・ギルダーのテクノロジー・リポートを購読し、彼が推奨する銘柄に実際に投資した。私は、投資クラブの仲間たちがこの本を読み、ジョージ・ギルダーがいまだにお金持ちになれると触れ回っているかもしれないことに気づかずにいてくれることを願っている。おそらく彼らは、ギルダーを樽に詰めて川に流そうとするだろう。

表4.5で、2000～2002年までに株価がどれほど下落したかを示した。

2000年、ノーテルネットワークス、ルーセント・テクノロジーズ、JDSユニフェーズ、シスコ・システムズを買うよう推奨していたのはだれの投資リポートだっただろうか。ご想像のとおり、ジョージ・ギルダーだ。

表9.1は大局的な現実を示している。2000年に「ギルダーが推す」

表9.1　ハイテク株の急落（2000～2002年）

	2000年の高値	2002年の安値
アマゾン	10,000ドル	700ドル
シスコ・システムズ	10,000ドル	990ドル
コーニング	10,000ドル	100ドル
JDSユニフェーズ	10,000ドル	50ドル
ルーセント・テクノロジーズ	10,000ドル	70ドル
ノーテルネットワークス	10,000ドル	30ドル
プライスライン	10,000ドル	60ドル
ヤフー	10,000ドル	360ドル

出所＝Morningstar、『お金を働かせる10の法則』

4銘柄に合計で4万ドル投資したとしたら、その価額は2002年までに1140ドルまで下落した。

では、投資額を4万ドルに戻すためにはどのくらいのリターンが必要だろうか。

パーセンテージにすると、3400％の上昇が必要になる。

わぉ、これは今日、ギルダー・テクノロジー・リポートの見出しにならないのだろうか。

「2002年以降、われわれが選んだ銘柄は3400％のリターンを上げました」

本当にそうなったら、ジョージ・ギルダーは彼のウェブサイトでこの数字を宣伝しているかもしれない。

冗談半分で、2000年にギルダーが選んだ銘柄が2002～2016年までに3400％上昇したとしよう。これに驚く人はたくさんいるかもしれないが、私は驚かない。ギルダーのフォロワーが2000～2002年に経験した下落後、彼の長期的な購読者たちが3400％のリターンを得ても、10年で彼らの当初の投資額がかろうじてトントンになっただけだ。さらに、これはインフレの被害を考慮していない話である。

長期的な購読者がいるとすれば、彼らは損益分岐点には遠く及ばない。彼のフォロワーたちがグランドキャニオンの底ではい回っているのが聞こえるだろうか。彼らは喉が渇いているのではないかと思う。

どこで１ドルを取られるのか

すでにわれわれは、税金と手数料を引いたあとでは、インデックスファンドからなる分散されたポートフォリオを打ち負かせる確率は低いことを知っている。だが、投資のニュースレターについてはどうだろうか。それらは東京の満員電車の人々のようにひしめき合い、ギルダーと同じようにリターンを自慢し、経験の乏しい投資家が涎を流しそうな話をでっち上げている。

> われわれは特別な戦略を用いて、過去12カ月に株式市場で300％のリターンを上げました。今なら、たった月額9.99ドルでこの財産を築くための新しい公式を皆さんと共有します。

考えてみてほしい。ウォーレン・バフェットよりも10倍も早く資金を膨らませることができる者が本当にいるのならば、その人はフォーブス400のリストの最上位にランクされるのではないだろうか。そして、株式市場を支配しているのなら、どうして9.99ドルの購読者を募るためにそれほど多くの時間をかけてパソコンのキーボードを叩きたいと思うのだろうか。

では、本当の数字を見てみよう。

ほとんどのニュースレターはトンボのようなものである。見た目もかわいく、ブンブンと飛び回るが、悲しいかな長くは生きられない。ユタ大学のジョン・グレアム教授とデューク大学のキャンベル・ハーベイは1980年６月～1992年12月までの12年間で、１万5000を上回る株式市場に関するニュースレターを追跡調査した。彼らの研究では、調査中の12年間で94％が廃業した[6]。

ストックピッカーとしてお金を稼ぐ才があり、ニュースレターでその金融の知恵を広めているとしたら、おそらく廃業することにならないだろう。高い年間リターンを上げる約束を果たせるなら、ニュースレターの帝国を築けるだろう。だが、投資成果はひどいものなので、だれもその言い分を聞きたがらないとしたら、ニュースレターはケナガマンモスのように死に絶える。

金融関連のニュースレターの銘柄選択の結果を追跡している組織がいくつかある。そのうちの１つがハルバート・ファイナンシャル・ダイジェストだ。2001年１月版で、このアメリカの出版社は、堅実だと考えられる160のニュースレターを追跡したことを明らかにした。だが、160のニュースレターのうち、過去10年で推奨銘柄が株式市場の指数を打ち負かしたのは10のニュースレターだけだった。この数値に基づけば、投資ニュースレターをフォローすることで株式市場の指数を打ち負かせる確率は７％に満たない[7]。

別の言い方をするなら、次のような広告に魅力を感じるだろうか。

全株式インデックスファンドに投資することもできますが、われわれのニュースレターの銘柄選択をフォローすることもできます。

インデックスファンドに比べて、われわれの失敗確率は93％です。
今すぐご購読を。

ハルバート・ファイナンシャル・ダイジェストは批判をするために立ち上げられたのではないと思う。だが、そうならざるを得なかった。投資に関するニュースレターは真実をごまかせば、新しい購読者から利益を得られるのだ。

2013年、マーク・ハルバートはバロンズに記事を書いた。タイトルは「ニュースレター・リターンズ」だった。ハルバートの会社は何年にもわたり投資ニュースレターのパフォーマンスを追跡している。ニュースレターの広告にはウソが多い、と彼は言う。

一例として、ハルバートはマーク・スカウセンの投資ニュースレターを取り上げた。スカウセンのニュースレターは次のように主張していた。「７年間、市場が好調なときも不調なときもあったが、私の推奨銘柄は累積で145％の年率リターンを上げている[8]」

この主張を受けてハルバートは次のように述べた。「わがハルバート・ファイナンシャル・ダイジェストのパフォーマンス監視サービスによれば、スカウセンの最も歴史のあるニュースレターは年率145％ものリターンを生み出してはいない……広告が指摘している過去７年、弊誌の計算では、ニュースレターが生み出したリターンは年率5.2％である」。アメリカのインデックスファンドはこれを打ち負かすだろう。

「ジャンクボンド」と呼ばれる高利回り債

ある時点で、高い金利を支払う社債を買う誘惑と戦ったことがあるかもしれない。そのような投資対象は忘れてしまおう。企業は立ち泳ぎをしているか、沈んでいると、銀行からお金を借りるのが難しくなる。そこで、高いリスクを好む投資家を引きつけるために高金利を「宣伝」する。だが、問題は次のとおりである。企業が財政的に困難に陥ると、その金利が支払えなくなる。さらに悪いことに、当初の投資資金を失いかねない。

高い金利を支払う債券は、財政状態が不安定なので、ジャンクボンドと呼ばれる。

綺麗な花を摘むために峡谷に手を伸ばすよりも、保守的に責任ある行動をとるほうが良いことは分かっている。

高成長の市場への投資はひどいものになる

かつて友人が私にこう言った。「僕のアドバイザーは、若いんだからすべての資金をエマージングマーケットファンドに投じても構わないと言うんだ」。彼のファイナンシャルアドバイザーは、インドや中国のかつては貧しかった何十億もの人々が500インチのフラットスクリーンのテレビを眺め、ハンバーガーやフライドポテトや何ガロンものコーラを頬張りながらザ・ビゲスト・ルーザーを視聴する日を夢見ていた。肥満気味の経済への投資がもたらす、増える利益見通しに目を輝かせている。だが、考えるべきことがいくつかある。

歴史的に見て、高成長国の株式市場のリターンが必ずしも低成長の国の株式市場のリターンを打ち負かすとは限らない。ウィリアム・バーンスタインは『ジ・インベスターズ・マニフェスト（The Investor's Manifesto）』のなかでモルガン・スタンレーのキャピタ

表9.2　高成長国の株式市場が常に素晴らしいリターンを生み出すとは限らない

国	1998〜2008年インフレ調整後のGDPの年率成長率（%）	株価の平均上昇率（%）
アメリカ	2.77	8.8
インドネシア	4.78	8.16
シンガポール	6.67	7.44
マレーシア	6.52	6.48
韓国	5.59	4.87
タイ	5.38	4.41
台湾	5.39	3.75
中国	9.61	3.31(1993年時点)

出所＝ウィリアム・バーンスタイン著『ジ・インベスターズ・マニフェスト』

ルインデックスとIMF（国際通貨基金）のデータを用いて、GDP（国内総生産）の成長率で見た高成長国の1988〜2008年までのヒストリカルリターンは、低成長国の株式市場のリターンより低かったと書いている[9]。

表9.2で、最も急成長を遂げている経済（中国経済）を取り上げ、それを最も成長の遅い経済（アメリカ）と比較すると、1993〜2008年までに米国株式インデックスファンドの投資家が多額のお金を稼いだことが分かる。だが、投資家が同じ15年にわたって中国の株式インデックスファンドを保有したとすると、その間の中国のGDP成長率が年9.61％だったにもかかわらず、彼らはほとんど利益を得られなかった。

中国のGDPは2008〜2016年まで増大を続けた。だが、中国株は苦しんだ。2008年初めにｉシェアーズ・チャイナ・ラージキャップ・ETF（上場投信）に投資した１万ドルは、2016年10月10日までに6971ドルにまで減ってしまった。対照的に、同時期にバンガードの

表9.3　エマージングマーケットの投資家の利益のほうが多いとは限らない

指数	1985～2016年	それぞれの指数に投じた1万ドルの価値
アメリカ指数	年11.3%	2,744,193ドル
先進国の株式市場指数（イギリス、フランス、カナダ、オーストラリア）	年8.9%	1,401,378ドル
途上国の指数（ブラジル、中国、タイ、マレーシア）	年9.2%	1,529,888ドル

出所＝『イェール大学流投資戦略』（パンローリング）

S&P500・インデックス・ファンドに投じた1万ドルは、2016年10月10日までに1万4792ドルまで増大した[10]。

イェール大学の有名な機関投資家であるデビッド・スウェンセンも、寄付基金のファンドマネジャーに、GDP成長率のワナにかからないよう警告している。機関投資家向けの**『イェール大学流投資戦略——低リスク・高リターンを目指すポートフォリオの構築』**（パンローリング）で、彼は、1985（世界銀行グループの国際金融公社が途上国の株式市場のリターンを計測し始めた最初の年）～2006年まで、先進国の株式市場は途上国の株式市場よりも高いリターンを投資家にもたらしたと述べている[11]。

表9.3は、私がこれらのリターンを2016年1月1日まで更新したものである。エマージングマーケットはアメリカを除く先進国の市場を上回ったが、多くの投資家が期待するような圧勝ではない。

エマージングマーケットは、ロケットのように上昇し、隕石のように下落し、そしてまたロケットのように上昇するので、エキサイティングかもしれない。だが、そのような興奮を必要としていないなら、途上国市場に多額の資金を投じるよりも、全世界株式インデックスファンドに投資することを好むかもしれない。

将来、エマージングマーケットが勝者となるかどうかはだれにも分からない。そうなるかもしれない。だが、分散を維持し、途上国へのイクスポージャーを低く抑えるのが最も良い。

金（ゴールド）は投資ではない

金は長期的にはひどい投資対象だった。だが、それを知っている者はほとんどいない。証明が必要だろうか。通りに出てやってみよう。

学識のある人のところにいって、彼らの先祖の１人が1801年に１ドル相当の金を買ったと想像してもらおう。そして、2016年にその金にどれだけの価値があるかを尋ねるのだ。

彼らは今日、その金を売れば素晴らしい物が買えると思って目を見張るかもしれない。彼らはヨットやガルフストリームのジェット機や南シナ海に自分の島を買うことを想像するかもしれない。

では、彼らの夢を壊そう。その金を売って得られるお金ではミニバンのガソリンタンクを満タンにすることもできない。

1801年に金に投じられた１ドルは、2016年になっても54ドルほどの価値しかない。

アメリカの株式市場に投じられた１ドルはどうだろうか。

さぁ、自分はヨット持ちになれると想像し始められるぞ。

1801年にアメリカの株式市場に投じられた１ドルは、2016年には162万4000ドルになる[12]。

金は、物を貯め込み、金融ハルマゲドンのあとで、輝く地金と固くなったパンを交換することを望む人たちのためのものである。もしくは、金価格が上昇しているときに、下落する前に売却できることを期待して買うことで、金価格の「タイミングを計ろう」とする人々のためのものである。これは投資ではない、投機である。金は200年以上にわたり、ホッピングに乗る興奮した子供のように跳ねたり、下がったりしてきた。だが、インフレ調整後で見ると、長期的にはほとんど上昇していない。

私は次のようなトロピカルビーチ法のほうを好む。

1. 金を悠々と打ち負かせることが証明されている資産を買う（株式と債券のインデックスファンドをリバランスすればそうなる）。
2. トロピカルビーチでハンモックに横たわる。
3. 日光を浴びながら、忍耐強く長期的な利益を享受する。

金融雑誌について知っておくべきこと

金融雑誌が、皆さんが財産を築く手助けをするために作られたものならば、巻頭記事は毎号同じものとなるだろう。つまり、今すぐインデックスファンドを買え、だ。

だが、それではだれも雑誌を買わない。ニュースとしての価値がない。さらに、雑誌は購読料からはそれほど利益を得ていない。彼らが稼ぐお金のほとんどは広告がもたらす。金融雑誌を手に取って、だれが広告を打っているか確認してみればよい。投資信託を販売し、仲介業務を提供する金融サービス企業が最大の広告収入源である。

金融雑誌の台所を賄っているのは広告主だ。だから、雑誌の表紙は「今すぐ買うべき人気の投資信託」となるのだ。

2005年、私はマネーセンス誌に「ハウ・アイ・ゴット・リッチ・オン・ア・ミドル・クラス・サラリー（How I Got Rich on a Middle Class Salary）」と題した記事を書き、ルール1で紹介した億万長者の機械工ラス・ペリーに触れた。私は新車購入に関するペリーの意見を引用した。曰く、「良い考えではない、人々は中古車を買うべきだ」。

雑誌の編集者であるイアン・マクギューアンとの会話で、私はアメリカの最大手自動車会社の1つがマクギューアンに電話をかけてきて、マネーセンス誌で再び同じような記事を見たら、広告を取りやめると脅されたことを学んだ。生活を支えているのは広告主なので、金融雑誌には、投資家を教育している余裕はないのだ。

本書の第1版を書いたとき、私のデスクにはスマートマネー誌の2009年4月号が置いてあった。これは株式市場がリーマンショックから立ち直り始めた時期に刊行されたものだった。同誌は「今すぐ割安の株式を買え」と叫ぶ代わりに、人々が求めるものを提供していた。つまり、表紙には鎖と南京錠で保護された100ドル札の束が描かれ、見出しは次のように踊っていた。「自分のお金を守れ」「5つの安全な債券ファンド」「お金をどこに置いておくべきか」「今すぐ金（ゴールド）を買え」

株式が割安のときにそのような見出しはバカげている。だが、一般大衆が株式市場の下落におびえ切っているのなら、彼らは自らの思慮に欠ける魂のためにたくさんのチキンスープを欲しがるだろう。彼らはそれを進んで活用するのではなく、株式市場から逃げ出す方法を知りたがる。怖がる大衆が求めるものを提供すれば雑誌は売れるかもしれない。だが、ほかの者たちがおびえているときにおびえていてはお金は稼げない。

表9.4　上昇率（2009/04～2016/01）

スマートマネーが推奨する債券ファンド	
オイスターワイス・ストラテジック・インカム・ファンド（OSTIX）	+60%
T・ロー・プライス・タックスフリー・インカム・ファンド（PATAX）	+45%
ヤヌス・ハイイールド・ファンド（JHYAX）	+84%
テンプルトン・グローバル・ボンド・ファンド（FBNRX）	+51%
ダッジ・アンド・コックス・インカム・ファンド（DODIX）	+48%
スマートマネーが推奨するファンドの平均リターン	+58%
米国株式インデックスファンドのリターン	+198%
海外株式インデックスファンドのリターン	+86%
グローバル株式インデックスファンドのリターン	+131%

出所＝Morningstar[13]

私はスマートマネー誌を非難しているのではない。彼らが雑誌を作るときに直面するジレンマは想像できる。同誌の記者は賢い人たちである。彼らは、株式市場が割安となっているときに買いに入ることが、とりわけ長期的な投資家にとっては財産を築く強力な戦略となることを分かっている。だが、ほとんどの人々にとって、下落する市場は直腸検査よりも恐ろしい。債券ファンドや金を勧めれば簡単に売れる。

では、スマートマネー誌の2009年４月号に従っていたら、どのくらいのお金が稼げたかを見てみよう。

同誌が提案していたのは次の債券ファンドである。オスターワイス・ストラテジック・インカム・ファンド、T・ロー・プライス・タックスフリー・インカム・ファンド、ヤヌス・ハイイールド・ファンド、テンプルトン・グローバル・ボンド・ファンド、ダッジ・アンド・コックス・インカム・ファンドだ。

表9.4は、スマートマネーが推奨する債券ファンドが2009年４月

～2016年１月までに金利を再投資すると、平均で58％のリターンを上げたことを示している。

同じ号で推奨されていた金はどうだろうか。金は同期間に13.8％のリターンを上げた。

これまでのところ、雑誌の推奨はそれほど悪くないように思える。彼らが見出しで取り上げなかったことに目を向けるまでは。事業利益と比較した株価は数十年前よりも割安だった。雑誌の見出しはこうあるべきだったのだ。「今すぐ株を買え」

彼らはそう伝えなかったので、**表9.4**で実証されているように、スマートマネーの読者たちは大きな利益を見逃した。2009年４月～2016年１月まで、株式は債券や金をやすやすと打ち負かしている。

バンガードのUSストック・マーケット・インデックス・ファンドで見たアメリカの株式市場は198％上昇した。同じ期間に、バンガードのインターナショナル・ストック・マーケット・インデックス・ファンドは86％の上昇、バンガードのトータル・ワールド・インデックス・ファンドは131％上昇した。

雑誌は広告主や読者の感情に応えていることを強調してきたが、結果を比較すると、予想がどれほど難しいかが浮き彫りになる。

ヘッジファンド――金持ちから盗みを働く金持ち

裕福な人々のなかには、インデックスファンドをあざ笑い、資産運用のプロにもっと高いお金を支払えば、最終的により大きな報いが得られると考えている者もいる。例として、ヘッジファンドを取り上げてみよう。多くの裕福かつ認められた投資家たち（巨大な金融ギャンブルに興じられるだけお金持ちだと考えられている人々）

のための投資手段であるヘッジファンドは見出しを飾り、法外な手数料にもかかわらず、世界中で投資家の強欲に傾く心をくすぐっている。

だが、今となれば、統計的にはインデックスファンドに投資するほうが優れた選択肢であることに驚きもしないだろう。ヘッジファンドは危険なものともなりかねず、それを保有するマイナス面がプラス面を凌駕しかねない。

まずはプラス面

中所得者層は相手にしないということくらいで、これと言ったレギュレーションのないヘッジファンドは、通貨や株式市場で空売りすることができる。市場が下落するとしたら、ファンドマネジャーが市場の下落に賭け、その後、市場が暴落したときに賭けを回収すれば、ヘッジファンドは多額のお金を稼げる。ヘッジファンドは、認められ、洗練されていると思われる投資家に限ることで、少数の個別銘柄やその他の投資商品に大きく投資することができる。一方で、通常の投資信託には規制によるガイドラインがあり、１つのカゴに入れられる卵の数に上限が設けられている。ヘッジファンドのファンドマネジャーの大きな賭けがうまくいけば、投資家は報いを得る。

今度はマイナス面

典型的なヘッジファンドは経費として投資家の資産の年２％を徴収する。これは平均的なアメリカの投資信託の経費率よりも３割ほど高い。そしてヘッジファンドの運用者は利益の20％を追加の手数料として徴収する。これは他人を搾取してお金を生み出すライセンスである。

ヘッジファンドの業績報告は任意であり、これが業界を覆う１層目の霧となる。

1996～2004年まで行ったプリンストン大学のバートン・マルキールとイェール・スクール・オブ・マネジメントのロバート・イボットソンの８年間のヘッジファンドの研究で、この８年間存続したヘッジファンドは25％を下回ると発表した[14]。生存率が25％のファンドから選び出したいと思うのだろうか。私は思わない。

公表されたヘッジファンドの平均リターンに目を向ける場合、分かるのは生き残ったファンドの結果だけである。死に絶えたファンドは平均の計算には入っていない。これはクロスカントリーの地区大会に20人の高校生をエントリーするコーチのようなものだ。17人は途中で棄権する。だが、残りの３人が上位を独占する。学校新聞は、平均的な走者は２位となったと伝える。奇妙だろうか。もちろん、そうだ。だが、ヘッジファンドのデータ処理というおとぎの世界では、「正確」なのである。

マルキールとイボットソンは、このトワイライトゾーンのような業績報告の結果から、データベースにあるリターンの平均は年7.3％も過大評価されていることを発見した。

これらの結果には生存者バイアス（レースを棄権したファンドは計算しない）といわゆる「遡及バイアス」がかかっている。1000社の小さなヘッジファンドが立ち上げられたと想像してみてほしい。「開店」するとすぐに、彼らは認められた投資家に売り込みを始める。だが、彼らはヘッジファンドのデータ処理業者にパフォーマンスの数字を伝えるほど大きくもなければ、成功もしていない、今のところ。

10年後、マルキールとイボットソンの研究結果に合わせて、75％のファンドが廃業すると仮定しよう。彼らの夢は消えた。そして、彼らに投資した人々にしてみれば、本当に終わってしまった。

残った250社のうち、半分だけが誇るべき結果を残し、自らの成功したトラックレコードを自慢し、成長することができるようになる。つまり、1000社の新しいヘッジファンドのうち、10年後も残るのが250社で、そのうち125社がマーケティングと投資の成功で十分に成長し、ヘッジファンドのリターンを集計するデータ業者に10年間のヒストリカルリターンを提供できるようになる。標準以下のファンドや破綻したファンドのデータは処理されない。弱いファンドを無視し、最も強力なファンドだけを取り上げることを「遡及バイアス」と呼ぶ。

そうすることで、死に絶えたファンドを無視し、データベースに認識されるほど成長できなかったファンドは無視される。マルキールとイボットソンの研究によれば、この奇妙な選択によって、彼らが検証した期間においてヘッジファンドのリターンは年7.3％も水増しされていたのだ[15]。

hedgefundresearch.comによると、2015年８月15日までの13年間で、ヘッジファンドが公表したリターンの平均は年複利で１％を下回る[16]。

だが、平均は垢抜けない。そこで、規模を基準に最も人気のあるヘッジファンドに目を向けてみよう。彼らが巨大なのには理由がある。彼らの素晴らしさは、億万長者の浮気のようにカントリークラブで囁かれていただろう。お金持ちたちが大きく膨れ上がったヘッジファンドに資金を注ぎ込むのはそのときである。

皆さんのポートフォリオはフェラーリやポルシェのようには見えないかもしれない。だが、インデックスファンドに投資をしているならば、皆さんのマツダやホンダやフォードは大手20社のヘッジファンド[17]のほとんどを自分たちの排気ガスで息切れさせることができたのではないだろうか。

2015年10月31日までの5年間、大手20社のヘッジファンドは息も絶え絶えだった。彼らの平均複利リターンはたった6.8％である。これは1万ドルが1万3894ドルになる計算だ。対照的に、S&P500のエンジンはフル回転だった。平均の年複利リターンは14.2％だった。これは同じ1万ドルが1万9423ドルになるということである。

表9.5で分かるように、どうにか遅れをとらずに済んだヘッジファンドは大手20社のうちたった1社だけだった。

よろしい、私の比較が公平ではないことは認めよう。株式は2015年10月31日までの5年間に急騰した。多くのヘッジファンドのファンドマネジャーはさまざまなアセットクラスに投資する。では、これら偽フェラーリと、バンガードのバランスト・インデックス・ファンドのような広く分散したファンドを比較してみよう。バンガードのリターンは平均で年複利9.7％だった。大手ヘッジファンド20社のうち、この株式を60％、債券を40％としたシンプルなシボレーを打ち負かしたのはたった3社だけだった。

どうしてヘッジファンドが負けるのだろうか。彼らの手数料が高いことをわれわれは知っている。

ヘッジファンドの多くのファンドマネジャーもサイコロを振る。彼らは資金を借り入れて投資する[18]。彼らの賭けがおジャンになれば、彼らはただ立ち去るだけである。滅びるのは彼らの乗客である。ザ・

表9.5　インデックスファンドは最も人気のあるヘッジファンド20社に大勝する――2015年10月31日までの3年間と5年間のリターン

ヘッジファンド名	3年間のトータルリターン	5年間のトータルリターン
ブリッジウォーター・ピュア・アルファ・ストラテジー・8%・ボラティリティ	17.6%	57.3%
ミレニアム・インターナショナル	41.3%	65.6%
ブリッジウォーター・ピュア・アルファ・ストラテジー・12%・ボラティリティ	11.9%	35.6%
ウィントン・フューチャーズ・USD・クラスB	27.1%	29.4%
ミレニアム・USA・LP・ファンド	42.6%	68.2%
ブリッジウォーター・オール・ウェザー・12%・ストラテジー	2.3%	34.7%
ルネッサンス・インスティテューショナル・ダイバーシファイド・アルファ・ファンド	36.0%	-
ザ・ジェネシス・エマージング・マーケッツ・インベストメント・カンパニーB	−3.7%	−0.7%
トランストレンド・DTP-エンハンスト・リスク（USD）	12.4%	6.2%
エントラスト・キャピタル・ダイバーシファイド・ファンド-C	11.3%	13.9%
ウィントン・フューチャーズ・GBP・クラスD	28.2%	30.9%
ベイ・リソース・パートナーズ・オフショア・ファンド	36.5%	42.8%
ベアリング・ダイナミック・アセット・アロケーションGBP	15.9%	25.6%
MKP・オポチュニティ・オフショア	9.6%	25.7%
ピナクル・ナチュラル・リソーセズ	7.9%	17.6%
MKP・クレジット・オフショア	18.9%	34.3%
ザ・ジェネシス・エマージング・マーケット・インベストメント・カンパニーA	−5.5%	−3.7%
アリステア・インターナショナル・リミテッド	7.3%	21.0%
バブソン・キャピタル・ヨーロピアン・ローン・B・EUR・Acc	19.7%	-
STS・パートナーズ・ファンド	77.4%	184%
ヘッジファンド大手20社の平均	20.73%	38.7%
バンガード・S&P500・インデックス・ファンド	55.7%	94.4%
バンガード・バランスト・インデックス・ファンド	32%	58%

出所＝Barron's、Morningstar

ニューヨーカーの記者であるジョン・ランカスターは、ほとんどのヘッジファンドがほんの５年後には消滅すると伝えている。「2010年末時点で存在していた7200社のヘッジファンドのうち、2011年に775社が破綻または廃業し、2012年には873社が、2013年には904社が同じく破綻または廃業した」[19]

新しいヘッジファンドがこれらに置き換わる。だが、統計は明白である。３年ごとに、ヘッジファンドの３分の１が追突され、フォード社のピントのように爆発する。

事態をさらに悪化させているのが、ヘッジファンドは頻繁に取引を行うので、税引き後で見ると驚くほどリターンが少ない。さらに、どのファンドが生き残り、どのファンドが痛ましく、高くつく死を迎えるか分からない。

ヘッジファンドはハリネズミのようなものである。離れて見る分には可愛いが、近づいたら針に刺される。インデックスファンドのほうが良いのだ。

為替ヘッジ付き株式ETFを買ってはならない

おそらくウォール街が消し去りたいと思うマントラがある。話がうますぎると思ったら、おそらくそのとおりだ。結局のところ、ウォール街はウォール街が売れるものを売ろうとする。その例に当てはまるのが為替ヘッジ付きのインデックスファンドである。

エキゾチックなように思える。だが、第三世界の錆びたボートよりも一般的である。実際に、カナダ、オーストラリア、ヨーロッパのETF業者が最初に海外株式ETFを売り出すとき、たいてい彼らは為替ヘッジ型を最初に投入する。それらはアメリカの投資家にも売られている。為替ヘッジ型ETFは錆が出ているだけでなく、水漏れしてもいる。そのため、私は本書のどのモデルポートフォリオでも為替ヘッジ型ETFを取り上げていない。

では、為替ヘッジ型ETFとはどのようなものだろうか。自分はヨーロッパの株式インデックスファンドを保有するアメリカ人だとしてみよう。インデックスを構成する銘柄がユーロ建てで10％上昇したら、自分のインデックスファンドもドル建てで同程度の利益を上げると期待するだろう。だが、現実は違う。ユーロが米ドルに対して10％下落したら、アメリカ人は利益を得られない。一方で、為替ヘッジ型ETFであればアメリカ人も利益を得られる。少なくとも、セールストークではそうなる。

だが、為替の変動は常に悪いとは限らない。例えば、米ドルがほとんどの外国通貨に対して下落したら、投資家はヘッジなしの海外株式インデックスファンドから利益を得られる。それは、米ドルに対して外国通貨が強くなることで、ドル建てで見た外国株のインデックスのリターンが膨らむからだ。

国内株のインデックスファンドとヘッジのない海外株式インデックスファンドからなる分散したポートフォリオでは、為替が変動すると勝つ場合もあれば、負ける場合もある。海外株式が５％下落しても、米ドルが外国通貨に対して８％下落したら、海外株式ETFに投資をしているアメリカ人は利益を得る。反対に、海外株式が５％下落し、米ドルがインデックスの単位となっている外国通貨に対して８％上昇したら、同じ投資家は13％ほど負けることになる。

為替ヘッジ型ETFは皆さんの睡眠を助けるために作られている。変動に制限を持たせるためである。だが、それには独自の問題がある。第１に、運用報酬がプレーンバニラのインデックスファンドよりも高い。第２に、ヘッジそのものに伴う隠れたコストが高い。そこからボートに水が入ってくる。

レイモンド・ケルズロはPWLキャピタルの研究論文で、2006～2009年までのカナダドルにヘッジをかけたS&P500インデックスファンドのリターンを発表した。ファンドは指数に連動するよう作られているが、リターンははるかに悪かった。それらはS&P500を平均で年1.49％アンダーパフォームした。1980～2005年までのほうが為替のボラティリティは低かった。この間、ヘッジによるトラッキングエラーで年0.23パーセンテージポイントが失われた。これに為替ヘッジ型ファンドのより高い経費を加えれば、ヘッジなしのファンドを年0.50％ほどアンダーパフォームしたことになる[20]。

ファンドが行う複数通貨間での取引が増えるほど、経費は大きくなる。それは金融機関でさえ資金を動かすためには手数料を支払うからである。空港にある両替所について考えてみてほしい。10ドル札を取り出してユーロに変える。そして、彼らが手渡すユーロを受け取り、彼らに10ドルを返すよう頼んでみてほしい。拒否されるだろう。「買い」と「売り」のレートの差額であるスプレッドを支払えば、間違いなく手にする金額は10ドルを下回ることになる。

巨大な金融機関がそれほど高いスプレッドを支払うことはないが、それでもスプレッドを支払っている。そして、それが投資家のリターンを低減させる。

次に、ヘッジそのものに由来する機会費用がある。これは少しばかり専門的である。だが、クリフズノート版の説明をしよう。為替ヘッジをかけると、常に少額の資金がテーブルから落ちる。このお金は利益を生まない。ケルズロ氏は、カナダドルに対してヘッジをかけた架空のS&P500ファンドの例を示している。運用残高が１億米ドルと想定しよう。月初時点で、米ドル建てのS&P500に１億ドルをロングする。同時に、対カナダドルの為替取引で米ドルを１億ドルショートする。

その月にアメリカの指数が３％上昇したら、アメリカ市場が上昇したので１億0300万ドルのロングとなる。為替ヘッジとして１億ドルをショートしたことを考えると、300万ドルはヘッジしていないままとなる。米ドルが下落したら、ヘッジしていない300万ドルの価値は低下する。

ほとんどの金融機関は月に１回ヘッジポジションを調整するので、為替が変動すれば資産の一部は間違いなく常にアンダーヘッジかオーバーヘッジになる。例えば、ある月を通じてS&P500が下落すると、ファンドはオーバーヘッジとなる。前述の数字を用いれば、１億ドルのロングポジションが9700万ドルまで３％下落したら、ファンドは300万ドル分オーバーヘッジとなり、その部分が為替の変動で損を生む可能性が出てくる[21]。

リサーチアナリストのベン・ジョンソン（ドーピングをした陸上選手ではない）はモーニングスターで20年間のアメリカ市場の研究結果を発表した。彼は、ヘッジなしのETFはそれに対応する為替ヘッジ型のETFをたいていの場合打ち負かすと述べている。「外国通貨へのイクスポージャーをヘッジすることで、投資家はリスクを軽減することはできるが、それは潜在的なリターン源泉を犠牲にしている[22]」

為替ヘッジ型のETFに近づいてはならない。長期的に見て、それらはプレーンバニラのインデックスファンドに比べれば、水漏れしているボートなのだ。

スマートベータのお題目にはご用心

マーケターたちは賢い。彼らは、インデックスファンドに魅力を感じる投資家が増えていることを認識している。彼らはチャンスを嗅ぎ取っている。それが、多くの者たちがファクター・ベース・ファンドとも呼ばれるスマート・ベータ・ファンドを生み出している理由である。私がウォール街について書いたことを覚えているだろうか。話がうますぎる、云々だ。

スマートベータの運用会社はバックテストを利用する。彼らはインデックスファンドのウエートを変えれば、リターンは増えると主張する。例えば、プレーンバニラのインデックスファンドを取り上げる。その銘柄のウエートは大型株に偏る。アップルがS&P500の最大の企業であるとすれば、アップルの命運がS&P500に最も大きな影響を及ぼす。スマートベータの指数は異なる方法で構成銘柄をいじる。モメンタムの強い銘柄のウエートを高めることもあれば、均等加重のインデックスを構築することもある。この場合、大型株も小型株もインデックスファンドの針を同程度にしか動かさない。

たいていの場合、バックテストは目くらましである。それは、そのインデックスファンド戦略が過去に成功しただろうことを証明する。だが、過去は将来ではない。そのようなインデックスファンドでウエートを高めた銘柄は割高となっていることが多い。これが将来のリターンを妨げる。

リサーチ・アフィリエイツのロブ・アーノット、ノア・ベック、ビタリ・ケレスニク、ジョン・ウエストは、スマート・ベータ・ファンドやファクター・ベース・ファンドは投資家を失望させかねないと述べている。最近、彼らは『ハウ・キャン・スマートベータ・ゴー・ホリブリー・ロング（How Can 'Smart Beta' Go Horribly Wrong?）』と題した論文を発表した[23]。そのなかで彼らは、そのようなファンドが過去10年にもたらした市場を上回る利益の多くがバリュエーションの拡大によるものであることを示した。それらファンドのパフォーマンスが優れていたので、投資家が殺到した。それによって、特定の銘柄のPER（株価収益率）は通常の水準よりも高くなったわけだ。

バリュエーションが通常の水準よりも高いということは、将来のリターンが振るわない可能性がある。

スマート・ベータ・ファンドはアクティブ運用の投資信託に比べれば安い。だが、最も標準的なインデックスファンドよりもはるかにコストが高い。過去をつまみ食いした戦略がウォール街の新たな商品として売られている。だが、それは必ずしも投資家にとってより良いものとは限らない。

小型株に大きく賭けてはならない

多くの人々が小型株に重きを置いたインデックスファンドをポートフォリオに組み入れている。そうしない理由はあるのだろうか。経済学者のユージン・ファーマとケネス・フレンチは、1926年7月～2012年2月までに、小型株は累積で大型株を253％上回ったと述べている[24]。だが、だれもが同じ意見ではない。そのため、投資家は小型株に対する期待を調整すべきである。

1999年、タイラー・シャムウエーとビンセント・ワーサーはジャーナル・オブ・ファイナンスに論文「ザ・デリスティング・バイアス・イン・CRSPs・NASDAQ・データ・アンド・イッツ・インプリケーションズ・フォア・ザ・サイズ・エフェクト（The Delisting Bias in CRSPs NASDAQ Data and Its Implications for the Size Effect）」を発表した。彼らはタイトルを「サイズ・ダズント・マター（Size Doesn't Matter）」とすべきだっただろう[25]。

彼らは、小型株の財政的な基盤は不安定であることが多いと述べている。それらは不況期に苦労する。そのため、多くの銘柄が株式市場から放り出されるか、上場廃止となる。シャムウエーとワーサーは、小型株のリターンを測定する場合、われわれが目にするのは嵐を生き延びたものだけだと述べている。

テッド・アロンソンはAJOパートナーズで機関投資家の資金を運用している。彼は2つの小型株ファンドを運用しているが、小型株プレミアムの存在は信じていない。1999年のジェイソン・ツバイクによるインタビューでアロンソンは次のように述べた。「小型株は長期的にはアウトパフォームしない……確かに、長期的なデータを見ると、小型株のリターンは大型株より1.2パーセンテージポイントほど高い……だが、追加的な取引コストがこの超過リターン全体を簡単に食いつぶしてしまう。そしてそれ以上の負担となる[26]」

リサーチ・アフィリエイツは常にパフォーマンスのエッジを探している。彼らは伝統的な時価総額加重のインデックスファンドを打ち負かすことを期待してファンダメンタルインデックスを生み出した。同社の研究者であるジェイソン・シューとビタリ・カレスニクは小型株が本当にアウトパフォームするのかどうかを確かめるために、外見上の小型株プレミアムを深掘りした。彼らの研究に基づけば、アウトパフォームしないようである。

彼らはファーマとフレンチの研究方法に従って、さまざまな国の銘柄を2つのグループに分けた。規模が最も大きい上位90%を1つのグループに、下位10%をもう1つのグループとした。彼らは1926～2014年までのパフォーマンスを検証した。

リサーチ・アフィリエイツのビタリ・カレスニクとノア・ベックは、追加の取引コストや上場廃止のバイアスについて調整すると、小型株は大型株を全然打ち負かしていないと述べている。「1980年代ではなく、今日、規模のプレミアムが発見されたとしたら、小型株は大型株をアウトパフォームするという論文を発表することさえ困難だろう[27]」

　だから、私は事をシンプルにしたい。全株式インデックスファンドには大型株も小型株も中型株も含まれている。小型株のインデックスファンドを求める者はイクスポージャーを最小限に留めるべきである。

　投資する場合、魅惑的なお題目やすぐにお金持ちになれる仕組みは魅力的である。だが、それらは、私がハイキングをするとき、試しにでも近道をしない理由を思い出させてくれる。登山中に近道をしようとすれば簡単に道に迷ってしまうからだ。有名なフランス人作家のボルテールも同じ意見なのではないかと思う。1764年の『哲学辞典（Dictionnaire philosophique）』で、彼は「最善は善の敵である[28]」と記している。シンプルなインデックスファンド投資といった優れた計画に満足しない投資家は「最善」なる何かを求めるかもしれない。だが、その努力は報われない。

結論

おそらく、金融の列車事故を起こしそうな人を何人か知っているだろう。だが、皆さんには選択肢がある。彼らが事故を起こすのを眺めることもできる、彼らに学校で学ぶべきだったいくつかのルールを教えてあげることもできる。

運が良ければ、本書で説明した原理の多くが高校の必修科目になるだろう。これを学びたいと思う人々はいる。高校で個人金融を教えていたとき、それは私の学校で最も人気のある科目の１つだった。学校ではクラスの人数に制限があり、その制限を取り払うことはできなかった。だが、私は良心に鑑みて、履修を望む生徒を拒むことはできなかった。

いつも、善意のカウンセラーが私の生徒の数が上限を超えることを許してくれた。彼らがしてくれたことをありがたく思っている。ある年、私のアメリカ人の生徒の40％が、バンガードのインデックスファンドのポートフォリオを構築した。

彼らとその親たちはお金について学びたかったのだ。また、彼らは教えたくも思っていた。私の生徒の多くはスクリーンキャストを録画してYouTubeに上げていた。彼らはどうすれば若い投資家が今すぐ始められるかを示したかったのだ。そのリンクのいくつかを私のサイト（https://andrewhallam.com/）のブログに掲載している。これらの生徒たちは、われわれが学校で学ぶべきだったことを学んだのだ。

１．お金持ちになりたければ億万長者のように考え、億万長者のようにお金を使え。

2．早く投資を始めろ。ただし、クレジットカードの返済やその他高金利の借り入れの返済が最優先である。

3．アクティブ運用の投資信託ではなく、低コストのインデックスファンドに投資しろ。前もって「勝てる」アクティブ運用の投資信託を一貫して選び出せる者はいない。

4．株式市場の歴史と心理を理解しろ。そうすれば、あらゆる世代の投資家が一度ならず観戦する愚かさの犠牲にならずに済む。

5．株式インデックスファンドと債券インデックスファンドで完璧なバランス型のポートフォリオを構築することを学べ。それは手数料差し引き後ではほとんどのプロを打ち負かすだろう。

6．どこに住んでいようとも、インデックスファンドの口座を構築せよ。

7．インデックスファンドでポートフォリオを構築する低コストのファイナンシャルアドバイザリー会社を見つけだせ。

8．アドバイザーの営業のレトリックと戦う術を学べ。

9．あなたの強欲に傾く心をくすぐる投資スキームや詐欺を回避しろ。

長寿と繁栄を。そして、学んだことを伝えてもらいたい。
ありがとう。

アンドリュー

注

編集部より 「注」はパンローリングのホームページ（https://www.panrolling.com/books/wb/wb369.html）に掲載しています。そちらをご覧ください。

■著者紹介

アンドリュー・ハラム（Andrew Hallam）

高校で個人金融と英語の教師を務めていた。ザ・グローブ・アンド・メールとアメリカの投資会社アセットビルダー向けに投資に関するコラムを書き、カナディアン・ビジネス誌のコラムニストでもある。記事は、マネーセンス、リーダーズ・ダイジェスト、パーソナル・マネー、マレーシアのサン・デイリーやラウッチュアリテなどでも読むことができる。ハラムと妻ペレはデジタルノマドである。彼は世界中でお金や投資に関する講演を行っている。彼らは地球上の秘境を探検することが大好きだが、寒い冬は避けている。https://andrewhallam.com/

■監修者紹介

長岡半太郎（ながおか・はんたろう）

放送大学教養学部卒。放送大学大学院文化科学研究科（情報学）修了・修士（学術）。日米の銀行、CTA、ヘッジファンドなどを経て、現在は中堅運用会社勤務。２級ファイナンシャル・プランニング技能士（FP）。『ルール』『その後のとなりの億万長者』『IPOトレード入門』『株式投資　完全入門』『知られざるマーケットの魔術師』『パーフェクト証券分析』『バリュー投資達人への道』『新版　バリュー投資入門』『鋼のメンタルトレーダー』『投資の公理』『株式市場のチャート分析』『ミネルヴィニの勝者になるための思考法』『アルゴトレード完全攻略への「近道」』『長期的投資の醍醐味「100倍株」の見つけ方』『株式投資のテクニカル分析補完計画』『無敵の「プライスアクション＋価格帯別出来高」FXトレード』『システムトレード　基本と原則【実践編】』『バフェットからの手紙【第８版】』『ロジャー・マレーの証券分析』『漂流アメリカ』『モンスター株の売買戦術』『証券分析 第６版』『隠れた「新ナンバーワン銘柄」を見つける方法』『マルチタイムフレームを使ったテクニカルトレード』『桁外れの投資家たち』『全天候型トレーダー』『Best Loser Wins』『システム検証DIYプロジェクト【第２版】』『投資の４原則』『経済サイクル投資法』『ダモダランの投資教室』など、多数。

■訳者紹介

藤原玄（ふじわら・げん）

1977年生まれ。慶應義塾大学経済学部卒業。情報提供会社、米国の投資顧問会社在日連絡員を経て、現在、独立系投資会社に勤務。業務のかたわら、投資をはじめとするさまざまな分野の翻訳を手掛けている。訳書に『なぜ利益を上げている企業への投資が失敗するのか』『株デビューする前に知っておくべき「魔法の公式」』『ブラックスワン回避法』『ハーバード流ケースメソッドで学ぶバリュー投資』『堕天使バンカー』『ブラックエッジ』『インデックス投資は勝者のゲーム』『企業に何十億ドルものバリュエーションが付く理由』『ディープバリュー投資入門』『ファクター投資入門』『実践　ディープバリュー投資』『M＆A　買収者の見解、経営者の異論』『素晴らしきデフレの世界』『配当成長株投資のすすめ』『その後のとなりの億万長者』『株式投資　完全入門』『パーフェクト証券分析』『新版　バリュー投資入門』『投資の公理』『長期的投資の醍醐味「100倍株」の見つけ方』『長期的バリュー投資の基本と原則』『ロジャー・マレーの証券分析』『漂流アメリカ』『隠れた「新ナンバーワン銘柄」を見つける方法』『桁外れの投資家たち』『投資の４原則』『経済サイクル投資法』『ダモダランの投資教室』（パンローリング）などがある。

2025年6月3日　初版第1刷発行

ウィザードブックシリーズ㊱⑨

億り人になるための9つのルール
――投資知識ゼロで給料が人並みの人に贈る億万長者先生のレッスン

著　者　アンドリュー・ハラム
監修者　長岡半太郎
訳　者　藤原玄
発行者　後藤康徳
発行所　パンローリング株式会社
〒160-0023　東京都新宿区西新宿7-9-18　6階
TEL 03-5386-7391　FAX 03-5386-7393
http://www.panrolling.com/
E-mail　info@panrolling.com
編　集　エフ・ジー・アイ（Factory of Gnomic Three Monkeys Investment）
装　丁　パンローリング装丁室
組　版　パンローリング制作室
印刷・製本　株式会社シナノ

ISBN978-4-7759-7338-7